Bettina Braunmüller / Elin Fredsted / Markus Pohlmeyer (Hg.)

Pfingsten –
Theologische, kulturhistorische und sprachwissenschaftliche Zugänge

IGEL VERLAG

H A M B U R G

Flensburger Studien zu Literatur und Theologie
Band 23

Herausgegeben von Markus Pohlmeyer

Bettina Braunmüller / Elin Fredsted / Markus Pohlmeyer (Hg.)

Pfingsten –
Theologische, kulturhistorische und
sprachwissenschaftliche Zugänge

Flensburger Studien zu Literatur und Theologie, Band 23

LITERATURWISSENSCHAFT

Centro
Studi
Sara
Valesio

Bettina Braunmüller / Elin Fredsted / Markus Pohlmeyer (Hg.)
Pfingsten – Theologische, kulturhistorische und sprachwissenschaftliche Zugänge Flensburger Studien zu Literatur und Theologie, Band 23

1. Auflage 2021
ISBN 978-3-948958-03-9
Covergestaltung: Annelie Lamers
Covermotiv: Designed by Teinstud / freepik.com

IGEL Verlag *Literatur & Wissenschaft* ist ein Imprint
der Bedey & Thoms Media GmbH
Hermannstal 119 k, 22119 Hamburg
Printed in Europe
Die Deutsche Bibliothek verzeichnet diesen Titel
in der Deutschen Nationalbibliografie.
Bibliografische Daten sind unter http://dnb.d-nb.de verfügbar.

In memoriam

Maud Pohlmeyer
Jens L. Fredsted

Danksagung

Unser Dank gilt dem IGEL-Verlag, der Grafikerin Annelie Lamers und in besonderer Weise Silke Starodubetz für die unkomplizierte Zusammenarbeit bei der Realisierung dieses Bandes aus der Flensburger Reihe.

Danken möchten wir auch dem Erzbistum Hamburg für den Druckkostenzuschuss.

Und ein besonderer Dank gilt allen Autorinnen und Autoren (aus Italien, den USA und Deutschland), die trotz erschwerter Corona-Bedingungen (geschlossene Bibliotheken, Online-Semester etc.) ihre Beiträge für dieses Buch über Pfingsten schreiben konnten.

Inhaltsverzeichnis

Vorwort zur Reihe

Die „Flensburger Studien zu Literatur und Theologie" möchten eine interdisziplinäre Entdeckungsreise sein und zum Nachdenken einladen – in aller Freiheit! Thematisch bewegt sich diese Reihe zwischen: Literatur, Philosophie, Theologie, Natur- und Sprachwissenschaft … (kann erweitert werden!) Medial bewegt sie sich zwischen vielen Welten: Bücher, Filme, Serien, Comics … (kann erweitert werden!) Eine solche Vielfalt von Themen und Disziplinen bedingt auch eine Vielfalt der Darstellungen: Essays, Gedichte, Rezensionen und wissenschaftliche Aufsätze … (kann auch erweitert werden!)

Zwischen Welten – synchron und diachron: in diesem Sinne versteht sich unsere Zusammenarbeit mit dem „Centro Studi Sara Valesio" (Bologna – New York), das dieses kulturelle Anliegen zum Zentrum seines Projekts gemacht hat.

Die Herausgeber

Centro Studi Sara Valesio – CSSV

The CSSV is conceived as a cultural nucleus of library collections and archival documentation. At the same time, the Center presents itself as a place for dialogue, cultural formation, research and discussion. Its main referent are literary and philosophical writings, in the broadest sense of the term, and studied in their contact with the concrete experience of well-defined persons; above all, persons who actually move between different cultural, geographical, psychological worlds, concretely experiencing different aspects of such movements: assimilation, migration, expatriation, alternate residences.

Hence, the main theme of the Center: „Writers Between Worlds". The worlds in question are principally, but not exclusively, Italy, Europe and the United States; and the term „writer" is meant (as noted) very broadly: not only poets, novelists, playwrights philosophers; but also essayists, historians, social researchers, writers of memoirs and letters, translators, screenplay writers, theatre and film directors, journalists and so forth.

This is not an abstract and intellectualistic project, because we constantly underline the relationship between textual worlds and existential experiences. The critical research that grows out of all this is therefore sensitive to the human, social and spiritual themes circulating in all these textualities. The book series „Flensburger Studien zu Literatur und Theologie", with its constructive approach to this kind of textualities, is an important expression of the project carried out in many forms by the CSSV.

Paolo Valesio, Director of the Centro Studi Sara Valesio

Centro
Studi
Sara
Valesio

Centro Studi Sara Valesio – Museo della Città di Bologna srl
Via Manzoni, 2 - 40121 Bologna
tel. 051.19936313 - fax 051.19936300
centrostudisaravalesio@genusbononiae.it

Einleitung

„Pfingsten" versteht sich als Fortsetzung der Bände zu Weihnachten und Ostern in dieser Reihe.[1] Was diese Bücher auszeichnet, ist ein interdisziplinärer Zugang zu den christlichen Hochfesten. So versammelt auch der vorliegende Band exegetische, liturgische, theologische, ethnologische und sprachwissenschaftliche Beiträge. In den letztgenannten liegt der Fokus auf dem Verhältnis zwischen den Aussagen über Sprache am Anfang der Genesis (Paradies und Babel) und auf dem Sprachwunder in der Apostelgeschichte bis hin zur Künstlichen Intelligenz.

Den Anfang des Buches bildet ein Essay von M. Pohlmeyer, in dem das Pfingstwunder jenseits bestimmter Traditionslinien unter Einbeziehung der Mehrsprachigkeit in der Antike betrachtet wird. Der Essay von J. Bockmann reflektiert hermeneutische und didaktische Erfahrungen mit mittelalterlichen Visionstexten. Exemplarisch stellt M. Neri die Feier der Pfingstnacht im ambrosianischen Ritus dar, einen liturgischen Sonderweg in der katholischen Kirche.

Der Heilige Geist ist systematisch-theologisch wie auch in seiner außereuropäischen Rezeptionsgeschichte das Grundthema in den beiden Aufsätzen von G. Lademann-Priemer und L. Frühsorge. Einen anderen thematischen Schwerpunkt bildet das regionale, zeitgenössische Pfingstbrauchtum in Deutschland (siehe bitte B. Braunmüller, B. Schmelz und C. Stolz).

Da Pfingsten oft als ‚Korrekturmythos' zur Babel-Geschichte gelesen wurde, schließen sich dann Betrachtungen zu den biblischen Narrationen über das Phänomen Sprache an. J. Jake reflektiert über die Relation zwischen dem Anfang der Genesis, dem Babel-Mythos und modernen Theorien zur angeborenen Sprachfähigkeit des Menschen. E. Fredsted geht der Frage nach, warum das Sprachwunder in der Pfingstgeschichte als Metapher in der Sprachwissenschaft keine

---

[1] Siehe dazu M. Pohlmeyer – B. Schmelz (Hrsg.): Weihnachten. Von der globalisierten Postmoderne in die Antike – (un)gewohnte Zugänge, Flensburger Studien zu Literatur und Theologie, Bd. 11, Hamburg 2017 und M. Pohlmeyer – C. Stolz (Hrsg.): Ostern. Ursprünge und Bräuche, Flensburger Studien zu Literatur und Theologie, Bd. 15, Hamburg 2019.

Karriere machen konnte. F. Januschek entfaltet sprachtheoretische Überlegungen zum Pfingstwunder. Und B. Martin lotet die Grenzen der Möglichkeit von Übersetzung durch Künstliche Intelligenz aus.

B. Braunmüller, E. Fredsted, M. Pohlmeyer

**Pfingsten –
theologisch, exegetisch und liturgisch**

Markus Pohlmeyer
Pfingsten – Sich über Sprache(n) wundern. Ein Essay

Eine Zeitung (1826) über Beethovens opus 130:
„[…] freylich, dann ist die babylonische Verwirrung fertig […]"[1].

Vorbemerkung

*Weil in diesem Buch immer wieder auf Pfingsten[2] und auch auf Babel
Bezug genommen wird, scheint es angebracht, die beiden relevanten
biblischen Vorlagen in etwas ungewohnter Übersetzung hier abzudru-
cken, die aber eine gewisse Nähe zu dem hebräischen und griechischen
Original erahnen lassen.*

1. Die Ausgangstexte

1.1 Stadt- und Turmbau zu Babel

„Über die Erde allhin war eine Mundart und einerlei Rede. Da wars
wie sie nach Osten wanderten: sie fanden ein Gesenk im Lande Schin-
ar und setzten sich dort fest. Sie sprachen ein Mann zum Genossen:
Heran! backen wir Backsteine und brennen wir sie zu Brande! […]
Nun sprachen sie: Heran! bauen wir uns eine Stadt und einen Turm,
sein Haupt bis an den Himmel, und machen wir uns einen Namen,
sonst werden wir zerstreut übers Antlitz der Erde! ER fuhr nieder, die
Stadt und den Turm zu besehen, die die Söhne des Menschen bauten.
ER sprach: Da, einerlei Volk ist es und eine Mundart in allen, und nur
der Beginn dies ihres Tuns – nichts wäre nunmehr ihnen zu steil, was
alles sie zu tun sich ersännen. Heran! fahren wir nieder und vermen-
gen wir dort ihre Mundart, daß sie nicht mehr vernehmen ein Mann
den Mund des Genossen. ER zerstreute sie von dort übers Antlitz aller Erde, daß sie es lassen mussten, die Stadt zu bauen. Darum ruft
man ihren Namen Babel, Gemenge, denn vermengt hat ER dort die

---

[1] Beethoven zum Vergnügen, hg. v. M. Ladenburger, Stuttgart 2020, 94 (Jahres-
angabe von 93).

[2] Zur Herkunft der neuhochdeut. Form ‚Pfingsten' s. Etymologisches Wörterbuch
des Deutschen, erarbeitet unter der Leitung v. W. Pfeifer, 8. Aufl., München
2005, 997: „Mhd. *phingesten*, ein zum Nom. Plur. erstarrter Dat. Plur. aus mhd.
vor, ze, an phingesten […]."

Mundart aller Erde, und zerstreut von dort hat ER sie übers Antlitz aller Erde."[3]

Kurzer Kommentar

Dieser Text kann gelesen werden als Aitiologie, als eine Erzählung über die Entstehung der Sprachenvielfalt und auch von *Babel:* „Der Name der Stadt Babel, der ‚Tor Gottes' *(bab-il)* bedeutet, wird in dieser Erzählung polemisch von *balal* = ‚verwirren' hergeleitet."[4] In bestimmten Rezeptionssträngen wurde das Motiv der Sprach*verwirrung* vor allem negativ ausgelegt: „Die christliche Auslegungstradition hat die Erzählung meist als Sündenfallgeschichte gedeutet, die die menschliche Überheblichkeit gegenüber Gott thematisiert […]."[5] Bisweilen verstellen aber über Jahrhunderte geradezu sedimentierte, kollektive Wirkungsgeschichten den Zugang zu einem anderen Verständnis der Texte, wie folgende Kommentierung verdeutlichen kann: „Da aber V.4 von Stadt und Turm spricht und den Bau mit der einen Sprache verbindet, ist die Erzählung wohl von vornherein eine Kritik gigantomanischer Herrschaftsansprüche, die in Monumentalbauten repräsentiert werden, und die sich in einer gemeinsamen Sprache niederschlägt, die gezielt zur Propaganda genützt wird. Wie Bestrebungen, die Weltherrschaft zu erlangen, mit Sprache und mächtiger Rede zusammenhängen, zeigen anschaulich altorientalische Texte aus der Zeit Sargons II.,[6] aber auch die Kriegsrhetorik in Jdt 6. […] Im heutigen Kontext wird die Turmbauerzählung, die mit den vielen Sprachen auf dem ganzen Erdkreis endet, als Anschluss an die Völkertafel von Gen 10 gelesen, die

---

[3]   Gen 11, 1-9 nach Die fünf Bücher der Weisung, verdeutscht v. M. Buber gemeinsam m. F. Rosenzweig, 10. Aufl., Stuttgart 1992, 33 f.

[4]   Die Bibel. Einheitsübersetzung. Kommentierte Studienausgabe. Stuttgarter Altes Testament, Bd. 1, hg. v. C. Dohmen, 2. Aufl., Stuttgart 2018, 28.

[5]   Die Bibel. Einheitsübersetzung. Kommentierte Studienausgabe. Stuttgarter Altes Testament, Bd. 1, hg. v. C. Dohmen, 2. Aufl., Stuttgart 2018, 28.

[6]   Siehe dazu ausführlicher C. Uehlinger: „Bauen wir uns eine Stadt und einen Turm …!" Die Turmbauerzählung, in: Bibel und Kirche – Urgeschichte(n), 1/2003, 37-42. Uehlingers Erläuterungen heben sich wohltuend von bestimmten rezeptionsgeschichtlichen Engführungen ab. Die an Leerstellen reiche Babel-Geschichte erweist sich als ein erzählerischer wie auch historischer Mikrokosmos mit vielfältigen Bezügen.

ebenso die Ausbreitung der ganzen Menschheit in ihrer Unterschied-
lichkeit aufzeigen will. Die ‚Aktion Babel' ist dann der Versuch, die
schöpfungsgegebene Vielfalt aufzuheben – was der Schöpfergott nicht
zulässt."[7]

1.2 Pfingsten

„1 Und als sich der Pfingsttag erfüllte, waren alle an einem Ort bei-
sammen; 2 und es entstand plötzlich vom Himmel her ein Brausen, wie
wenn ein gewaltiger Wind fegt, und erfüllte das ganze Haus, wo sie saßen; 3 und es erschienen ihnen sich verteilende Zungen wie von Feuer,
und [es] setzte sich auf jeden einzelnen von ihnen; 4 und alle wurden
von heiligem Geist erfüllt und fingen an, in anderen Sprachen zu reden, je nachdem der Geist ihnen zu sprechen eingab. 5 Es wohnten nun
in Jerusalem Juden, gottesfürchtige Männer aus jedem Volk unter dem
Himmel. 6 Als nun diese Stimme erscholl, kam die Menge zusammen
und wurde verwirrt; denn sie hörten sie ein jeder in der eigenen Sprache
reden. 7 Sie gerieten nun außer sich und staunten und sprachen: Siehe,
sind nicht diese alle, die da reden, Galiläer? 8 Und wie hören wir sie
ein jeder in unserer eigenen Sprache, in der wir aufgewachsen sind –
9 Parther und Meder und Elamiter und die, die Mesopotamien bewoh-
nen, Judäa wie auch Kappadozien, Pontus und Asien, Phrygien wie
auch Pamphylien, Ägypten und die Gebiete Libyens bei Kyrene, und
die ansässigen Römer, Juden wie auch Proselyten, Kreter und Ara-
ber – wir hören sie in unseren Sprachen die Großtaten Gottes verkün-
den. 12 Sie gerieten nun alle außer sich und waren ratlos, einer sprach
zum anderen: Was soll das bedeuten? 13 Andere aber spotteten und
sprachen: Sie sind voll süßen Weines."[8]

---

[7] Die Bibel. Einheitsübersetzung. Kommentierte Studienausgabe. Stuttgarter Altes
Testament, Bd. 1, hg. v. C. Dohmen, 2. Aufl., Stuttgart 2018, 28.
[8] Siehe dazu J. Kremer: Pfingstbericht und Pfingstgeschehen. Eine exegetische
Untersuchung zu Apg 2,1-13, Stuttgart 1973, 91. Anmerkung: Um das semantische Feld konsequent durchzuhalten, hätte ich auch V3 so übersetzt: *und es
erschienen ihnen sich verteilende Sprachen wie von Feuer*.

Kurzer Kommentar

„Der ‚Tag des Pfingstfestes' (griech. *hēmera tēs pentēkostēs* = Tag des fünfzigsten [Tages]) meint das jüdische Wochenfest, auf Hebräisch *Schawuot* – ‚Wochen' – genannt, das 50 Tage nach dem Paschafest gefeiert wird. Ursprünglich ein Erntedankfest, an dem die Ernte des ersten Weizens gefeiert wurde […], wurde es im 2. Jh. von den Rabbinen mit der Sinaitradition verbunden und erinnert heute an den Empfang der Zehn Gebote auf dem Sinai."[9]

Die Feuerzungen, *die Zungen/Sprachen wie aus Feuer* (ein Vergleich, keine ontologische Identität) erinnern mich stark an die Amarna-Ikonographie. Das ist aber nur *meine* Assoziation. Möglicherweise handelt es sich um einen Topos in der antiken Welt oder um eine Strukturanalogie. Ob Lukas von ägyptischer Kunst beeinflusst wurde, kann ich hier nicht nachweisen.[10] Die Nachzeichnungen entsprechender Kunstwerke zeigen sehr deutlich, wie von der Sonnenscheibe (Aton) verschiedene Strahlen auf die dargestellten Personen (z.B. Echnaton und Nofrete[11])

---

[9] R. Groß: Die Apostelgeschichte, in: Die Bibel. Einheitsübersetzung. Kommentierte Studienausgabe. Stuttgarter Neues Testament, Bd. 3, hg. v. M. Theobald, 2. Aufl., Stuttgart 2019, 446. Siehe dazu auch G. Schneider: Die Apostelgeschichte Erster Teil. Einleitung, Kommentar zu Kap. 1,1–8,40, Freiburg im Breisgau – Basel – Wien 2002. Zur *Kontinuität* mit Israel siehe D. Rusam: Die Apostelgeschichte, in: M. Ebner – S. Schreiber (Hrsg.): Einleitung in das Neue Testament, Stuttgart 2008, 229-249, hier 246 f. Zur Sinaitradition J. Kremer: Pfingstbericht und Pfingstgeschehen. Eine exegetische Untersuchung zu Apg 2,1-13, Stuttgart 1973, 262 f. Zur bildlichen Ausdeutungen von Pfingsten s. Pfingsten, in: Lexikon der christlichen Ikonographie. 3. Band. Allgemeine Ikonographie L–R, hg. v. E. Kirschbaum u.a., Freiburg im Breisgau 1994, 415-423.

[10] Vgl. dazu den Ansatz von E. Drewermann: *‚Ich steige hinab in die Barke der Sonne'*. Alt-Ägyptische Meditationen zu Tod und Auferstehung in bezug auf Joh 20/21, Olten - Freiburg im Breisgau 1989. Und M. Görg: Die Beziehungen zwischen dem alten Israel und Ägypten. Von den Anfängen bis zum Exil, Darmstadt 1997. Oder auch M. Görg: Mythos, Glaube und Geschichte. Die Bilder des christlichen Credo und ihre Wurzeln im alten Ägypten, 5. Aufl., Düsseldorf 2005. Und M. Görg: Nilgans und Heiliger Geist. Bilder der Schöpfung in Israel und Ägypten, Düsseldorf 1997. Oder auch B. Kern: Das altägyptische Licht- und Lebensgottmotiv und sein Fortwirken in israelitisch/jüdischen und frühchristlichen Traditionen. Eine religionsphänomenologische Untersuchung, Berlin 2006.

[11] Siehe dazu Echnaton und Nofrete: Pharaonen des Lichts, Welt und Umwelt der Bibel, Nr. 22/2001.

ausgehen. Eindrücklich sind in diesem Kontext auch die Rekonstruktionen der sog Nofrete-Pfeiler mit den überlangen Sonnenstrahlen bzw. Sonnenhänden.[12] Aton, wie E. Eichler, darlegt, „[…] zeigt sich stets als Sonnenscheibe, deren Strahlen als Arme dargestellt werden, die eine Hieroglyphe anch[13] (‚Leben') halten. Aton ist der einzige Lebensspender, der Eine, von dem alles ausgeht. Damit wird die Aton-Scheibe zu einem Standard-Symbol, das nicht den Gott selbst zeigt, sondern auf ihn verweist. Die Sonnenscheibe, rundplastisch als Kugel dargestellt, wird zu einem Emblem."[14]

2. Deutungsprobleme

Zugegeben, ich bin irritiert: Wenn das Pfingstwunder auch ein Sprachenwunder sei und Petrus seine Predigt auf Griechisch hielt, wie die Apostelgeschichte schildert, dann stellt sich die Frage, worin denn das Wunder liege? Vor allem in Jerusalem (aber auch in anderen östlichen Gebieten des Imperium Romanum), wo aufgrund der Weltsprache Griechisch von einer zumindest rezeptiven (aber auch produktiven) Mehrsprachigkeit auszugehen wäre. „In der Kaiserzeit war der Reisende im *Westen* des römischen Reiches und in Nordafrika auf die Beherrschung der lateinischen Sprache angewiesen, im *Osten* dagegen war Griechisch die übliche Verkehrssprache. Die Kenntnis dieser Sprache genügte, um sich in all jenen Ländern und Völkern verständlich zu machen, die Lukas in der Pfingstgeschichte aufzählt (Apg 2,9-11)."[15] Die Bedeutung

---

[12] Siehe dazu H. A. Schlögl: Nofretete. Die Wahrheit über die schöne Königin, 2. Aufl., München 2013, 48 f.

[13] Siehe dazu z.B. O. Keel: Die Welt der altorientalischen Bildsymbolik und das Alte Testament. Am Beispiel der Psalmen, 5. Aufl., Göttingen 1996, 190. Zur weiten Semantik von *anch* s. R. Hannig: Großes Handwörterbuch Ägyptisch – Deutsch, 5. Aufl., Mainz am Rhein 2009, 156-158.

[14] E. Eichler: Ist der Monotheismus eine intolerante Religionsform? Die Entstehung des Monotheismus im Alten Ägypten und das ‚Lob des Polytheismus', in: M. Pohlmeyer: Als Anfang schuf Gott Echnaton – Kontexte, Konflikte und Konstellationen von Religionen, Flensburg 2009, 19-54, hier 27.

[15] M. Reiser: Sprache und literarische Formen des Neuen Testaments. Eine Einführung, München – Wien – Zürich 2001, 4. Siehe auch T. M. Law: When God Spoke Greek. The Septuagint and the Making of the Christian Bible, Oxford 2013.

des Griechischen ist aber auch im Westen des Imperiums nicht zu unterschätzen: „Die jüdischen Inschriften aus Rom sind zu 79% griechisch abgefaßt. Darum war es für Paulus gar keine Frage, welche Sprache er für einen Brief an die Römer wählen sollten: natürlich Griechisch."[16] Und auch für Jesus kann zumindest eine mündliche Beherrschung dieser Sprache angenommen werden: „Jesus' everyday language, and that of his early teaching, was Aramaic, and he was probably able to switch into Greek when occasion demanded […]. We do not know the processes by which the Aramaic teaching of Jesus became written down in Greek as the gospels."[17]

Eine Erinnerung aus meinem Religionsunterricht: Pfingsten wurde oft genug als *die* Spiegelgeschichte und Korrektur der babylonischen Sprachverwirrung dargestellt. (Im Ausstellungskatalog „Der Turmbau zu Babel"[18] finden sich beispielsweise auf den Seiten 8-9 ein Ausschnitt aus einem der berühmten Turmbau-Bilder von Pieter Bruegel dem Älteren[19] und gleich auf der nächsten Seite El Grecos „Pfingstwunder"). Heute stellen sich mir folgende Fragen: Wenn Pfingsten wieder die Einheit der Sprachen wiederherstelle, bleibt doch merkwürdig, dass gerade dieser Wunsch zur Vereinheitlichung in Babel Auslöser der Strafe Gottes war. Und die Pfingstgeschichte in der Apostelgeschichte zeigt ja: möglicherweise wird eine Verständigung über den neuen Glauben erzielt, aber die vielen Sprachen bleiben. (Die Evangelien sind keineswegs an die *eine*, heilige Sprache – hier des Koine-Griechischen – gebunden, sondern stellen selbst schon Übersetzungen dar und werden historisch noch durch viele Übersetzungen hindurch gehen.) Die Apo-

---

[16] M. Reiser: Sprache und literarische Formen des Neuen Testaments: eine Einführung, München – Wien – Zürich 2001, 5.

[17] J. Clackson: Language and Society in the Greek and Roman Worlds, Cambridge 2016, 154.

[18] Der Turmbau zu Babel. Ursprung und Vielfalt von Sprache und Schrift, Bd. I: Der babylonische Turm in der historischen Überlieferung, der Archäologie und der Kunst, hg. v. W. Seipel, Graz – Wien 2003.

[19] Siehe dazu R.-M. Hagen – R. Hagen: Pieter Bruegel der Ältere. Bauern, Narren und Dämonen, Köln 2019, 14-21, hier 15 zu „Der Turmbau zu Babel" (von 1563): „Die fremden Kaufleute, die neuen religiösen Gruppierungen und das schnelle Wachstum der Stadt verursachten in Antwerpen Orientierungs- und Verständigungsschwierigkeiten. Als gleichnishaft für diese Situation galt die biblische Geschichte vom Turmbau zu Babel […]."

stel verlangen eben nicht von den Zuhörern, dass sie ihre Sprache sprechen, sondern sie selbst sprechen die Sprachen der vielen – so der Text. Dieses An-einem-Orte-versammelt-Sein der Apostel öffnet sich in Richtung Welt. (Vielleicht ist das eine Reaktion des Lukas auf die schnelle Verbreitung des Christentums.[20]) Und löst Verwunderung aus: Man höre sie in der Sprache, in der man aufgewachsen sei. Dennoch stellt sich die Frage: in welcher Sprache bzw. in welchen Sprachen? Statt die Ankunft des Geistes mit ‚Zungen' zu übersetzen, ließe das mehrdeutige griech. Wort *glōssa* auch ‚Sprache' zu.[21] Pfingsten scheint mir eher eine Anerkennung denn eine Ablehnung von Sprachenvielfalt zu sein. Warum aber dieses Fest wirkungsgeschichtlich in der Linguistik nicht den gleichen Status erhielt wie Babel (und seine Varianten), zeigt E. Fredsted in ihrem Aufsatz. Pfingsten wäre aber das ideale Fest für Sprachkontakt(forschung) – eine gegebene Realität nicht nur in der Welt des Imperium Romanum.

Es bleibt die Irritation: Welchem Leserkreis will Lukas mit seiner Pfingstgeschichte ein Sprachenwunder insinuieren und warum? Auch dass keine göttliche Strafe für die lingua franca Griechisch folgt, wie nach der Turmbaugeschichte zu erwarten wäre. Im Gegenteil. Und um in dieser Hermeneutik zu bleiben: Dafür gab es ja auch im Imperium Romanum keinen Grund. Denn neben einer nicht vorhandenen Sprachpolitik existierte parallel zu zwei überregionalen Verkehrssprachen (Latein und Griechisch) eine Mehrsprachigkeit in vielen Varianten.[22]

Aber: Das semantische Feld in der Pfingstgeschichte zum Thema Sprache bleibt einfach zu dominant, um ignoriert zu werden. Vielleicht

---

[20] Historiographische Vorbilder finden sich dazu in der lateinischen Literatur: Sallust: De coniuratione Catilinae/Die Verschwörung des Catilina, lat./dt, übers. u. hg. v. K. Büchner, Stuttgart 1985, 12: „sed civitas incredibile memoratu est adepta libertate quantum brevi creverit […]." (7)

[21] Siehe dazu J. Kremer: Pfingstbericht und Pfingstgeschehen. Eine exegetische Untersuchung zu Apg 2,1-13, Stuttgart 1973, 109. Ob Lukas hier auch Phänomene der sog. Glossolalie kommentiert, soll hier nicht untersucht werden.

[22] Siehe dazu J. N. Adams: Bilingualism and the Latin Language, Cambridge 2003, 758: „Although the Romans asserted themselves linguistically by using Latin under some circumstances in the hearing of Greeks, in no sense did they make the attempt to impose Latin systematically in their eastern administration […]. Rather it was used only from time to time symbolically. In the east Greek was generally used by the Romans as a lingua franca […]."

ist Griechisch selbst das Wunder! Die Erfahrung der frühen Christen und Christinnen, *damit* im Grunde überall sprechen und schreiben zu können und *darin* auch verstanden zu werden. Gegen die vermeintliche Sinnrichtung des Textes, auch wenn Lukas immer wieder betont, dass in verschiedenen Erstsprachen gesprochen (qua Heiliger Geist) und verstanden werden könne (gewissermaßen eine anti-babylonische Bestätigung der Vielfalt von Schöpfung), möchte ich folgendes Gedankenexperiment wagen. Wenn noch zu Lebzeiten des Lukas – die Abfassung der Apostelgeschichte vorausgesetzt – eine Römerin oder jemand aus Alexandria oder Mesopotamien diesen Text liest (meist laut sich oder anderen *vor*liest), vollzieht sie oder er an sich selbst das Pfingstwunder, dass sie oder er die Apostel in ihrer oder seiner Sprache (oder in einer ihrer oder seiner Sprachen) reden hört, und zwar so wie deren Zuhörer/innen, die neugierig in Jerusalem zusammengelaufen waren. Im Grunde tut aber der Text auf einer anderen Ebene so, als gäbe es nur Erfahrungen von verwirrender Mehrsprachigkeit, was der Völkerkatalog nahelegen könnte, aber keine lingua franca; und erst die Begabung mit Sprachen durch den Heiligen Geistes könne dieses Nichtverstehen überwinden. Oder ist hier ‚Sprache‘ nur eine Metapher? Oder ein nachträglich narrativ entfalteter theologischer Grund, warum sich das Christentum so schnell ausbreiten konnte? Wer sind die impliziten bzw. idealen Adressaten dieses Textes? Zumindest suggeriert die Erzählerinstanz des Autors Lukas (so sei er hier mit der Tradition bezeichnet) innerhalb der vom ihm geschaffenen Textwelt „Apostelgeschichte", dass die Apostel durch die Geisterfahrung in anderen Sprachen reden können. Nicht ungeschickt wird mir, dem heutigen Leser, die Reaktion darauf nicht aus der Apostel-Perspektive, sondern der Menge geschildert, die sogar eine kollektive Stimme erhält.

Die Erfahrung des frühen Christentums, in einer mehrsprachigen Welt zu existieren, führt zur Erkenntnis und Notwendigkeit, *eine* Sprache für alle zu finden, vorfinden zu können, in der allen das Evangelium verkündigt werden konnte: nämlich das Wunder Griechisch. Dass aber im Umkehrschluss nicht die eine, als heilig qualifizierte Sprache alle anderen zeitgleichen oder zukünftigen verdrängte, zeigen die zahlreichen Bibelübersetzungen und auch dass Jesus Aramäisch *und* vermutlich Griechisch sprach.

Der Fehler von Babel wurde am Pfingsten nicht wiederholt. Oder wird dieser Fehler doch wiederholt? Wie es in Babel um *eine* Sprache im Sinne einer „Reichsideologie" ging, so wird in der Apostelgeschichte Ähnliches formuliert, nämlich der Aufbau eines neuen Reiches, aber nicht mit militärischen Mitteln. Interessante Parallelen dazu sehe ich in der antiken Literatur. Der augusteische Dichter Vergil lässt in der „Aeneis" Jupiter den Römern verheißen: „Diesen setzte ich (fest) weder Grenzen der Welt noch Zeiträume: Eine Herrschaft ohne Ende habe gab ich."[23] Und der augusteische Historiker Livius schildert die Apotheose des Stadtgründers Romulus in einer Art Himmelfahrt. Livius bleibt ambig, indem er dessen Ermordung durch Senatoren nicht ausschließt. Die Verängstigung des Volkes ist groß, bis ein Senator berichtet, wie Romulus ihm erschienen sei. Ob es sich tatsächlich um eine Epiphanie/Theophanie oder um eine psychologisch geschickte Strategie des Senators handelt, bleibt wiederum offen. Wichtig ist die Prophezeiung, „[...] daß keine Macht der Welt den Waffen Roms wiederstehen kann."[24] Die antiken Christen leben in diesem römischen Imperium, das sich auch immer wieder literarisch legitimiert und sich auch in einer göttlichen Sphäre verankert weiß.

Der Hagio- und Historiograph Lukas denkt ebenfalls in Geschichte und Geschichten. (Inwieweit sich für eine antike Leserschaft die Grenzen zwischen Mythos und Historie aufheben, möge hier undiskutiert bleiben.) Dieser Evangelist erzählt vieles aus, wo sich bei den anderen Evangelisten Leerstellen finden, z.B. ‚Weihnachten'. Oder bei Johannes, dem letzten (oder ersten?) der Evangelisten, heißt es beispielsweise unnachahmlich lapidar, als der Auferstandene seinen Jüngern begegnete: „Nachdem er das gesagt hatte, hauchte er sie an und sagte zu ihnen: Empfangt den Heiligen Geist!" (Joh 20,22)[25]; kurz darauf folgt die Episode mit dem ‚ungläubigen' Thomas; dann ein erster Buchschluss. Auferstehung und Pfingsten sind ineins erzählt, die Himmelfahrt Jesu fehlt sogar. Lukas dagegen macht aus Pfingsten ein geradezu welthistorisches Ereignis

[23] P. Vergili Maronis Opera, hg. v. R. A. B. Mynors, Oxford 1969 (Aeneidos I, 278 f.: "his ego nec metas rerum nec tempora pono: / imperium sine fine dedi."

[24] T. Livius: Römische Geschichte. Ab urbe condita, Buch I. Lat./Dt., hg. u. übers. v. H. J. Hillen, Düsseldorf – Zürich 2000, 46-49 (I 16), hier 49.

[25] Die Bibel. Einheitsübersetzung. Kommentierte Studienausgabe. Stuttgarter Neues Testament, Bd. 3, hg. v. M. Theobald, 2. Aufl., Stuttgart 2019, 429.

(Überhaupt: „In keinem anderen Evangelium werden so viele historische Persönlichkeiten von weltpolitischer Bedeutung genannt – man denke etwa auch an die Geburt Jesu *zur Zeit des Kaisers Augustus* [...].“[26]), wie der Völkerkatalog nahelegt, und das in aller Öffentlichkeit, während das Joh-Zitat einen Binnenraum zwischen dem Auferstandenen und seinen Jüngern präsentiert. Hier interne Klärung, dort externe Wirkung.[27]

Die Apostelgeschichte schließt mit einem offenen Ende; denn: „Der vom Auferstandenen bei seiner Himmelfahrt in 1,8 entworfene Heilsplan der Zeugenschaft der Jünger in Jerusalem, in Judäa und Samaria bis an das Ende der Welt ist mit der Ankunft der Botschaft in Rom, dem Zentrum der damaligen Welt, mitnichten erreicht.“[28] In der Apostelgeschichte scheint der Heilige Geist eine missionarische Dynamik freizusetzen. Und das wäre leicht als Machtphantasie einer damaligen Randgruppe abzutun. Die Kirchengeschichte hat uns eines Besseren belehrt.[29] Doch dieser Heilige Geist ist aber auch ein hermeneutisches Korrektiv; denn die Apostel sollen auf die Menschen zugehen und deren Sprache lernen, das bedeutet auch deren Kultur(en) wahrnehmen und schätzen lernen, Sprachen und Kulturen, die eben nicht nivelliert werden dürfen zugunsten eines fremd-sprachigen, nicht-verstehbaren Evangeliums. Und das bedeutet wiederum vor allem, als Bedingung der Möglichkeit, *zuhören können.*

---

[26] H.-J. Venetz: Der Evangelist des Alltags. Streifzüge durch das Lukasevangelium, Kevelaer 2006, 24.

[27] Zur theologischen Verortung des Pfingstereignisses im lukanischen Doppelwerk nicht unkritisch J. Roloff: Einführung in das Neue Testament, 7. Aufl., Stuttgart 2012, 192 f.: „Eigenartig ist die sich nur bei Lukas findende *zeitliche Trennung von Auferstehung, Himmelfahrt und Geistsendung (Pfingsten).* Damit wird ursprünglich Zusammengehöriges auseinandergenommen. [...] Von der Himmelfahrt an – die als Erhöhung Jesu zum himmlischen Herrscher verstanden ist – wird Jesus zwar nicht mehr leibhaft bei seinen Jüngern sein, aber sie empfangen statt dessen den Geist, dessen Funktion es ist, die Lehre Jesu und das Zeugnis von ihm gegenwärtig wirksam werden zu lassen (Apg 1,8a).“

[28] C. Rusam: Die Apostelgeschichte, in: M. Ebner – S. Schreiber (Hrsg.): Einleitung in das Neue Testament, Stuttgart 2008, 229-249, hier 231.

[29] Im Grunde zeichnet S. Grennblatt eine welthistorische Tragödie nach – anhand eines christlichen Intoleranzkonzeptes: „Der Gott der Christen (nicht der Gott, der endlos für seine Barmherzigkeit gepriesen wird, sondern der Gott, dem man mit Taten dient) ist in ein Monster verwandelt worden.“ S. Greenblatt: Die Erfindung der Intoleranz. Wie die Christen von Verfolgten zu Verfolgern wurden, übers. v. T. Roth, 2. Aufl., Göttingen 2020, 99.

Mag auch der lukanische Text die mehrsprachige Situation in Jerusalem aus einer narrativen Strategie heraus überblenden, so bleibt er dennoch ein Plädoyer für die Vielfalt der Gott und Geist gewollten Schöpfung. Alle totalitären Versuche politischer und/oder religiöser Art, *ein* Babel, einen Himmel auf Erden zu erschaffen, haben nur eines gebracht: die Hölle auf Erden. Gottes Geist ist Paraklet, Beistand und Anwalt der Vielfalt. Darum möge hier den Abschluss eine Strophe bilden aus dem meiner Meinung nach schönsten christlichen Hymnus, nämlich aus „Veni Creator Spiritus". Angesprochen, angerufen wird der Heilige Geist, der eben nicht uni-form ist, sondern „septiformis", siebengestaltig, vielfältig:

„Tu septiformis munere,
dextrae Dei tu digitus,
tu rite promissum Patris,
sermone ditans guttura."[30]

Du Siebengestaltiger in seiner Gabe,
Der Rechten Gottes Finger Du,
Du verlässlich Versprechen des Vaters,
Bereichernd (unsere) Stimmen mit Reden und Rede.[31]

3. Exkurse

3.1 Exkurs Theophanien und ihre theo-philosophischen Folgen

Die Ankunft des Heiligen Geistes schildert Lukas mit den Charakteristika einer Theophanie („Die Theophanieschilderungen Mesopotamiens sind durch und durch von Gewitterphänomenen wie Sturm, Blitz, Feuer, Donner und Regen geprägt [...]. Gelegentlich spielt auch noch

---

[30] Latein. Text nach Lateinische Hymnen, hg. v. A. Stock, 2. Aufl., Berlin 2013, 188. Sie dazu auch H. Lausberg: Der Hymnus „Veni Creator Spiritus", Opladen 1979.

[31] Übers. M. Pohlmeyer. *sermone* in seiner Vielschichtigkeit zu übertragen erwies sich als schwierig. Siehe auch E. Habel – F. Gröbel (Hrsg.): Mittellateinisches Glossar, 2. Aufl., Paderborn u.a. 1989, 363: „**sermo** Rede, Gespräch; Erzählung; Predigt; Gabe zu reden [...]." *Guttura/Gurgeln* mag sehr prosaisch klingen, steht aber pars pro toto für den gesamten Sprechapparat, der durch den Creator Spiritus befähigt wird zu sprechen.

das Motiv des Erdbebens eine Rolle [...]."[32]). Diese religiösen Erfahrungen, narrativ entfaltet, können auch in ein Nach-Denken über die Trinität überführt werden. So erfülle nach K. Müller die Pneumatologie für D. Henrich „[...] die Rolle einer Art institutionalisierten Mystik, die in Spannung zum theistischen Gedanken der Differenz von Gott und Welt im Horizont der innergöttlichen Einheit der Personen die intime Zusammengehörigkeit von Schöpfer und Schöpfung und im Letzten eine interne differenzierte (modern gesprochen: panentheistische) All-Einheit zur Geltung bringt. Daraus erklärt sich auch, warum die Metaphern zur theologischen Beschreibung der Erfahrung des Geistes in ihrer überwältigenden Mehrheit nicht-personalen Charakters sind. J. Moltmann etwa nennt neben den personalen Metaphern ,Herr – Mutter – Richter' die formativen Metaphern ,Energie – Raum – Gestalt', die Bewegungsmetaphern ,Sturmwind – Feuer – Liebe' und die mystischen ,Licht – Wasser – Fruchtbarkeit'."[33]

3.2 Exkurs: Von der Theophanie zum Verschwinden des Geistes

Schlage ich – und das ist alles nur selektiv – z.B. in einem Klassiker zur Liturgie nach, wird Pfingsten eher marginal behandelt.[34] Eine befremdliche Standortanalyse: „In den ersten Jahren nach dem II. Vatikanischen Konzil waren Situationsberichte zum Thema ,Erfahrung und Theologie des Heiligen Geistes' in ihrem diagnostischen Teil von einem Stichwort bestimmt: Geistvergessenheit. Der Theologie wurde

---

[32]   O. Keel: Die Welt der altorientalischen Bildsymbolik und das Alte Testament. Am Beispiel der Psalmen, 5. Aufl., Göttingen 1996, 197 f.

[33]   K. Müller: Heiliger Geist und philosophisches Denken. Über unerwartete Ab- und Anwesenheiten, in: Jahrbuch für biblische Theologie, hg. v. M. Ebner u.a., Bd. 24 (2009): Heiliger Geist, Neukirchen-Fluyn 2011, 245-268, hier 266. Siehe auch D. Henrich: Die Trinität Gottes und der Begriff der Person, in: Identität, hg. v. O. Marquard – K. Stierle, München 1979, 612-620. Ein meisterhaftes Lehrstück über die Inkonsistenzen, Aporien, Paradoxien ... eines bestimmten Personenbegriffs, der, allzu schnell und unbedacht für die Trinitätslehre übernommen, diese an den Rand eines philosophischen bzw. systematischen Zusammenbruchs bringt.

[34]   A. Adam – W. Haunerland: Grundriss Liturgie, 10. Aufl., Freiburg im Breisgau 2014, 421-423. Ein ähnlicher (quantitativer) Befund in den neuesten Auflagen des LThKs und der RGG.

nicht selten gar Geistlosigkeit vorgeworfen."[35] B. J. Hilberath versucht dafür verschiedene Gründe zu finden: „a. *Schwierigkeiten mit Geistbewegungen.* – Von Anfang an haben die christlichen Gemeinden, dann die sich entwickelnde Großkirche und nach der Glaubensspaltung die Konfessionskirchen je auf ihre Weise die sich auf den Geist berufenden schwärmerischen, enthusiastischen und charismatischen Bewegungen […] als störend und gefährlich empfunden.[36] […] b. *Verlagerung des theologischen Interesses.* – Die Geringschätzung des Geistwirkens im Glaubensleben und in der praktischen Theologie steht in Entsprechungen zu Verkürzungen in der dogmatischen (systematischen Theologie). […] c. *‚Christomonismus' der westlichen Theologie.* […] Nicht zuletzt beklagen die Kirchen des Ostens den Christomonismus, d.h. die einseitige Christozentrik in den liturgischen und sakramentalen Vollzügen der westlichen Christenheit."[37] Dennoch mahnt Hilberath: „*Da die Geschichte der Pneumatologie noch immer unzureichend erforscht ist, muss vor pauschalen Urteilen gewarnt werden. Zudem scheint die pneumatologische Verlegenheit auch in der Eigenart des Geistes selbst begründet zu sein: Der Heilige Geist weist von sich weg auf Christus hin, er wird eher als Macht und Kraft denn als ‚Person' erfahren. So ist der Gottes vertraute Nähe Vermittelnde zugleich in besonderer Weise unaussprechlich und verborgen.*"[38] Die Folgen eines bestimmten theologischen Verständnisse skizziert J. Ratzinger summarisch so: „Kirche wurde nun nicht mehr pneumatisch-charismatisch, sondern ausschließlich von der Menschwerdung her, allzu irdisch geschlossen verstanden und schließlich ganz von den Machtkategorien weltlichen Denkens her ausgelegt. Auf diese Weise wurde aber auch die Lehre vom Heiligen Geist ortlos; soweit sie nicht in reiner Erbaulichkeit ein kümmerliches Dasein weiterfristete, war sie in die allgemeinen Trinitätsspekulation

---

[35] B. J. Hilberath: Pneumatologie, in: Handbuch der Dogmatik, hg. v. T. Schneider, Bd. 1, 3. Aufl. der ppb-Ausgabe, Düsseldorf 2006, 445-552, hier 445.

[36] Vgl. dazu z.B. die Geschichtsphilosophie eines Joachim von Fiore, dargestellt von K. Flasch: Das philosophische Denken im Mittelalter. Von Augustin bis Machiavelli, 3. Aufl., Stuttgart 2013, 294-297.

[37] B. J. Hilberath: Pneumatologie, in: Handbuch der Dogmatik, hg. v. T. Schneider, Bd. 1, 3. Aufl. der ppb-Ausgabe, Düsseldorf 2006, 445-552, 446 f.

[38] B. J. Hilberath: Pneumatologie, in: Handbuch der Dogmatik, hg. v. T. Schneider, Bd. 1, 3. Aufl. der ppb-Ausgabe, Düsseldorf 2006, 445-552, 448.

aufgesogen und damit praktisch ohne Funktion für das christliche Bewusstsein."[39] Nicht nur führte diese Geist-Vergessenheit zu einer Verweltlichung der Kirche, sondern verweist auf ein tieferliegendes Problem, nämlich die (Un)Verstehbarkeit der Trinitätslehre. Satirisch überspitzt: Irgendwie können wir uns Gott und Jesus als Personen vorstellen, als einen alten Mann mit seinem Sohn – gut anthropomorph und Projektionen für alles (Un)Mögliche. Und den Schöpfer des Kosmos (*creator spiritus*)? Als mickrige oder niedliche Taube, mehr oder weniger gelungen dargestellt. Das wäre genauso, wie wenn ich behauptete, die Erde wäre eine Scheibe und Atome kleine feste Kugeln. Außerdem hat nach J. Ratzinger der Geist institutionenkritische Funktion, was eine Verweltlichung der Kirche(n) eindämmen sollte: „Christus bleibt gegenwärtig durch den Heiligen Geist mit seiner Offenheit und Weite und Freiheit, die zwar die institutionelle Form keineswegs ausschließt, aber ihren Anspruch begrenzt und nicht gestattet, sich einfach den weltlichen Institutionen gleichförmig zu machen."[40]

3.3 Exkurs: Schreiben gegen die Geist-Vergessenheit

Lukas bietet ein literarisches Modell, über den Heiligen Geist zu erzählen: „Seit den Ereignissen um Jesus sind bereits 50 Jahre ins Land gegangen. Geschichten werden herumgeboten, von denen man nicht mehr so genau weiß, ob sie wahr sind. Die Kirche geht Wege, bei denen man sich nicht mehr so sicher ist, ob sie mit dem, was Jesus wollte, überhaupt noch übereinstimmen. Die Kirche nimmt zahlen- und bevölkerungsmäßig Ausmaße an, von denen vor 50 Jahren niemand zu träumen wagte. Leute von entlegensten Völkern kommen hinzu. Der Glaube an Jesus Christus wird je länger je mehr eine Art Ideologie – ohne Verankerung in der Geschichte."[41] Wie stellt sich uns heute all dies dar? Nach fast 2000 Jahren Abstand und den welthistorischen Erfahrungen von desaströser Kirchenpolitik? „Ein weiterer Pflock, den Lukas zur ‚Ret-

---

[39] J. Ratzinger: Einführung in das Christentum. Vorlesungen über das Apostolische Glaubensbekenntnis, München 1968, 276 f.

[40] J. Ratzinger: Einführung in das Christentum. Vorlesungen über das Apostolische Glaubensbekenntnis, München 1968, 277.

[41] H.-J. Venetz: Der Evangelist des Alltags. Streifzüge durch das Lukasevangelium, Kevelaer 2006, 25.

tung der Geschichte' einschlägt, ist anderer Art, aber nicht von geringerer Bedeutung. Es ist der *Geist*. Schon rein statistisch fällt auf, dass in der Apostelgeschichte fast viermal so häufig vom Geist die Rede ist als beispielsweise im ähnlich umfangreichen Matthäusevangelium. […] Geistausgießung ereignet sich immer wieder in der Apostelgeschichte, und bei allen wichtigen Entscheidungen der Urkirche ist der Geist eigens erwähnt."[42] Zu diesem lukanischen Projekt „Rettung der Geschichte" zählen auch Jerusalem und die 12 Apostel[43] – als lokale und persönliche Garanten von Kontinuität und Memoria: zu Jesus und zu Israel.[44] Das Pfingstereignis am Anfang der Apostelgeschichte bündelt im Grunde das literarische wie theologische Programm des Lukas.

[42] H.-J. Venetz: Der Evangelist des Alltags. Streifzüge durch das Lukasevangelium, Kevelaer 2006, 27 f.

[43] H.-J. Venetz: Der Evangelist des Alltags. Streifzüge durch das Lukasevangelium, Kevelaer 2006, 25-27.

[44] Dass die Pfingsterzählung auch eine neue Sammlung des hellenistischen Diaspora-Judentums inszenieren könnte, dazu s. L. Schenke: Die Urgemeinde. Geschichtliche und theologische Entwicklung, Stuttgart – Berlin – Köln 1990, 56 f.

4. Literaturverzeichnis

Adam, A. – W. Haunerland (2003) *Grundriss Liturgie*, 10. Aufl., Freiburg im Breisgau 2014, 421-423.

Adams, J. N.: *Bilingualism and the Latin Language*, Cambridge.

Beethoven zum Vergnügen (2020) hg. v. M. Ladenburger, Stuttgart.

Die Bibel (2018) Einheitsübersetzung. Kommentierte Studienausgabe. Stuttgarter Altes Testament, Bd. 1, hg. v. C. Dohmen, 2. Aufl., Stuttgart.

Die Bibel (2019) Einheitsübersetzung. Kommentierte Studienausgabe. Stuttgarter Neues Testament, Bd. 3, hg. v. M. Theobald, 2. Aufl., Stuttgart.

Die fünf Bücher der Weisung (1992) verdeutscht v. M. Buber gemeinsam m. F. Rosenzweig, 10. Aufl., Stuttgart.

Clackson, J. (2016) *Language and Society in the Greek and Roman Worlds*, Cambridge.

Drewermann, E. (1989) *‚Ich steige hinab in die Barke der Sonne‘. 'Alt-Ägyptische Meditationen zu Tod und Auferstehung in bezug auf Joh 20/21*, Olten - Freiburg im Breisgau.

Ebner, M. – S. Schreiber (Hrsg.) (2008) *Einleitung in das Neue Testament*, Stuttgart.

Echnaton und Nofrete: Pharaonen des Lichts. In: *Welt und Umwelt der Bibel*, Nr. 22/2001.

Eichler, E. (2009) Ist der Monotheismus eine intolerante Religionsform? Die Entstehung des Monotheismus im Alten Ägypten und das ‚Lob des Polytheismus‘, in: M. Pohlmeyer: *Als Anfang schuf Gott Echnaton – Kontexte, Konflikte und Konstellationen von Religionen,* Flensburg, 19-54.

Etymologisches Wörterbuch des Deutschen (2005) erarbeitet unter der Leitung v. W. Pfeifer, 8. Aufl., München 2005.

Flasch, K. (2013) *Das philosophische Denken im Mittelalter. Von Augustin bis Machiavelli*, 3. Aufl., Stuttgart 2013.

Görg, M. (1997) *Die Beziehungen zwischen dem alten Israel und Ägypten. Von den Anfängen bis zum Exil*, Darmstadt.

Görg, M. (1997) *Nilgans und Heiliger Geist. Bilder der Schöpfung in Israel und Ägypten*, Düsseldorf.

Görg, M. (2005) *Mythos, Glaube und Geschichte. Die Bilder des christlichen Credo und ihre Wurzeln im alten Ägypten*, 5. Aufl., Düsseldorf.

Greenblatt, S. (2019) *Die Erfindung der Intoleranz. Wie die Christen von Verfolgten zu Verfolgern wurden*, übers. v. T. Roth, 2. Aufl., Göttingen 2020.

Habel, E. – F. Gröbel (Hrsg.) (1989) *Mittellateinisches Glossar*, 2. Aufl., Paderborn u.a.

Hagen, R.-M. – R. Hagen (2019) *Pieter Bruegel der Ältere. Bauern, Narren und Dämonen*, Köln.

Hannig, R. (2009) *Großes Handwörterbuch Ägyptisch – Deutsch*, 5. Aufl., Mainz am Rhein 2009.

Henrich, D. (1979) Die Trinität Gottes und der Begriff der Person. In: O. Marquard – K. Stierle (Hrsg.) *Identität*, München, 612-620.

Kern, B. (2006) *Das altägyptische Licht- und Lebensgottmotiv und sein Fortwirken in israelitisch/jüdischen und frühchristlichen Traditionen. Eine religionsphänomenologische Untersuchung*, Berlin.

Hilberath, B.J. (2006) Pneumatologie. In: T. Schneider (Hrsg.) *Handbuch der Dogmatik*, Bd. 1, 3. Aufl. der ppb-Ausgabe, Düsseldorf, 445-552.

O. Keel, O. (1996) *Die Welt der altorientalischen Bildsymbolik und das Alte Testament. Am Beispiel der Psalmen*, 5. Aufl., Göttingen.

Kremer, J. (1973) *Pfingstbericht und Pfingstgeschehen. Eine exegetische Untersuchung zu Apg 2,1-13*, Stuttgart.

Lateinische Hymnen (2013) hg. v. A. Stock, 2. Aufl., Berlin.

Lausberg, H. (1979) *Der Hymnus „Veni Creator Spiritus"*, Opladen.

T. M. Law, T.M. (2013) *When God Spoke Greek. The Septuagint and the Making of the Christian Bible*, Oxford.

Lexikon der christlichen Ikonographie (1994) 3. Band. Allgemeine Ikonographie L–R, hg. v. E. Kirschbaum u.a., Freiburg im Breisgau.

Livius, T. (2000) *Römische Geschichte. Ab urbe condita*, Buch I. Lat./ Dt., hg. u. übers. v. H. J. Hillen, Düsseldorf – Zürich.

Müller, K. (2011) Heiliger Geist und philosophisches Denken. Über unerwartete Ab- und Anwesenheiten. In: M. Ebner u.a (Hrsg.) *Jahrbuch für biblische Theologie*, Bd. 24 (2009): Heiliger Geist, Neukirchen-Fluyn 2011, 245-268.

Ratzinger, J. (1968) *Einführung in das Christentum. Vorlesungen über das Apostolische Glaubensbekenntnis,* München.

Reiser, M. (2001) *Sprache und literarische Formen des Neuen Testaments. Eine Einführung,* München – Wien – Zürich.

Roloff, J. (2012) *Einführung in das Neue Testament*, 7. Aufl., Stuttgart.

Schenke, L. (1990) *Die Urgemeinde. Geschichtliche und theologische Entwicklung,* Stuttgart – Berlin – Köln.

Sallust (1985) *De coniuratione Catilinae/Die Verschwörung des Catilina*, lat./dt, übers. u. hg. v. K. Büchner, Stuttgart.

Schneider, G. (2002) *Die Apostelgeschichte Erster Teil.* Einleitung, Kommentar zu Kap. 1,1–8,40, Freiburg im Breisgau – Basel – Wien.

Schlögl, H. A. (2013) *Nofretete. Die Wahrheit über die schöne Königin*, 2. Aufl., München.

Der Turmbau zu Babel. Ursprung und Vielfalt von Sprache und Schrift (2003) Bd. I: Der babylonische Turm in der historischen Überlieferung, der Archäologie und der Kunst, hg. v. W. Seipel, Graz – Wien.

Uehlinger, C. (2003) „Bauen wir uns eine Stadt und einen Turm …!" Die Turmbauerzählung. In: *Bibel und Kirche – Urgeschichte(n)*, 1/2003, 37-42.

Venetz, H.-J. (2006) *Der Evangelist des Alltags. Streifzüge durch das Lukasevangelium*, Kevelaer.

P. Vergili Maronis Opera (1969) hg. v. R. A. B. Mynors, Oxford.

Jörn Bockmann
Visionen und Jenseitsreisen als Erfahrungen

Das Pfingstwunder der Apostelgeschichte (Apg 2.1-41) ist, sieht man
von der historischen Dimension seiner heilsgeschichtlichen Verhei-
ßungsfunktion und seiner Rolle im Kirchenjahr einmal ab, am einfachsten als Vision mit utopischem Charakter zu verstehen. Kann man sich
eine schönere Aufhebung der babylonischen Sprachverwirrung als das
Pfingstwunder vorstellen: sich verstehen, obwohl man verschiedene
Sprachen spricht?[1]

Ein bemerkenswertes Semester lang (dem ersten, dem man den Namen ‚Corona-Semester' gab) haben Markus Pohlmeyer und ich uns in
einem Seminar der Flensburger Universität mit Studierenden aus zwei
Studiengängen (dem Masterstudiengang Kultur – Sprache – Medi-
en und der Katholischen Theologie) mit Visionen und Jenseitsreisen
von der Antike bis in die Gegenwart beschäftigt. Mein Part war vor
allem die Vorbereitung der mittelalterlichen Teile. Wir haben uns in diesem Zusammenhang mit der ‚Visio Tnugdali (*auch* Tondali)' aus dem
12. Jahrhundert genauso beschäftigt wie mit Mechthild von Magdeburg, mit Meister Eckhart genauso wie mit Heinrich Seuse und Dante, – hatten dem Mittelalter also einen vergleichbar großen Platz im
Seminar eingeräumt. Natürlich wird man dabei zunächst mit einem
Bild von Mittelalter konfrontiert, das die Lektüre aller Texte zu leiten
droht, statt umgekehrt aus diesen abgeleitet zu werden. Für antike Texte, für die der Kollege hauptsächlich verantwortlich zeichnete (wie das
‚Somnium Scipionis' oder Teile der ‚Aeneis'), gilt das in etwas abge-
milderter Form auch.

Dennoch, obwohl auch wir anfangs gewissermaßen *in anderen
Zungen* sprachen, stellte sich mit der Zeit ein Verstehen ein, das sich
auch dann (vielleicht gerade dann) zu entwickeln begann, als wir uns
nicht mehr in leibhaftiger Präsenz sehen und hören konnten, sondern
unsere Auseinandersetzungen mit den Texten und Medien zum Thema zunächst nur in der Schrift, dann endlich auch wieder mit Abbild

---

[1]   Zur Verbindung von Pfingsten und Babel vgl. die Beiträge von Markus Pohl-
      meyer, Janice L. Jake und Elin Fredsted in diesem Band.

von Körper und Stimme im digitalen Raum erleben konnten (Stichwort: Videokonferenz). Die besondere Situation hat sicher zunächst zu anfänglichen Missverständnissen, schließlich aber zu einer vertieften Lektüre, ich behaupte sogar zu anderen Erfahrungen als sonst geführt. Auf den mittelalterlichen Teil unseres Seminars bezogen: Ein Nachdenken darüber setzte ein, was man eigentlich erfährt, wenn man im Jahr 2020 Texte aus einer längst vergangenen Zeit (hier: vom 12. bis zum 14. Jahrhundert) liest, die Visionen und Jenseitsreisen enthalten bzw. beschreiben und in erfahrungsästhetischer Betrachtung diese *sind*. Ich unternehme im Folgenden eine Reflexion dieser Unterrichtserfahrungen als Zeitgenosse und als Lehrender; diese setze ich in Beziehung zu ästhetischen und gegenwartsdistanzierenden Erfahrungen aller Teilnehmenden mit den Imaginarien des Mittelalters.

Die Gefahr, mit dem heutigen Verständnis bestimmter Termini die Vergangenheit misszuverstehen und die eigene Zeit damit auch nicht zu begreifen, ergibt sich immer dann wie von selbst, wenn wir unsere Konzepte für überzeitlich gültig halten. Dies wird klar, wenn man sich vor Augen hält, was Religion heute landläufig meint und dass unser Konzept weder für die alten Hochkulturen noch indigene, nicht-schriftbasierte Kulturen greift. Religion im heutigen, landläufigen Sinn ist der mehr oder weniger ‚private‘ Glaube an überlieferte Inhalte, wie er durch bestimmte Institutionen (wie die evangelische oder die römisch-katholische Kirche, ‚das Judentum‘, ‚den Islam‘ etc.) vermittelt, befestigt und mit bestimmten Riten praktiziert wird. Privat ist Religion heute in jenem Sinn, der es zulässt, sich außerhalb einer oder aller religiösen Gemeinschaften zu stellen: Man kann, muss aber nicht Mitglied einer Kirche sein; und ob man sich als religiös, fromm oder irgendwie spirituell definiert (oder eben nicht), bleibt jedem selbst überlassen. In diesem Sinn kannten nun aber weder die antiken Kulturen der Ägypter, der Römer oder auch die mittelamerikanischen Reiche, ja nicht einmal das westlich-christliche Mittelalter Religion oder Religiosität. Ein Platz innerhalb der jeweiligen Gesellschaft *und* jenseits der Religion war nicht vorstellbar. Es konnte in diesem Sinn auch keine Menschen geben, die a-religiös waren. Religion war also im Wortsinn totalitär.

Diese Totalität galt für die Inhalte der Religion ebenso wie für ihre Praktiken, – wobei auch diese Unterscheidung eine reflexive Abstraktion ist, die uns eher das Wesen der Religiosität verbirgt als zeigt, was es ausmacht: dass das eine ohne das andere nicht denkbar war. So galt als schlimmster Tod den spätmittelalterlichen Menschen jener, der unvorbereitet und ohne eine letzte reinigende Beichte einen Einzelnen ereilte, weil dieser dann fürchtete, so viele Sünden angehäuft zu haben, dass er nicht im Stand der Gnade vor Gott dastand und so relativ sicher in die Hölle kommen würde. Die Totentänze, die Jedermannspiele und auch die Visionsliteratur des Mittelalters legen von diesen Ängsten beredt Zeugnis ab. Haben die Menschen des Mittelalters deswegen an die Hölle *geglaubt*? Nun, vielleicht in einem Sinn, in dem wir an die Schwerkraft glauben oder die Ansteckungsgefahr von Viren. Der Fluss kennt nicht das Bett, durch das er fließt. Das ist der Grundgedanke von Wittgensteins später Schrift ‚Über Gewissheit' in Bezug auf das Fundament unseres Denkens.[2] Den Fluss der Gedanken auch nur versuchsweise in das Flußbett früherer Zeiten umzulenken ist, wenn schon nicht unmöglich, so äußerst mühsam.

Das gilt nun auch für unser Verständnis von Visionen und Jenseitsräumen. Die vormodernen Konzepte und Praktiken von *Vision*, abgeleitet von lat. *visio* (ein alter Ausdruck), und *Jenseitsräumen* (ein moderner Sammelausdruck, der *paradisus, purgatorium, helle* usw. umfasst) sind schillernder, als die modernen Worte glauben machen. ‚Das Jenseits' dürfte heute vor allem als Hoffnungsraum ohne Prädizierbarkeit gelten; unabhängig davon, ob die davon Sprechenden selbst Hoffnungen auf ein Leben ‚danach' haben. Und Visionen? Nun, von denen wird heute in einem ganz anderen Sinn geredet als in der Spätantike und im Mittelalter. Wenn es heute heißt, man habe Visionen oder man müsse sie haben (etwa in der Politik oder der Wirtschaft), dann im Sinn einer strategischen Kompetenz, die infrastrukturellen, wirtschaftlichen oder technischen Herausforderungen der Gegenwart so zu antizipieren, dass schon erkannte Möglichkeiten der Gegenwart für die Zukunft möglichst geschickt nutzbar gemacht werden. In diesem Sinn war die Digitalisierung einmal eine Vision (lange bevor sie zu einem als unab-

---

[2] Ludwig Wittgenstein: Über Gewißheit. In: ders.: Bemerkungen über die Farben. Über Gewißheit. Zettel. Vermischte Bemerkungen. Frankfurt am Main 1984 (Werke, Bd. 8). Zum Bild von der Bewegung des Wassers und dem Flußbett vgl. hier §§ 97-99.

geschlossen geltenden Prozess, zur Dauerbaustelle auf dem Weg in die schon alternativlos digital gedachte Zukunft empfunden wurde). Keiner möge das als wohlfeile Gegenwartskritik missverstehen. Aber im Vergleich zu den Visionen der Vormoderne spielen sich unsere Visionen auf einer begrenzten zeitlichen Achse ab, da sie von der eigenen Gegenwart ausgehen und dann allenfalls wenige Jahrzehnte vorausweisen.

Der Gegensatz zu den Visionen der Vormoderne zu diesem rezenten Sinn von ‚Vision‘ könnte kaum größer sein. Dabei ist es schwer, in unserem Begriffssystem zu erfassen, worum es geht. Was wird in den Visionen der Alten erfahren und gesehen? Sind es transzendente Räume, ekstatische Begegnungen mit dem Außerweltlichen, Reiche der Imagination, gar Erfahrungsräume ästhetischer oder sinnlicher Art? Worauf richten sich also die Prophetien und die Apokalyptik jener fernen Zeiten, die das noch gänzlich unaufgeklärte Europa, seit es christlich geworden ist, ausmachen? Was und wo ist es, was im Zungenreden beschworen, in der Schau des Visionärs oder der Mystikerin gesehen, in gewaltigen Bildern der Apokalyptiker perhorresziert wird?

Ich wende die Fragestellung in die Richtung der Erfahrungen mit einem Seminar zum Thema und nenne diese Fragerichtung einmal nicht hochschuldidaktisch, sondern hochschulhermeneutisch. Die Erfahrung, die das Fragen in diese Richtung, wenn auch nur langsam, bewirkte, war folgende: Wenn man Jenseitsberichte wie den des Ritter Tondalus oder die Visionen der Mechthild von Magdeburg im ‚Fließenden Licht der Gottheit‘ gelesen hat, dann gesellt sich einer ersten Deutung der Texte als Ausdruck von Angst vor den negativen Jenseitsräumen bzw. Hoffnungen auf die positiven langsam eine ästhetische Erfahrung hinzu. Man möge die Frage einmal beiseite lassen, wer im Mittelalter an was geglaubt hat (woher will man das wissen?), – vielleicht hat das Ceterum censeo der Dozenten irgendwann gewirkt. Hat sich erst einmal ein Sinn für die Unterschiede und die Eigenlogik einzelner Texte und Passagen entwickelt, wird einem die Fluidität dieser Imaginarien in den Werken bewusst. Auch die Konzepte dessen, was unter Himmel, Feuer, Fegefeuer vorzustellen sei, wie man sie dem Mittelalter üblicherweise zuschreibt,[3]

---

[3] Eine didaktisch gut aufbereitete Darstellung der mittelalterlichen Jenseitsräume bietet Peter Jezler: Jenseitsmodelle und Jenseitsfürsorge – eine Einführung. In:

kommen dann glücklicherweise ins Schwanken. Unabhängig davon, ob sie als Gegensatz von Himmel und Hölle oder als Dreiheit mit dem Ergänzungskonzept des Fegefeuers daherkommen: die Ineffabilität des nicht-irdischen Lebens (wenn man es denn als Raum denkt) kann man bei den Mystikern explizit finden; auch wenn sie phantasievolle Bilder entwerfen oder gar, wie Heinrich Seuse in einer Vision den eigenen Vater die Qualen des Fegefeuers erleiden sieht.[4] Für unsere Studierenden waren das überraschende Erfahrungen. Vom Blickpunkt unserer modernen Lebenswelten aus betrachtet ist das Nachspüren der Bewegungen in den Texten vor allem ein ästhetisches Erfahren von Bildwelten; Bildwelten, die uns befremden oder faszinieren können.

Ein Ansatz hat geholfen: die gemeinsame Lektüre und Diskussion von Hartmut Böhmes Aufsatz ,Himmel und Hölle als Gefühlsräume'[5]. Was lehrt uns der Aufsatz, nicht nur ,in der Sache', sondern hochschulhermeneutisch und, ja, auch gegenwartskritisch? Viele von unseren Studierenden fanden es zunächst erstaunlich, dass Böhme die *Bildwelt* der Visionen in den *schrift*literarischen Dokumenten vorgezeichnet sieht. Dieser Gedanke hat auch mich weitergeführt. Interessant ist die Frage, ob es ein zeitspezifisches oder ein über alle Zeiten hinweg gültiges Phänomen ist, dass zunächst Sprache und Literatur ein Imaginarium erschaffen, dem die Bildwelten im konkreten Sinn folgen (seien dies nun Handschriftenillustrationen und Fresken oder Filme und Computerspiele). Oder ist es gerade ein Symptom unserer Zeit, dem Zeitalter

---

Himmel, Hölle, Fegefeuer. Das Jenseits im Mittelalter. Hg. von Peter Jezler u.a. Zürich 1994, S. 13-26.

[4]   Heinrich Seuse: Deutsche Schriften im Auftrag der Württembergischen Kommission für die Landesgeschichte hg. von Karl Bihlmeyer. Nachdruck der Ausgabe Stuttgart 1907. Frankfurt am Main 1961, S. 238.

[5]   Hartmut Böhme: Himmel und Hölle als Gefühlsräume. In: Emotionalität. Zur Geschichte der Gefühle. Hg. von Claudia Benthien u.a. Köln u.a. 2000 (Literatur, Kultur, Geschlecht. Kleine Reihe 16), S. 60-81. Darüber hinaus hatten wir noch besprochen: Niklas Luhmann: Die Ausdifferenzierung der Religion. In: ders.: Gesellschaftsstruktur und Semantik. Studien zur Wissenssoziologie der modernen Gesellschaft. Bd. 3. Frankfurt am Main 1989, S. 259-357. Mit diesem Ansatz konnte allerdings kaum einer der Studierenden etwas anfangen, was verschiedene Gründe haben mag, sicher aber auch mit der ihm fehlenden (den Primärtexten aber eingeschriebenen) Bildhaftigkeit zu tun hat. Bei der sinngemäßen Paraphrase Böhmes verzichte ich im Folgenden auf die Nachweise einzelner Stellen.

der Bildschirmmedien, dass wir von Bildern verhext sind, – gefangen in einem Bild wie die Fliege im Fliegenglas (um ein bekanntes Bild Wittgensteins[6] aufzunehmen)?

Nur ein Gedanke zu unserer Zeit und ihrem Bilddenken: Ist es Zufall, dass in der medialen Berichterstattung über erschütternde Ereignisse – Attentate, Naturkatastrophen, menschengemachte Katastrophen – vor allem gesagt wird, dies seien ja schreckliche *Bilder*, die man nicht loswerde, statt: das sind schlimme *Nachrichten*, die uns erschüttern? Natürlich denken wir wieder letztlich alles zusammen; und kein Zeitalter hat ausschließlich in Bildern *oder* in Literatur *oder* in abstrakteren Denksystemen Konzepte seiner selbst entworfen. Im europäischen Hochmittelalter bildet sich eine eigene Gattung der Jenseitsreisen[7] heran, die (para-)religiöse Erfahrungen zu formulieren behauptet und bei Dante die Möglichkeiten der Literarisierung in höchster Form nutzt. Wenn davon nur noch die Bilder bleiben sollten, wäre das zu wenig.

Damit wieder zu Hartmut Böhme. Ich werde Fragen an ihn stellen, dessen Antworten offen bleiben. Böhme ist ein gelernter Literaturwissenschaftler, der im deutschsprachigen Raum wesentlich daran beteiligt gewesen ist, die Literaturwissenschaft in Richtung einer transdisziplinären Kulturwissenschaft zu verwandeln. Im Sammelband, in dem der Aufsatz veröffentlicht wurde, geht es um Emotionalität.[8]

---

[6]   Ludwig Wittgenstein: Philosophische Untersuchungen. Frankfurt am Main 2003, §109, § 115.

[7]   Vgl. hierzu die umfangreiche Darstellung von Peter Dinzelbacher: Vision und Visionsliteratur im Mittelalter. Stuttgart 1981 (Monographien zur Geschichte des Mittelalters 23). Eine neuere Untersuchung stellt die Jenseitsreisen in den Rahmen der Formierung von Jenseitsräumen von der Antike zum Mittelalter: Maximilian Benz: Gesicht und Schrift. Die Erzählung von Jenseitsreisen in Antike und Mittelalter. Berlin / Boston 2013 (Quellen und Forschungen zur Literatur und Kulturgeschichte N.F. 78).

[8]   In der heutigen kulturwissenschaftlich orientierten Literaturwissenschaft unterscheidet man, grob gesagt, zwischen *Gefühl* als der gewissermaßen kulturell noch nicht vorgeprägten Substanz eines menschlichen Empfindens und *Emotion* als dem sozial vorgeprägtem Gefühl. Gefühl zeigt sich letztlich nur, wenn es die historisch-sozialen Existenzform der Emotion erhält. Kulturen haben stets spezifische Begriffe für ihre jeweiligen Codierungen der Gefühle. Aus diesem Grund ist mhd. *zorn* etwas gänzlich anderes als nhd. *Zorn*.

Böhme geht es um *Gefühlsräume*; und er knüpft dabei an Beschreibungsmethoden der Phänomenologie an, indem er die traditionellen Jenseitsräume unter diesem Vorzeichen thematisiert und darauf aufbaut, was die deutsche Tradition dieser philosophischen Richtung unter *Leib* verstand. Leib ist der Ergänzungsbegriff zu Körper; er impliziert den Bezug zum Nicht-Körperlichen (vgl. das auf Plessner zurückführbare Diktum „Ich *habe* einen Körper und *bin* ein Leib"[9]). Dabei ist zu beachten: Auch ‚irdische' Räume sind nichts Objektives (im Sinn ihrer technischen Messbarkeit und naturwissenschaftlichen Beschreibbarkeit), sondern sozial codierte Konstrukte. Imaginäre Räume erweisen sich als doppelt konstruiert: über die soziale Konstruktion der Wirklichkeit hinaus (wie sie jedem Raum zugrunde liegt) sind auch sie Angelegenheiten der Wahrnehmung, – nur eben ohne Entsprechung eines Gegenstandes. Das genau macht die imaginäre (nicht etwa fiktive) Dimension aus.

Der *Eintritt ins Imaginäre* ist schwer beschreibbar; als solcher ist er aber in der Antike und im Mittelalter grundsätzlich mit dem heutigen vergleichbar. Himmel und Hölle als „das mediale Gesamtkunstwerk des Mittelalters" (S. 62): Das ist eine kräftige Formel Böhmes, welche die offenkundige Überrepräsentanz der Jenseitsräume in der Vormoderne gut beschreibt. Böhme sagt: Ein Übertritt von diesen in jenen Raum gehe nicht ohne Identitätswechsel vonstatten (S. 64). Aber ist es wirklich so, dass ein Betreten der jenseitigen Räume und die Rückkehr in die immanente Welt (wie sie typisch für die mittelalterlichen Jenseitsvisionen ist) automatisch einen Identitätswandel des Grenzgängers bewirkt?

Auch der von Böhme beschriebene radikale Hiatus (die Grenze/ Lücke) zwischen Diesseits und Jenseits bleibt mir fraglich, selbst wenn der Ausdruck *Jenseits* die Grenze voraussetzt. Befragen wir unsere ästhetische Erfahrung: Können wir diesen Hiatus den Beschreibungen eines Tnugdals in der ‚Visio Tnugdali' wirklich ablesen? Eine unüberschreitbare Grenze zwischen Diesseits und Jenseits hat man sich in der Vormoderne offenkundig gerade nicht vorgestellt. Wir müssen uns den

---

[9] Plessners Konzept von Leibsein und Körperhaben wird im Rahmen seiner Theorie der exzentrischen Positionalität des Menschen entwickelt in: Helmuth Plessner: Die Stufen des Organischen und der Mensch. Einleitung in die philosophische Anthropologie, Berlin / New York 1975[zuerst 1928], bes. S. 292-295, 300-302.

Kosmos in semi-monistischer Konzeption vorstellen, bei dem letztlich nur die Grenze zwischen Schöpfer und Geschöpf nicht überschreitbar war (und selbst die wurde in der Mystik begrifflich, poetisch und praktisch in Richtung eines konsequenten Monismus überschritten). In den Texten der Visionsliteratur gibt es allerdings – so beschreibt es Böhme auch (S. 64) – an verschiedenen Stellen Einfallstore und „magische Kanäle" in die jeweils andere Welt (wie Höhlen, Vulkane, Berge, rituelle Stätten). Die Grenzgänger wie Odysseus, Aeneas oder Brandan und Tondalus sind Pioniere des Jenseits. Aber Pioniere kommen immer in ihre Heimat zurück und erzählen von der Fremde: verändert durch sie, aber unverändert in Bezug auf die Kommunikationsfähigkeit mit normalen Menschen. Es stellt sich sodann die Frage: Wenn man eine Grenze mehrfach passiert: Bleibt die Grenze dann als solche bestehen, wird nicht vielmehr ein *Grenzraum* geschaffen?

Religion und Angst: auch das ein langes Kapitel, das Böhme nur kurz streift (S. 65-67). Die traditionelle Religionskritik kennt das Bild der religiösen Institutionen, die Trost verkaufen, um herrschen zu können. Böhme greift andere Aspekte der Angst auf, die ins Herz der Religionsphilosophie treffen. Der protestantische Theologe Rudolf Otto schrieb Anfang des 20. Jahrhunderts in einem bis heute lesenswerten Buch über ‚Das Heilige'[10], dass dieses keineswegs nur als tröstende und die Unsterblichkeit der Menschen zusichernde Instanz betrachtet werden darf, sondern als etwas Erschreckendes (*mysterium tremendum*). Zur Angst vor den Gefahren des Lebens (die auch jedes Tier haben muss) kommt beim Menschen nicht nur anthropologisch die Angst vor dem Tod hinzu; als religiöses Wesen kennt er auch die Angst vor dem Heiligen als dem Numinosen. Wenden wir das auf die Jenseitsräume an, dann gibt es nicht nur die Angst angesichts der eigenen Sterblichkeit, sondern auch die Angst im Angesicht der eigenen Unsterblichkeit. Auch hier können dem Menschen Schrecken begegnen.

Das allein erklärt immer noch nicht alles, vor allem nicht die ausufernden Beschreibungen der Höllenqualen in den mittelalterlichen Jenseitsvisionen. Interessant (und höchst relevant für uns) ist eine Beob-

---

[10] Rudolf Otto: Das Heilige. Über das Irrationale in der Idee des Göttlichen und sein Verhältnis zum Rationalen. 26.-28. Aufl. München 1947 [zuerst 1917].

achtung Böhmes: Das *Betrachten* der Angst in allen möglichen Formen (in Mythen, Schauspielen, Bildern, Texten) muss die Angst nicht nur bestärken, sondern kann Lust bereiten. Wäre die Anthropologie der ‚harten' Schwedenkrimis also vergleichbar mit jener der Visionsliteratur?

Zugleich ist der dichterische oder künstlerische Ausdruck von Ängsten (wie auch dessen Rezeption) Widerspiegelung und Reflexion sozialer und politischer Aspekte ganz konkreter Lebensverhältnisse. Damit sind wir bei den Themenfeldern der Todesfurcht und Jenseitsfurcht als Ausdruck diesseitiger Phänomene. Diese Seite zeigt sich an der Grundfiguration der Jenseitsvisionen, in denen Außen und Innen der Grenzgänger identisch werden, insofern es ja *Seelen* sind, die immerzu *körperliche* Qualen (und seltener auch Freuden) erleben. Tondalus ist in seiner Seele in den jenseitigen Räumen, – sein Körper ist als pure Körperhülle (mit funktionierenden Lebensfunktionen) zu Hause. Dieses Konstrukt (Körper als Ding, leiblich konzipierte Seele) sieht Böhme als Einsicht mittelalterlicher Autoren in das Wesen menschlichen Empfindens an. Und die moderne Phänomenologie bestätigt für ihn das Konstrukt der mittelalterlichen Autoren. Im Gegensatz zu späteren Epochen ist die Seele keine raumlose Instanz, sondern ein *Leibraum* (S. 68). Man darf die Schilderungen der Jenseitsberichte als Spiegelungen des Menschlichen sehen, denen Körperliches gerade nicht fremd war.

Und Hölle und Himmel, was hat es mit ihnen auf sich? Die Hölle wird als pathische Seite des Leibempfindens deutbar, der Himmel als Befreiung von diesem Empfinden. Das hieße in letzter Konsequenz: Der Himmel ist nicht als eigener Gefühlsraum beschreibbar, sondern nur als Aufhebung der Hölle. Dennoch haben ihm die Autoren der Vormoderne eigene Qualitäten gegeben. Die Himmelsreise bleibt aber weniger interessant. Der Himmel wird im Bild der liturgischen Musik geschildert: als kosmische Harmonie von Relationen, die als solche vollkommen ist. Theoretisch ist dabei die Dis-Harmonie der Hölle als Störung der primären Harmonie des Himmels dargestellt; faktisch sind aber die Höllenschilderungen substanzreicher. Was sagt das nun in Hinblick auf die gesellschaftliche Dimension?

Bei den Diskussionen unserer Studierenden merkten wir: Die soziale und politische Dimension der Jenseitsräume hat in den Lerntagebüchern kaum jemand fokussiert; sie scheinen aber dennoch ein

Fluchtpunkt zu sein. Auch Böhme bestreitet nicht die (recht einfach gestrickte traditionelle) religionskritische Perspektive auf Höllen- und Himmelsvisionen, die besagt, diese hätten der Kirche dazu gedient, mit der Angst und der Vertröstung auf vagen Jenseitslohn die Menschen gefügig zu machen. (Nun ja, wer wollte das bestreiten.) Aber er geht darüber hinaus. Die Hölle – gemeint sind damit die Höllenimaginationen – wird in dem Ausagieren von Rachephantasien, in der Gestalt eines „imaginierten Straflagers", von ihm als „größtes pornographisches Kunstwerk" (S. 78) betrachtet, welches das Abendland hervorgebracht habe. Der Himmel dagegen sei ein Stillleben (*nature morte*), das in seiner Harmonie auf Entindividualisierung oder anders gesagt: auf absolutem Gehorsam beruht, – dem Aufgeben des eigenen Willens unter dem Willen des Einen.

Wohlgemerkt: Diese Deutungen sind nicht die des Mittelalters selbst, in dessen theologischem Weltbild die Jenseitsräume in einer Gerechtigkeits- und Ausgleichsbeziehung in Hinblick auf das jeweilige Leben des Einzelnen gedacht wurden. Denkt man diese Interpretation weiter, dann erscheint der Himmel als mindestens genauso erschreckend wie die Hölle: Hier ist kein Platz für das, was nach unseren Begriffen einen Menschen ausmacht: seine dynamische Emotionalität, seine Geschichte, sein Denken, kurz: seine Individualität. Der Preis der Seligkeit ist die Selbst-Auflösung des einzelnen Menschen als Instanz von spezifischen Bedürfnissen und eines bestimmten Willens. Politisch betrachtet ist der Himmel die Vereinigung einer Masse mit einem Führer und dessen Willen. Die Seligen werden so, wie Böhme formuliert, zu den „depersonalisierten Elementen des Gotteswillen" (76). Die Hölle hingegen ist individuell: Jeder erhält spezifische Qualen, hat seine eigenen Empfindungen, Gedanken und verfügt über die Präsenz der eigenen Lebensgeschichte in der Erinnerung. Die Hölle ist also gerade in ihrer Gegenbildlichkeit zum Himmel lebendig. Einschließlich aller überschießenden Details (die keineswegs nur als spiegelnde Strafen für irdische Vergehen erklärbar sind) ist alles in ihr prozesshaft – und einer Erzählung wert. Sie bleibt dabei aber ein terrorgesättigtes Straflager, dessen komplette Auflösung von nur wenigen Theologen der Vormoderne überhaupt gedacht und ausgedrückt wurde.

Der griechische Kirchenvater Origenes hat eine solche echte Auflösung der Hölle konzipiert: In der sog. Apokatastasis-Lehre (der Lehre
von der Wiederbringung eines Zustandes vor der Differenzierung des
Kosmos in Oberwelt und Unterwelt, in Himmel und Hölle) wird am
Ende sogar der Teufel erlösungsfähig (vgl De principiis III, 6, 5). Man
hat diese Lehre schon früh für häretisch erklärt.

Böhmes Interpretation läuft insgesamt auf zwei Aspekte hinaus:
Imaginationsgeschichtlich sind Hölle und Himmel (in ihrer Qualität als
Imaginationsräume) Kunstwerke. Politisch und wissensgeschichtlich
sind sie Reflexionen – mit allen Mitteln menschlicher Imagination den
Abgründen der eigenen Art nachspürend – über die Verhältnisse der
Zeiten, in denen Individualität nur als Erleben von Qual – und Freude
nur als Unterwerfung unter einen göttlichen Willen konzipiert werden
konnten. Spricht man heute von Utopien und Dystopien, stellen sich
bei näherem Hinsehen Parallelen ein. Gnade uns Gott, wenn die Utopien realisiert werden. In diesem Sinn sind Himmel und Hölle enge
Verwandte.

Die Welt des Mittelalters ist uns fremd geworden. Es scheint uns, als
haben all jene, die in Spätantike und Mittelalter Heterotopien beschrieben haben (um einen jener Termini zu wählen, die nur zusammenfas-
sen, ohne zu erklären), an die Bilder geglaubt, die sie eher beschworen
als beschrieben haben. Im Gegensatz zu uns dürfte den Alten selbst klar
gewesen sein, in welcher Weise sie redeten, gerade wenn es um Bilder
und Visionen ging. Was man sieht, ist zunächst das Gesicht selbst. Das
Dahinter kann nur *per speculum in aenigmate* (1 Kor 13, 12) erahnt werden. Dennoch scheint sich hierin etwas im weiten Sinn Wunderbares zu
ereignen, das jedem Kunstschaffen und Kunstleben gleicht: Die Schaffung eines Standpunktes, der zwei Perspektiven vereint. Im Fall der
Pfingstgeschichte sind es die Perspektiven von Geschöpf und Schöpfer,
die sich einander annähern: Petrus ist Zeuge des pfingstlichen Wunders
und beruft sich auf eine Stelle des Alten Testaments (Joel 3, 1-5), deren
Verheißung er nun selbst erlebt, wenn er sich auf die alttestamentliche
Gottesrede bezieht (in Luthers Übersetzung von 1545): „Jch wil aus-
giessen von meinem Geist auff alles Fleisch / Vnd ewre Söne vnd ewre
Töchter sollen weissagen / vnd ewre Jünglinge sollen Gesichte sehen /

vnd ewre Eltesten sollen Trewme haben" (Apg 2,21). Zurückgebunden an das ‚christliche Europa' ließe sich sagen: Diese Gesichte und Träume haben sie denn auch gehabt, die Söhne und Tochter einer Zeit, deren Ziel noch nicht der aufklärerische Ausgang aus einer vermeintlichen Unmündigkeit war. Es waren visionskräftige Söhne und Töchter einer Zeit, die uns eine Summe so geordneter wie phantastischer Bildwelten hinterlassen hat, dass man wenige Jahrzehnte nach dem Diktum von der Unmündigkeit, in der frühen Romantik, von ihr schon nicht mehr mit Abneigung, sondern mit Sehnsucht sprach.

Literaturverzeichnis

Texte

[Biblia deutsch:] (1972) D. Martin Luther: *Die gantze Heilige Schrifft Deutsch* 1545 / Auffs new zugericht. Unter Mitarbeit von Heinz Blanke hg. von Hans Volz. 2 Bde. München.

Meister Eckhart (1993) *Werke*, 2 Bde. Hg. von Niklaus Largier. Frankfurt am Main (Bibliothek des Mittelalters 20, 21).

Dante Alighieri (2010-2012) *La Commedia. Die Göttliche Komödie.* 3 Bde. Italienisch-deutsch. Übersetzt und kommentiert von Hartmut Köhler, Stuttgart.

Marcus von Regensburg (2018) *Visio Tnugdali. Vision des Tnugdal.* Eingeleitet, übersetzt und kommentiert von Hans-Christian Lehner und Maximilian Nix. Freiburg im Breisgau (Fontes christiani 74).

Mechthild von Magdeburg (2003) *Das fließende Licht der Gottheit.* Hg. von Gisela Vollmann-Profe. Frankfurt am Main (Bibliothek des Mittelalters 19).

Origenes (1992) *De prinzipiis. Vier Bücher von den Prinzipien.* Altgriechisch, Lateinisch, Deutsch, hg., überestzt von Herwig Görgemanns und Heinrich Karpp. 3. Aufl. Darmstadt (Texte zur Forschung 24).

Heinrich Seuse (1961) *Deutsche Schriften im Auftrag der Württembergischen Kommission für die Landesgeschichte* hg. von Karl Bihlmeyer. Nachdruck der Ausgabe Stuttgart 1907. Frankfurt am Main.

Forschungen

Maximilian Benz (2013) *Gesicht und Schrift. Die Erzählung von Jenseitsreisen in Antike und Mittelalter*. Berlin / Boston (Quellen und Forschungen zur Literatur und Kulturgeschichte N.F. 78).

Hartmut Böhme (2000) Himmel und Hölle als Gefühlsräume. In: *Emotionalität. Zur Geschichte der Gefühle*. Hg. von Claudia Benthien u.a. Köln u.a. (Literatur, Kultur, Geschlecht. Kleine Reihe 16), S. 60-81.

Peter Dinzelbacher (1981) *Vision und Visionsliteratur im Mittelalter*. Stuttgart (Monographien zur Geschichte des Mittelalters 23).

Peter Jezler (1994) Jenseitsmodelle und Jenseitsfürsorge – eine Einführung. In: *Himmel, Hölle, Fegefeuer. Das Jenseits im Mittelalter*. Hg. von Peter Jezler u.a. Zürich.

Niklas Luhmann (1989) Die Ausdifferenzierung der Religion. In: ders.: *Gesellschaftsstruktur und Semantik. Studien zur Wissenssoziologie der modernen Gesellschaft*. Bd. 3. Frankfurt am Main, S. 259-357.

Rudolf Otto (1947) *Das Heilige. Über das Irrationale in der Idee des Göttlichen und sein Verhältnis zum Rationalen*. 26.-28. Aufl. München.

Helmuth Plessner (1975) *Die Stufen des Organischen und der Mensch. Einleitung in die philosophische Anthropologie*. Berlin / New York [zuerst 1928].

Ludwig Wittgenstein (1984) Über Gewißheit. In: ders.: *Bemerkungen über die Farben. Über Gewißheit. Zettel. Vermischte Bemerkungen*. Frankfurt am Main (Werkausgabe, Bd. 8).

Ludwig Wittgenstein (2003) *Philosophische Untersuchungen*. Frankfurt am Main.

Marcello Neri
Die Liturgie der Pfingstnacht im ambrosianischen Ritus

Historisch gesehen bleibt die Gründung der Mailänder Kirche relativ im Dunkeln: Aus der heute noch vorhandenen Dokumentation (verfasst ungefähr im XI. Jahrhundert) lässt sich deduzieren, dass eine erste, institutionalisierte Präsenz der christlichen Gemeinde in Mailand zwischen Ende des II. Jahrhunderts und Anfang des III. Jahrhunderts zu datieren ist.[1] Sicher scheint, dass schon im ersten Jahrzehnt des IV. Jahrhunderts eine gut strukturierte Ortskirche existierte. 313 beruft Kaiser Konstantin ein regionales Konzil in Rom ein, um die donatistische Frage zu lösen. An diesem Konzil, dessen Vorsitz Papst Miltiades innehat, nimmt auch teil Mirocles, Bischof von Mailand, der auch 314 beim Konzil von Arles anwesend sein wird.

Vier Jahrzehnte später findet 355 in Mailand eine Zusammenkunft von Bischöfen statt, um den Heiligen Athanasius zu verurteilen, der sich geweigert hatte, die von Kaiser Konstantius II. unterstützte arianische Lehre anzunehmen. Dionisus, amtierender Bischof von Mailand, stellt sich auf die Seite von Athanasius, um das Konzil von Nicäa zu verteidigen, und gegen den Anspruch des Kaisers, über die gültige Lehre der Kirche entscheiden zu wollen, und wird deshalb nach Kleinasien verbannt.

Ambrosius und Carlo Borromeo:
zwei Bischöfe für *einen* Ritus

Mit 355 fängt die arianische Zeit der Kirche in Mailand an, die grundsätzlich bis zur Wahl des römischen Konsuls Ambrosius zum Bischof andauern wird. Als Konsul war Ambrosius zuständig für die Provinzen von *Liguria* und *Aemilia* mit Amtssitz eben in Mailand.

Dass die Leitung der Mailänder Ortskirche unter dem arianischen Bischof Aussentius nicht in Übereinstimmung mit den Konzilen der Großkirche und mit der römischen Kirche stand, bedeutete aber nicht, dass notwendigerweise auch das christliche Volk der Stadt insgesamt die häretische Position des Bischofs teilte: „Während der Zeiten von

---

[1]   Vgl. Angelo Paredi: Storia del rito ambrosiano; Edizioni OR, Mailand 1990, 8.

Aussentius bleibt das christliche Volk von Mailand in seinem Glauben orthodox. Zugleich gesellen sich aber viele Christen, um des Friedens willen, zu den Häretikern – was eine notwendige Voraussetzung war, um Zugang zu ihren alten Kirchen noch haben zu können."[2]

Nach dem Tod von Aussentius (374) wird Mailand von einem heftigen Streit zwischen dem arianischen und dem orthodoxen Lager erschüttert, was zu einem Eingreifen des römischen Konsuls Ambrosius führt. In den Zeiten von Aussentius hatte Ambrosius eine sehr geschickt ausbalancierte Haltung gegenüber den zwei kirchlichen Streitparteien eingenommen (obwohl er selbst orthodoxer Christ war – wie auch seine Schwester in Rom, eine geweihte Jungfrau, die sich höchstwahrscheinlich im vertrauten Kreis von Papst Damasus aufhielt). Diese strategische Politik der Mitte bzw. des Dazwischen ließ seine Legitimation und Autorität unter der Mailänder Bevölkerung erheblich wachsen. An einem Tag, damit die streitende Menge beruhigt würde, sah er sich gezwungen, das Wort in der Hauptkirche von Mailand zu ergreifen, um wieder Ruhe in der Stadt zu schaffen.

Was er damals den Leuten gesagt hat, wissen wir nicht – wohl aber kennen wir die Folgen jener Ansprache. Ambrosius trat als römischer Konsul über die Schwelle der Hauptkirche, heraus kam er als Bischof von Mailand – von der christlichen Volksmenge per Akklamation dazu gewählt.

Zu der Zeit, als Ambrosius zum Bischof gewählt wurde, gab es mindestens vier lateinische Riten, die sich vom Ritus der römischen Kirche unterschieden, und zwar wie folgt: die gallikanische Liturgie, die in der damaligen römischen Provinz Gallien gefeiert wurde; die mozarabische Liturgie in den spanischen Gebieten; die keltische Liturgie, die den christlichen Kirchen in Irland und Schottland eigen war; und die Mailänder Liturgie in Norditalien.

Über die ersten drei liturgischen Formen im IV. Jahrhundert haben wir kaum Auskunft. Einige Informationen über die Liturgie, welche die Mailänder Kirche in dieser Zeit feierte, können wir dagegen aus den Schriften des Ambrosius entnehmen.[3] Es fällt nicht in den Rahmen die-

---

[2] Angelo Paredi: Sant'Ambrogio e la sua età; Jaca Book, Mailand 2015, 107 (Übersetzung von Marcello Neri).

[3] Vgl. Paredi: Storia del rito, 12-19.

ses Beitrags, Kennzeichen und Entwicklungen der ambrosianischen Liturgie darzustellen; einige Andeutungen müssen deshalb reichen. Schon zu Zeiten von Ambrosius sah z. B. die Mailänder Taufliturgie – im Unterschied zum römischen Ritus – die Fußwaschung der neu gesalbten Christen/innen vor. Die Fastenzeit fing nicht am Aschermittwoch, sondern mit dem darauf folgenden Montag an. (Es war dann Carlo Borromeo, der den Beginn der Fastenzeit für den ersten Sonntag nach dem römischen Aschermittwoch festlegte.) Der größte Beitrag von Ambrosius zur Mailänder Liturgie betrifft die Musik und die Hymnologie, beide stark von der byzantinischen Spiritualität bzw. Liturgie beeinflusst:[4] „Die von Ambrosius eingeführte musikalische Erneuerung von 386 bestand vor allem darin, dass das Singen in den liturgischen Versammlungen nicht nur Sache von Solisten oder dem Chor war, sondern dass alle teilnehmenden Menschen am Singen beteiligt waren."[5]

Im Laufe der Jahrhunderte bis heute[6] wurde die Selbständigkeit des ambrosianischen Ritus – als eine andere und sich von der römischen unterscheidende lateinische Liturgie – in der Mailänder Ortskirche mit Stolz und Kraft aufbewahrt. Beeindruckendes Beispiel dafür stellt die Bischofzeit von Carlo Borromeo in XVI. Jahrhundert dar. Nach dem Konzil von Trient gab es große Bestrebungen des Papstes und der römischen Kurie, die im modernen Sinne gerade neu geborene katholische Kirche so weit wie möglich zu uniformieren, um die reformatorische Welle der lutherischen Bewegung bewältigen zu können. Getrieben von diesem vereinheitlichenden Geist, wurde jeder Unterschied zu dem, was in Rom gefeiert wurde, als extrem gefährlich angesehen.

Selbstverständlich geriet auch die ‚Ausnahme' des ambrosianischen Ritus unter einen kurialen Verdacht. Besonders Cesare Speciano (Legat von Carlo Borromeo am päpstlichen Hof) und Kardinal Giovanni Morone wollten den Papst überreden, die ambrosianische Liturgie abzuschaffen. Darauf reagierte Carlo Borromeo mit einem Brief an Speciano, in dem er berechtigte Gründe für eine Erhaltung der ambrosianischen Liturgie anführte, indem er darlegte, warum diese keine Ge-

---

[4]   Vgl. Paredi: Sant'Ambrogio; 321-333..
[5]   Paredi: Soria del rito; 18. (Übersetzung von Marcello Neri).
[6]   Vgl. Norberto Valli: Breve introduzione al rito ambrosiano; Ancora, Milano 2014.

fährdung für die Einheit der katholischen Kirche bedeute. Mit einem Schreiben (1575) lobte Papst Gregor XII. den Einsatz des Bischofs von Mailand für die ambrosianische Liturgie und autorisierte diesen, den Mailänder Ritus als anerkannte lateinische Liturgie der katholischen Kirche in allen Gebieten seiner Diözese zu feiern.

Pfingsten: ein besonderer Tag für die ambrosianische Liturgie

Pfingsten hat eine besondere Bedeutung für die ambrosianische Liturgie und deren Legitimation, sich gegenüber dem römischen Ritus in der katholischen Kirche zu behaupten, die mit der karolingischen Dynastie eng verbunden ist. 732 beendete König Karl Martell mit der Schlacht von Tours und Poitiers den Vormarsch des arabischen Feldzugs in die gallikanischen Gebiete. Zu dieser Zeit war die Lage vieler Ortskirchen im Frankenreich prekär, manchmal sogar miserabel – mit erheblichen Folgen in Bezug auf die Disziplin des Klerus sowie auf eine würdige Feier der christlichen Liturgie.

Der Sieg von Karl Martell ermöglichte unter anderem, dass sich nun viele gallikanische Bischöfe als Pilger zum Grab Petri nach Rom begeben konnten. Diese Aufenthalte in Rom gaben ihnen die Möglichkeit, zum ersten Mal auch die römische Liturgie direkt miterleben zu können, von der sie spirituell und ästhetisch tief beeindruckt wurden. Einige Bischöfe brachten Kopien der römischen liturgischen Bücher nach Gallien mit und bestellten Musiklehrer aus Rom in ihre Heimatsdiözesen ein, um dadurch die liturgische Feier der christlichen Geheimnisse angemessen wieder beleben zu können. In diese Frage griff auch König Pippin der Jüngere (Vater von Karl dem Großen) ein, der mit einem Dekret die liturgische Reform in den Kirchen seines Reiches in Gang setzte, welches die Abschaffung des gallikanischen Ritus und die Übernahme des römischen in allen Gebieten unter seiner Herrschaft anordnete.

Mit dem Jahr 774 wurde auch Norditalien Teil des karolingischen Reichs unter Karl dem Großen, der seinen Königstitel in *rex Francorum et Langobardorum* umwandelte – „was auch eine Anerkennung der Relevanz der lombardischen Region und der Stadt von Mailand als

Reichsgebiete war, die ihre Eigenständigkeit gegenüber Rom und sogar dem Frankenreich behaupten konnten."[7] Offen blieb aber die Frage, ob eine solche Eigenständigkeit auch für die kirchliche Liturgie gelten konnte, nämlich ob Mailand und die Lombardei mit ihrer je eigenen Liturgie bzw. ihren liturgischen Traditionen eine Ausnahme in Hinblick auf das Dekret von Pippin dem Jüngeren hätten darstellen können, der – wie gesagt – den römischen Ritus als einzige Form der Liturgie aller Kirchen im gesamten karolingischen Reich vorgeschrieben hatte.

Die Antwort darauf kam in 781, als Karl der Große sich zuerst nach Rom für Ostern und dann nach Mailand für Pfingsten begab. In Rom ließ er seine zwei Söhne, Pippin und Ludwig, taufen und in Mailand seine Tochter Gisela. Man darf nicht vergessen, wie oben schon kurz angedeutet, dass im Mailänder Taufritus einige liturgische Handlungen vollzogen wurden, die es im römischen Ritus nicht gab. In Hinblick darauf wird deutlich, dass Karl der Große durch die Symbolik der Taufe grundsätzlich eine Gleichstellung der Mailänder Liturgie mit derjenigen behauptete, die in Rom gefeiert wurde. „Mit der Taufe seiner Tochter in Mailand, nachdem er seine zwei Söhne in Rom hatte taufen lassen, erkannte Karl der Große nicht nur die Überlegenheit von Mailand (*secunda Roma*) gegenüber allen anderen langobardischen Städten an, sondern auch die Berechtigung der Mailänder Bevölkerung, ihrer eigenen liturgischen Tradition treu zu bleiben, die auf den Heiligen Ambrosius zurückgriff."[8]

Feier der Pfingstnacht heute

Historisch und symbolisch gesehen, ist das Fest von Pfingsten von großer Bedeutung für die sogenannte ambrosianische Liturgie, deren Strukturierung in der heutigen Gestaltung der Pfingstnacht im Folgenden kurz dargestellt werden soll. Die Feier folgt grundsätzlich einer Dreiteilung: lyrisch (Lichtritus und Hymnus); narrativ (Lesungen aus dem Alten und Neuen Testament); performativ (eucharistische Handlungen).

---

[7]   Paredi: Storia del rito, 34 (Übersetzung von Marcello Neri).
[8]   Paredi: Storia del rito, 35 (Übersetzung von Marcello Neri).

Der lyrische Auftakt will eine ästhetische Einstimmung unter den versammelten Gläubigen hervorrufen, die dadurch vor allem eine affektive Dimension des Glaubens zum Ausdruck bringen kann. Das narrative Intermezzo mit sechs Lesungen ruft in die Mitte der feiernden Gemeinde die ganze Heilsgeschichte Gottes in Erinnerung, die als unerschütterliche Treue zu seinem verheißenen Bund verstanden wird; dadurch werden vor allem Gedächtnis und Verstand des Glaubens angesprochen. Das Performative der eucharistischen Handlungen beansprucht die leibliche Dimension des katholischen Glaubens: bis hin zur Einverleibung des Daseins Jesu als Hingabe für alle Menschen in den glaubenden Körper der Christen/innen, die berufen sind, unter der Leitung des Geistes jene Hingabe an jedem Ort der heutigen Welt zu verwirklichen: „Genährt an deinem Tisch, bitten wir Dich, heiliger und ewiger Gott, dass die Erfüllung des Ostergeheimnisses in unseren Herzen auf immer als Prinzip zum Tun und Leben bleibt."[9]

Im Lichtritus[10] klingt etwas von einer Ersetzungstheologie an: nämlich, dass die Kirche endgültig an die Stelle des Volks Gottes Israel getreten sei. In diesen poetischen Versen ist nunmehr die (katholische) Kirche, und nicht mehr das Volk Israel, adressiertes Subjekt der Herrlichkeit Gottes. Man sollte sich darüber nicht wundern, denn die Theologie der Substitution war von den Ursprüngen des Christentums her der Hauptweg gewesen, um das schwierige Nebeneinander von Kirche und Israel zu erklären[11] – selbstverständlich zugunsten der christlichen Kirche.

Was den Katholizismus anbelangt, gelingt es dem II. Vatikanischen Konzil, dass eine selbstkritische Auseinandersetzung mit dem Lehrsatz der Ersatztheologie beginnt, um von einem immer schon entschie-

---

[9] Ambrosianisches Messbuch: Gebet nach der Kommunion (Übersetzung von Marcello Neri).

[10] Ambrosianisches Stundenbuch: Alzati e vestiti il tuo manto di luce, / santa Chiesa di Dio. / La gloria del Signore / su di te si riverbera. / Al tuo chiarore camminano le genti / nella notte del mondo. / La gloria del Signore / su di te si riverbera. / Alzati e vesti il tuo manto di luce, / santa Chiesa di Dio. / La gloria del Signore su di te si riverbera.

[11] Vgl. Camillo Neri; Enrico Norelli; Giandomenico Cova (hg.): The Parting of the Ways and/as Supersessionis / La Chiesa al posto di Israele? La nascita di un'ideologia nella separazione fra cristiani ed ebrei nel II/III secolo; Morcelliana, Brescia 2021.

denen *aut... aut... (entweder – oder)* zu einem stets offen *et... et... (sowohl – als auch)* überzuwechseln.[12] Interessant ist bei diesem ersatztheologischen Akzent des Lichtritus, dass sich auch im Verhältnis Herrlichkeit Gottes – Volk Gottes der Übergang von Israel zur Kirche ändert. Im Tanakh (der jüdischen Bibel) führt die Herrlichkeit Gottes Israel durch die Wüste in das versprochene Land – narrativ dargestellt als Lichtphänomen, das als Garant der Präsenz Gottes gilt. Zwischen der Herrlichkeit Gottes und dem Volk Gottes bleibt immer eine bestimmte Distanz, eine Nicht-Übereinstimmung, bis hin zur deuteronomistischen Theologie, in der sogar zwischen der Präsenz Gottes (im Jerusalemer Tempel) und der Herrlichkeit Gottes (überall und nicht ortsgebunden) unterschieden wird.

Die Poetik des Lichtritus der ambrosianischen Liturgie vollzieht dagegen eine dramatische Kehre im Verhältnis Herrlichkeit – Volk Gottes: Die Herrlichkeit Gottes haftet nun an der Institution seines Volkes (der katholischen Kirche) wie eine Kleidung, wie ein *Habitus*. Die Herrlichkeit Gottes als *Habitus* der Kirche verschiebt auch den Ort, an dem sich das Licht (Gottes) in der Welt manifestiert: nicht mehr an dem unheimlichen Phänomen einer Lichtung in der Nacht der Wüste, sondern an dem harten Phänomen der Institution ‚Kirche‘ und in der Nacht der Welt. Das, was eigentlich leuchtet, ist die Kirche, welche den begehbaren Weg für Völker und Nationen darstellt; nur durch die Kirche könne man einen Pfad in der dunklen Welt finden. Zwar ist die Herrlichkeit auch hier diejenige Gottes, aber deren Lichtung ist nicht mehr die Entzogenheit dieser göttlichen Erscheinung, sondern die institutionelle Evidenz der Kirche. In diesem Sinne könnte man von einer fast doppelten Ersatztheologie sprechen; nicht nur ist die Kirche an die Stelle Israels getreten, sondern es scheint sogar, dass sie nunmehr auch diejenige Gottes in seine Herrlichkeit übernommen hat.

Sicher ist die im Lichtritus implizierte Theologie problematisch – oder besser: Der Lichtritus trägt in sich die Geschichte, aus der Glaube und Liturgie von heute entstanden sind. Eine Geschichte, die wir nicht abschaffen können, auch wenn wir neue theologische Deutun-

---

[12] Vgl. Paul Beauchamp: L'uno e l'altro Testamento. Compiere le Scritture; Glossa, Milano 2001.

gen gewonnen haben. Man muss nicht immer und notwendigerweise alte Traditionen, abgesehen von ganz bestimmten Fällen, vernichten, um Raum für angemessenere Einsichten zu schaffen. Die eigentliche Herausforderung für den Glauben besteht vielmehr darin, der Aufgabe gewachsen zu sein, das Alte zu bewahren, und zwar in einer Spannung von Gedächtnis und Bewusstsein, die der Geschichtlichkeit des Christlichen in all seinen Konturen gerecht zu werden vermag.

Es gibt noch einen weiteren Aspekt, der m. E. in dieser heiklen Frage berücksichtigt werden muss. Wie gesagt, ist der Auftakt der ambrosianischen Pfingstliturgie, in den der einführende Lichtritus eingebettet wird, vor allem lyrisch. Hier spielen Begriffe, die auch theologisch beladen sein können, eher eine nebensächliche Rolle: sie sind nichts mehr als eine Stütze für Rhythmus, Melodie und Musik, welche die Hauptrolle in der Gestaltung der affektiven Erfahrung der liturgischen Versammlung spielen. Begriffe sind in den lyrischen Auftakt nicht einberufen, um etwas begrifflich zu sagen, sondern als flüchtige Gespenster, in denen das Unsagbare selbst anzuklingen vermag.

Der Hymnus stellt den zweiten Teil des lyrischen Auftaktes dar: Christi Himmelfahrt und Sendung des Geistes bilden hier eine narrative Einheit mit klarer Andeutung auf Apg 1, 6-11 und Apg 2, 1-36. Die Gabe des Geistes ist dem auferstandenen und nun in die himmlische Wirklichkeit zurückgekehrten Jesus (im Sinne der johanneischen Christologie) aus dem Geheimnis des Vaters zugeschrieben, wie es auf dem Konzil von Konstantinopel festgelegt wurde, wo der Geist *ex Patre procedit*. Die Einheit von Geber (Jesus dem Sohn) und Ursprung (Gott dem Vater) des Geistes wird behauptet, indem gesagt wird, dass der Geist ‚aus dem göttlichen Leben‘ hervorkomme.

Empfänger dieser Gabe sind die betenden Jünger, die von ‚einem Feuer der Liebe‘ berührt werden. Diese Berührung des Geistes mit der glaubenden Haltung des Gebetes verwirklicht eine Verwandlung der Jünger Jesu – vielleicht eine Anspielung auf die Szene der Transfiguration Jesu in den synoptischen Evangelien: „Und Jesus wurde umgestaltet vor ihnen, und es leuchtete sein Gesicht wie die Sonne, seine Gewänder aber wurden weiß wie das Licht." (Mt 17, 2)[13] Ist dem so,

---

[13] Aus dem Münchener Neuen Testament.

dann wäre Pfingsten als das Zustandekommen jener von den Jüngern so ersehnten, endgültigen Gemeinschaft mit Jesus zu verstehen, die während seines irdischen Lebens noch nicht möglich war. Dass man diese Passage des Hymnus auf die synoptische Erzählung der Transfiguration Jesu zurückbeziehen kann, wird von der poetischen Reaktion der Jünger bestätigt, die nach dem Hymnus ‚Freude‘ schlechthin ist (welche auch die Grundstimmung der Erscheinung des verklärten Jesus am Berg Tabor war).

Gesalbt mit dem Geist und getragen von der Freude, gewinnt die Gemeinschaft der Jünger ‚eine neue Sprache‘, die ein Lied über die Großtaten Gottes anstimmt. Hier besteht ein großer Unterschied des ambrosianischen Hymnus im Vergleich zu Pfingsten als einem Narrativ der Apostelgeschichte, die von „einem Reden in anderen Sprachen" (Apg 2, 4) erzählt. Mir scheint es, dass die Interpretation des ambrosianischen Hymnus theologisch und sprachlich treffender ist als das (vermeintliche) Wunder der Sprachen, das man in diesem Vers der Apostelgeschichte hineinlesen will. Die Gabe des Geistes schafft eine neue Sprache des Glaubens – immer wieder, weil der Geist nicht und nie aufhört, von Gott auf den Menschen ausgegossen zu werden. In diesem Sinne ist die Kirche immer *im Ursprung*, indem sie ihre Sprache stets neu erfinden muss: in jener Spannung von Gedächtnis und Bewusstsein, von der schon die Rede war.

Die Lesungen des narrativen Teils der ambrosianischen Pfingstfeier sind sechs: vier aus dem Alten Testament (Genesis 11, 1-9; Exodus 19, 3-8.16-19; Ezechiel 37, 1-14; Joel 3, 1-5) und zwei Lesungen aus dem Neuen Testament (1 Korinther 2, 9-15; Johannes 16, 5-14). Die vorgelesenen Stellen aus der Genesis führen das Thema ‚Totalität und Teilung‘ weiter, das der *cantus firmus* der Schöpfungserzählungen ist, in denen das Menschliche am Menschen nur in der gegenseitig anerkennenden Reziprozität der Differenzen zum Ausdruck kommen kann.[14] In der Lesung aus Exodus geht es um den Bund zwischen Gott und seinem Volk Israel, das in der Gabe des Gesetzes sein Siegel erhält; dieser Gabe geht eine visuelle Theophanie voran: „Der ganze Sinai war in Rauch

---

[14] Vgl. André Wénin: Da Adamo ad Abramo o l'errare dell'uomo; EDB, Bologna 2008.

gehüllt, denn der Herr war im Feuer auf ihn herabgestiegen." (Ex 19, 18)[15] Das Feuer als Materie der Präsenz Gottes in seinem Volk ist typisch für Exodus; und darauf bezieht sich auch der Hymnus der ambrosianischen Pfingstfeier, die eben vom ‚Feuer der Liebe' spricht, das in die ‚Herzen der Jünger' herabsteigt (deren Glaubensleben somit zur Materialisierung der Präsenz Gottes werden darf). In den prophetischen Lesungen wird vom Geist gesprochen, der noch in völlig alttestamentlichem Sinne, und nicht christlich-typologisch, zu verstehen ist: nämlich als Leben spendendes Prinzip im Sinne der Schöpfung (Ezechiel) und als Gabe einer göttlichen Kraft zur Entstehung einer prophetischen Volksgemeinschaft (Joel).

Die erste neutestamentliche Lesung aus dem 1. Korintherbrief lässt den Geist als Weisheitserkenntnis erscheinen, welche eine unvordenkliche Erfahrung der Intimität Gottes selbst ermöglicht. Berührt durch den Geist und von der Tiefe dieses göttlichen Geheimnisses, wird der christliche Glaube als Urteilskraft verstanden, welche die Intentionalität Gottes mitten in den Widersprüchen der Welt zu unterscheiden vermag. Auch das Johannesevangelium versteht den Geist in seinem Kommen als (universale) Urteilskraft – mit einem Satz, der dennoch relativ unklar ist: „Und wenn er kommt, wird er die Welt der Sünde überführen und der Gerechtigkeit und des Gerichts; der Sünde, weil sie nicht an mich glauben; der Gerechtigkeit, weil ich zum Vater gehe und ihr mich nicht mehr seht; des Gerichts, weil der Herrscher dieser Welt gerichtet ist." (Joh 16, 8-11)[16] Das griechische ἐλέγχω τινά περί... (auf Deutsch mit „überführen" übersetzt) bedeutet so etwas wie „jemanden beurteilen", „den Gesichtspunkt von einem anderen ablehnen", „jemanden über die Wahrheit überzeugen" – Wendungen, die m. E. berechtigen, auch hier den Geist als Urteilskraft des christlichen Glaubens zu begreifen.

---

[15]   Aus der Einheitsübersetzung.
[16]   Aus der Einheitsübersetzung.

Versammlung

Mit diesem Beitrag ging es mir nur um eine kurze Wanderung durch einige Momente der ambrosianischen Pfingstliturgie, deren Geist sich im Empfangsgebet der christlichen Versammlung widerspiegelt:

> „Gott, bewahre durch das Tun Deines Geistes, der den Leib der Kirche trägt und aufwachsen lässt, in den aus der Taufe neu geborenen Menschen, die deine Kinder geworden sind, die Gnade der Heiligkeit, die ihnen geschenkt worden ist. Gott, erneuere unsere Herzen und unser Leben, und lass zu, dass wir Dir mit Großzügigkeit in der Einheit des Glaubens dienen."[17]

Literaturverzeichnis

Beauchamp, Paul (2001) *L'uno e l'altro Testamento. Compiere le Scritture*. Glossa, Milano.

Bibel Einheitsübersetzung, (https://www.bibelwerk.at/pages/katholischesbibelwerk/reveinheitsuebersetzung; Zugang am 14. Februar 2021).

Neri, Camillo; Norelli, Enrico; Cova, Giandomenico (Hrsg.) (2021) *The Parting of the Ways and/as Supersessionis / La Chiesa al posto di Israele? La nascita di un'ideologia nella separazione fra cristiani ed ebrei nel II/III secolo*. Morcelliana, Brescia.

Paredi, Angelo (2015) *Sant'Ambrogio e la sua età*. Jaca Book, Mailand.

Paredi, Angelo (1990) *Storia del rito ambrosiano*. Edizioni OR, Mailand.

Valli, Norberto (2014) *Breve introduzione al rito ambrosiano*. Ancora, Milano.

Wénin, André (2008) *Da Adamo ad Abramo o l'errare dell'uomo*. EDB, Bologna.

---

[17] Ambrosianisches Messbuch: Tagesgebet (Übersetzung von Marcello Neri).

**Pfingsten –
und die weltweite Karriere
des Heiligen Geistes**

Gabriele Lademann-Priemer
Pfingsten – Vom Geist Gottes

Einleitung

Die Frage nach dem Verhältnis des Geistes Gottes zum Geist des Menschen ist beinahe so alt wie die Menschheit. Die Unterscheidung der Geister hat schon die Menschen in der Bibel bewegt.

Seit einigen Jahrzehnten wächst die neopentekostale Bewegung weltweit zuungunsten der so genannten mainline churches, den protestantischen Kirchen und der römisch-katholischen Kirche. Es gibt ekstatische Gottesdienste mit Zungenrede und Prophetie. Heilungen und Dämonenaustreibungen werden bezeugt, Prophezeiungen, oft hinsichtlich von Verhexung, verkündet. Die Anziehungskraft der neopentekostalen Bewegungen und Kirchen besteht darin, dass das Wirken des Heiligen Geistes anscheinend spürbar, sichtbar, ablesbar wird. Die Menschen geraten in einen Sog, der sie in Bewegung bringt und in Ekstase versetzt. Glossolalie (Zungenrede) und Trance werden als Zeichen der Gegenwart des Geistes erfahren.

Die Kraft des Segens soll oftmals gegen eine Spende übertragen werden, was in den Megachurches zu einem beachtlichen Spendenaufkommen führt. Es gibt jedoch auch viele kleinere Gruppen, in denen es vermutlich weniger um das Geld als um den Zusammenhalt geht.

Als Außenstehender ist man geneigt, das Treiben skeptisch zu betrachten, besonders wenn es darum geht, wer von wem und wodurch verhext sein soll und daher krank oder mit Problemen belastet wäre. Auch die Wichtigkeit der Spenden lässt zweifeln an der Veranstaltung, dennoch muss man zugestehen, dass die Menschen hier Kraft schöpfen, um ihren oftmals schwierigen und dürftigen Alltag zu bestehen.

Die Botschaft der Pfingstbewegung an die etablierten Kirchen lautet, dass sie den Heiligen Geist gröblich vernachlässigt haben. Schon in den sechziger Jahren ging das Bonmot um, dass, wenn „der Geist weht, die Kirche die Feuerwehr schickt". Gemeint war damals, dass mancher jugendlichen Bewegtheit schnell die Zügel der Erwachsenenwelt angelegt wurden. Ich kann mich jedoch nicht erinnern, dass der Heilige

Geist wirklich thematisiert worden wäre. Erst die charismatische und später die neopentekostale Bewegung haben deutlich gemacht, dass hier eine offenkundige Lücke klaffte. Die Pneumatologie war gegenüber der Schöpfungstheologie und der Christologie in den Hintergrund geraten. Im Laufe der Jahre wurden so die Tage um Pfingsten für Reisen verplant, das Fest geriet ins Hintertreffen.

Nicht von ungefähr konnten mancher Christ, manche Christin kaum sagen, was der Inhalt des Pfingstfestes wäre, man sprach allgemein vom „Geburtstag der Kirche", was auch immer das inhaltlich sein sollte. Man kannte jedoch die Bilder und Gemälde von den Aposteln mit den Feuerflämmchen auf dem Kopf, aber es blieb merkwürdig abstrakt, auch wenn die mit grünen Zweigen geschmückten Kirchen lebendig wirkten. Auf diesen Brauch weist das Lied „Schmückt das Fest mit Maien, lasset Blumen streuen" von Benjamin Schmolck 1715 hin[1], das auf Ps 118, 27 anspielt: „Der Herr ist Gott, der uns erleuchtet / Schmückt das Fest mit Maien bis an die Hörner des Altars." Eine andere Übersetzung lautet: „Gott ist (allein) Jahwe: Er ließ Licht leuchten für uns! Bindet den Festreigen mit Zweigen bis zu den Hörnern des Altars!"[2] Der Vers spielt auf die Befreiung der Israeliten aus Ägypten an. Ursprünglich könnte es sich um einen Reigen zum Brandopferaltar im inneren Vorhof des Tempels mit Zweigen in den Händen gehandelt haben.[3]

Zunächst einige Bemerkungen zum Geist in der Bibel. Dieses kann hier nur exemplarisch geschehen.

Der Geist im Alten Testament

Zunehmend seit den achtziger Jahren im Zuge der feministischen Theologie sollte der göttlichen Trinität ein weibliches Element zugeordnet werden, nachdem man (wieder) entdeckte, dass Rûaḥ, der Geist, im Hebräischen einen femininen Plural bildet. Der nunmehr „weibliche" Geist wurde in Beziehung zur Weisheit (Sophia) und zum Lied von der

---

[1] Evangelisches Gesangbuch (EG) 135.
[2] Für Übersetzungen benutze ich die Lutherübersetzung sowie La Bible Traduction œcuménique, bei den Psalmen z.T. die Übersetzungen von Hossfeld / Zenger; alle sind mit dem hebräischen und griechischen Text abgeglichen.
[3] Vgl. F.-L. Hossfeld / E. Zenger, Psalmen 101-150, S. 312 und 331.

Weisheit im Alten Testament gesetzt. Die Trinität wurde so scheinbar weiblicher.

Rûaḥ hat zwar mehrheitlich einen femininen Plural, kann jedoch auch maskulin konstruiert werden. Rûaḥ, Wind ohne nähere Kennzeichnung, ist vielfach maskulin (von Soden).[4] Feminin-Belege sind gelegentlich verbunden mit Nᵉšāmāh, Naefaeš, Leben, Atem. Bei dem „Geist Gottes" handelt es sich überwiegend um Feminin-Belege.[5] Über die Bedeutung des grammatischen Geschlechts in den semitischen Sprachen ist damit nach von Soden allerdings nichts gesagt. Später wird jedoch unterstrichen, dass Geist, rûaḥ als Femininum mit Leben und dem Geburtsvorgang zu tun hätte,[6] eine Meinung, der jedoch widersprochen wird.[7] Warum das Genus in den westsemitischen Sprachen wechselt, ist nicht bekannt und sollte also nicht mit Bedeutung sekundär aufgeladen werden.[8]

In alter Zeit war dem Gott Jahwe eine Göttin, eine Aschera, an die Seite gestellt worden, die allerdings eher militärischen Charakter hatte, als dass sie der weiblichen Fruchtbarkeit zugeordnet wäre.[9] Die „Repräsentation der Göttin im Jerusalemer Tempel" wurde „ein primäres ‚Hassobjekt' der deuteronomistischen Traditionslinie…" (R. Schmitt).[10] Für die Entwicklung der Theologie vom Geist Gottes bleibt dieses bedeutungslos, für die Herausbildung des Monotheismus hingegen ist es wesentlich.

Der Geist bedeutet Wind, Atem, Hauch und Geist Gottes. Sturmwinde, aber auch der leise Hauch sind Boten Gottes. In Ps 104,4 sind sowohl Winde als auch Feuerflammen Gottesboten. Der Thron Gottes besteht aus Feuerflammen (Dan 7,9). Die Seraphim (Saraph Sg.) am Thron Gottes sind die „Brennenden" (Jes 6,1ff).

Der Geist Gottes erscheint zum ersten Mal in Gen 1,2: Der Geist Gottes „schwebt" über dem Angesicht der Urflut. Im Hinblick auf

---

[4] Vgl. W. von Soden, a.a.O., S. 58.

[5] Ebd. S. 59f.

[6] Vgl. H.Schüngel-Straumann, a.a.O. Einen Bezug zur Trinität stellt Schüngel-Straumann nicht her.

[7] Pers. Mitteilung von R. Schmitt.

[8] Pers. Mitteilung, vgl. auch Kamlah / Klaiber, a.a.O., S. 702.

[9] R. Schmitt, persönliche Mitteilung vom 26.02.2002, vgl. R. Schmitt, Religionen, S. 44-46.

[10] R. Schmitt, ebd., S. 45.

den Geist lässt die französische Übersetzung es offen, ob es sich um den Geist, den Hauch oder einen Sturm handelt, der „gleitet" oder „schwebt". Man könnte auch „fliegen" übersetzen im Hinblick darauf, dass Götter „fliegen".[11]

Der Interpretation sind kaum Grenzen gesetzt. Gottes schöpferischer Geist, so die gängige Lesart, bringt Ordnung / Kosmos in das urzeitliche Chaos. Die Erinnerung an den Kampf gegen die Chaosmächte ist verblasst. Es handelt sich jedenfalls, wie auch sonst in den alttestamentlichen Stücken, nicht um eine Personifizierung oder Hypostasierung des Geistes, wie sie von der Weisheit bekannt (Spr 8) und im Buch der Weisheit (SapSal 1,5-7; 7,7; 7,22-30) dargestellt ist.[12]

In Ps 51,12f bittet der Beter Gott um ein reines Herz und einen beständigen Geist: „Verwirf mich nicht von deinem Angesicht und nimm deinen heiligen Geist nicht von mir." Das Herz ist das Organ, das Gott „hört" (1. Kön 3,9; wer den Geist hat, hat Anteil am Geist Gottes). Es geht hier um die Neuerschaffung des Menschen, die als ein bleibender Zustand erbeten wird.[13]

Dass der Geist Gottes den Menschen wandelt, begegnet später in der pseudepigraphischen Erzählung von Joseph und Aseneth, die im alten Ägypten angesiedelt ist, aber aus jüdischen, eventuell essenischen Kreisen stammt.[14] Die heidnische Aseneth wird mit dem Geist des Lebens, der Weisheit und der Wahrheit begabt, und dieses drückt sich zudem in vollkommener körperlicher Schönheit aus.[15]

In Ez 37 erweckt der schöpferische Geist das Totenfeld zum neuen Leben. Die Gebeine werden mit Fleisch und Haut bedeckt und belebt. Stirbt der Mensch, so kehrt der Geist zurück zu Gott (Ps 104,29; Hi 34,14; Koh 12,7). Als Begriff für den menschlichen Charakter taucht der Geist ferner als „Geist der Eifersucht" und „Unreinheit", aber auch der Demut auf.

---

[11] Die Göttin Anat kann mit Flügeln dargestellt werden.
[12] F. Stolz / M. Oeming et al., a.a.O., Spp. 563-578.
[13] Vgl. R. Feldmeier, a.a.O., S. 46f; F.-L. Hossfeld / E. Zenger, Psalmen 51-100, S.53.
[14] Vgl. P. Riessler, a.a.O., S. 1303; vgl. Feldmeier, a.a.O., S. 134f.
[15] Vgl. Feldmeier, a.a.O., S. 135.

In der Frühzeit ist bezeugt, dass der Geist Gottes durch Musik den Menschen befällt und ihn in Trance versetzt wie König Saul. So wird Saul zu einem neuen Menschen, „mit dem Gott ist" (1. Sam 10,5ff; 19,20-24).[16] Der Geist, der den Menschen besessen sein lässt, kann jedoch auch ein „Lügengeist" sein (1.Kön 22,23), umgekehrt kann der „Geist des Herrn" die Wahrsager an den Pranger stellen (Mi 3,8). Hier stellt sich bereits die Frage nach der „Unterscheidung der Geister".

Diese Besessenheit hat durchaus strukturelle Parallelen in den afrikanischen Trancekulten. Insgesamt ergibt sich im Alten Testament kein einheitliches Bild über den Geist und die Geister sowie den Geist Gottes.

Für die lebensbedrohenden dämonischen Geistesmächte gibt es im Alten Testament hingegen keinen Oberbegriff, sondern sie werden mit Namen genannt wie „der Schrecken der Nacht" (z.B. Ps 91,5), „der Haarige" u.a.m. Sie hausen in der Wildnis, in der Wüste, in Ruinen, an Stätten, die das Chaos vor der Schöpfung repräsentieren. Im Neuen Testament hingegen wird der Begriff „Geister", pneumata, auch für die „unreinen Geister" benutzt.

Der Geist im Neuen Testament

Der Geist ist im Neuen Testament das Pneuma (neutr.), also Wind, Atem, Hauch, aber auch der Geist Gottes. Als Person der Trinität ist der Geist im Neuen Testament nicht systematisch formuliert.

In der Taufe Jesu durch Johannes den Täufer senkt sich der Geist Gottes auf Jesus herab, der nunmehr kraft dieses Geistes redet und handelt (Mt 3,13-17; Mk 1,9-11; Lk 3,21-22; Joh 1,29-34). Auf dem von Gott berufenen Spross Isais ruht der Geist des Herrn (Jes 11), ein Wort, das in der kirchlichen Tradition auf Jesus bezogen wird, wenn diese Weissagung am Heiligabend verlesen wird. Die sehnliche Bitte aus Jes 63,19-64,4 ist in der Taufe Jesu erfüllt: Der Himmel zerreißt, und der Heilige Geist fährt herab auf Jesus.[17] Das Wirken Jesu wird in einen

---

[16] Vgl. R. Schmitt, Mantik, S. 51.
[17] Die deutschen Übersetzungen schwächen hier seltsamerweise ab anders als im Französischen, hier wird se déchirer (aufreißen) benutzt. Zur Feuertaufe vgl. R. Feldmeier, a.a.O., S. 144.

endzeitlichen Zusammenhang gestellt, so wird er mit dem „Heiligen Geist taufen" (Mk 1,7-8).

Nach der Taufe wird Jesus sofort in die Konfrontation mit den feindlichen Mächten geführt (Mk 1,12f).[18] In den Evangelien des Matthäus und Lukas (Mt 4,1-11/Lk 4,1-13) ist die Versuchungsgeschichte ausgesponnen und mit legendenhaften Zügen versehen, gipfelnd in der Vertreibung des Satan. Sie wird somit zu einer Art Initiation in die Gottessohnschaft, weist aber auch hin auf den endzeitlichen Kampf gegen gottfeindliche Mächte. Matthäus betont, dass Jesus „vom Geist" in die Wüste geführt wurde (V.1), während Lukas unterstreicht, dass Jesus, „erfüllt vom Heiligen Geist" vom Geist in die Wüste geführt wurde (V.1). Diese Verdoppelung ist gewollt.

Dass Jesus „nicht redet wie die Schriftgelehrten" (Mk 1,22), sondern ausgestattet ist mit exousia und dynamis, mit Vollmacht und Kraft, zeigt ihn als Träger des Gottesgeistes.[19] Als solcher bekämpft er die Dämonen, die Krankheitsgeister, die einen Menschen krank machen und „besitzen", ja, er tritt zum „Vernichtungsfeldzug" gegen die unreinen Geister an, die ihn erkennen als den „Heiligen Gottes" (Mk 1,24). Jesus kann ferner Tote erwecken mit seinem schöpferischen Geist. Dieses erinnert an das Auftreten der alttestamentlichen Charismatiker.[20] In der Synagoge werden die Menschen von Jesu Rede so mitgerissen, dass sie in Ekstase geraten (Mk 1,22,27).[21] Jedoch stellt sich auch bei Jesus die skeptische Frage, mit wessen oder mit welchem Geist er redet und heilt. Seine Familie behauptet, er sei „von Sinnen", also besessen (Mk 3,20,21). Die Pharisäer und Schriftgelehrten behaupten, dass Jesus die bösen Geister mit Beelzebub, dem Obersten, austreibe (Mt 12,22-32). Diesen Vorwurf jedoch weist Jesus als die „unvergebbare Sünde wider den Heiligen Geist" zurück (Mk 3,28f; Mt 12,31f; Lk 12,10).[22]

Es bleibt offen, ob ihm seine Gegner vielleicht sogar Schwarzmagie unterstellen, wohingegen die Evangelisten ihn als Sohn Gottes bezeugen.

---

[18] Ebd.
[19] Vgl. W. Kahl, a.a.O., S. 23.
[20] Vgl. Feldmeier, a.a.O., S. 145.
[21] Vgl. Kahl, a.a.O, S. 25.
[22] Vgl. Feldmeier, a.a.O., S. 11.

Wird im Tod Jesu das Verb ekpneō, aushauchen, benutzt, so ist angedeutet, dass er den von Gott gegebenen Geist in dessen Hände zurückgibt (Mk 15,37).[23] In Lk 23,46 sagt der Gekreuzigte: „Vater, in deine Hände befehle ich meinen Geist" und haucht den Geist aus, den er in der Taufe empfangen hat. Der Tod Jesu ist also ein aktiver Vorgang.

In dem sogenannten unechten Markusschluss (Mk 16,9-20) wird den Jüngern verheißen, dass sie das Werk Jesu weiterführen und unreine Geister austreiben werden. In den Abschiedsreden des Johannesevangeliums wird den Jüngern der „Paraklet" verheißen. Eine genaue Übersetzung gibt es nicht: Der Paraklet ist ein Mahner, ein Fürsprecher im Sinne eines Advokaten, ein Tröster, je nach dem Zusammenhang. Jesus wird ihn senden, und er wird dessen Werk fortsetzen; der Paraklet wird von Jesus zeugen und die Welt der Sünde überführen. (Joh 14-16). In der Apostelgeschichte des Lukas wird das Wirken des Geistes von den Aposteln weitergeführt. Im Lukasevangelium und der Apostelgeschichte fallen Himmelfahrt und Gabe des Geistes, also Pfingsten, zusammen, die später auf zwei Feste verteilt wurden.

Der Geist in der Apostelgeschichte

Das Lukasevangelium und die Apostelgeschichte sind miteinander verklammert. In Lk 24,49 kündigt der auferstandene Jesus den Jüngern an, dass sie mit „der Kraft aus der Höhe" begabt werden, in Apg 1,8 wird die Kraft als „Kraft des Heiligen Geist" näher gekennzeichnet.[24]

Am Pfingstfest kommt der Heilige Geist über die Jünger, ein Brausen des Windes erfüllt das Haus, und Feuerzungen setzen sich auf die Jünger (Apg 2,2,3). Die Feuerflammen lassen an das Feuer als Gottesbote denken. Die Jünger sprechen in fremden Sprachen und verkündigen Christus als den Auferstandenen. Dieses wird als die Erfüllung dessen interpretiert, was vom Propheten Joel verkündet wurde. In Joel 3,1ff. wird der Gottesgeist dem Volk Israel verheißen. Die Ausgießung des Geistes gehört zu den Vorzeichen der Endzeit, des „Tages des Herrn", der schrecklich sein wird mit Zeichen am Himmel wie der

---

[23] Vgl. Kamlah / Klaiber, a.a.O., S. 698, vgl. Feldmeier, a.a.O., S. 147, Anm.15.
[24] Vgl. Feldmeier, a.a.O., S. 176f.

Verdunklung der Sonne, aber „wer den Namen des Herrn anruft, wird errettet werden" (V.5). Das Pfingstwunder steht in einem endzeitlichen Zusammenhang, wenn auch durch den Heiligen Geist auf Erden vor dem Jüngsten Tag das Evangelium verkündet werden muss. Jedoch ist die Frage, in welchem Geist die Apostel reden und handeln, auch in der Apostelgeschichte umstritten, wird ihnen doch am Pfingstfest vorgeworfen, sie seien „voll des süßen Weins"; der Vorwurf wird mit dem Argument, es sei doch erst die dritte Stunde, also 9.00 Uhr morgens, abgewiesen (Apg 2,13).

Exkurs

In der Apostelgeschichte findet die Ausgießung des Geistes am Schawuotfest, dem Wochenfest, statt (Apg 2,1). Paulus kündigt später an, er werde dieses Fest in Ephesus feiern (1.Kor 16,8).[25] Den antiken Judenchristen in Palästina war das Fest geläufig.

Pfingsten und Schawuot, das Wochenfest, erscheinen als zwei parallele, aber auch miteinander konkurrierende Feste; das Wochenfest wird am 50. Tag nach dem Pessachfest gefeiert, das an den Auszug aus Ägypten erinnert, während das christliche Pfingsten am 50. Tag nach Ostern begangen wird. Wird Pfingsten an die Ausgießung des Heiligen Geistes erinnert, so am Wochenfest im Laufe seiner Entwicklung an die Offenbarung am Sinai und die Gabe der Tora. In beiden Festen geht es unter anderem um die Gewinnung und die Treue von „Konversionskandidaten".[26] Es wird die Auffassung vertreten, dass mit dem Aufstieg des Pfingstfestes das Wochenfest an Bedeutung gewann, das jedoch ist unsicher.[27] Im Jahr 2019 fielen beide Feste auf denselben Tag.[28]

Die Apostel werden von dem Geist geführt, sie werden in diesem Geist Heilungen vollziehen, taufen und ihn weitergeben. Aber auch hier gibt es die Auseinandersetzung darum, mit welchem Geist wer begabt ist. Das wird an der Erzählung über Simon Magus exemplifiziert. Die

---

[25] Hinweis bei M. Hilton, a.a.O., S. 73.
[26] Vgl. Hilton, ebd., S. 78.
[27] Vgl. Hilton, ebd., S. 79.
[28] Vgl. Deutschlandfunk, abgerufen am 22.11.2019.

Apostel weisen sich gleichsam dadurch aus, dass sie für ihre Heilungen kein Geld nehmen, aber auch keines verschenken, sondern eben heilen (Apg 8,9-24).

Nicht allein beim Pfingstwunder selbst, sondern auch bei anderen Begebenheiten in der Apostelgeschichte wird die Verbindung zur alttestamentlichen Prophetie betont, so in Apg 8,39-40, als Philippus „entrückt" wird. Der Heilige Geist nimmt den Apostel Philippus hinweg vom „Kämmerer aus dem Morgenland" und bringt ihn nach Aschdod,[29] ähnlich wie der Geist Gottes den Propheten Ezechiel nach „Chaldäa" entrückt.[30] In Apg 28,25 beruft sich Paulus auf den Propheten Jesaja. In Apg 8 erscheint der Geist als eine Art von eigenständig handelnder Person. In Apg 10,20b sagt der Geist sogar ausdrücklich „Ich". Die Apostel übertragen den Geist jedoch durch Handauflegung, er bleibt eine Gabe. Die Geistgabe ist nicht unbedingt mit der Wassertaufe verbunden, sondern ist unabhängig von ihr. In der Neuapostolischen Kirche wurde hieraus die „Versiegelung" als taufergänzendes Sakrament.

Im Johannesevangelium wird der Geist, pneuma, mit dem maskulinen Paraklet identifiziert (Joh 14,17). Er ist der „Geist der Wahrheit", der als Ankläger der Welt auftritt und den Jüngern das rechte Wort bei der Verfolgung eingibt. Durch ihn vermögen sie Jesus zu bezeugen. Die Aufgabe des Paraklet ist die Erinnerung an Jesus. Ostern und Pfingsten fallen im Johannesevangelium gleichsam zusammen, denn Jesus sagt zu seinen Jüngern, dass, wie sein Vater ihn gesandt habe, so sende er die Jünger. Er überträgt ihnen den Heiligen Geist sowie die Vollmacht der Sündenvergebung (Joh 20,22-23). Jesus haucht seine Jünger an und sagt: „Empfangt den Heiligen Geist". Anhauchen bedeutet die Übertragung von Leben und Anteilgabe am Auferstandenen.[31]

Im Zuge der frühen Kirche verselbständigte sich der Heilige Geist zur dritten Person der Trinität, ist aber zugleich die Kraft, die von ihr ausgeht. „Wir glauben an den Heiligen Geist, der Herr ist und lebendig macht, der aus dem Vater und dem Sohn hervorgeht, der mit dem Vater und dem Sohn angebetet und verherrlicht wird, der gesprochen hat durch die Propheten...", wie es im Nicänischen Glaubensbekenntnis

---

[29] Feldmeier, a.a.O., S. 178.
[30] Vgl. Feldmeier, a.a.O., S. 175ff; H.-J. Klauck, a.a.O., S. 23f.
[31] R. Schnackenburg, a.a.O., S. 385f.

heißt. Einerseits ist der Geist eigenständig, andererseits geht er vom Vater und dem Sohn aus, eine Formel, um die hinsichtlich des Sohnes zunächst gestritten wurde. Der Geist verbindet die Gemeinde mit Gott.

In den evangelischen Kirchenliedern zum Pfingstfest wird der Heilige Geist direkt angesprochen: „O Heil'ger Geist, kehr bei uns ein" (EG 130), „Komm, o komm, du Geist des Lebens" (EG 134) u.ö. und, wie schon in dem Hymnus „Veni Creator Spiritus" aus dem 9. Jahrhundert, bei Luther: „Komm, Gott Schöpfer, Heiliger Geist,…" (EG 126).

Die Gründe, den Heiligen Geist zu verweiblichen, haben keine verlässliche Grundlage in den semitischen Sprachen. Der Geist Gottes ist auch etwas anderes als die Weisheit, die Sophia, oder der Logos, die beide teilweise in der Frauenbewegung mit dem Geist identifiziert werden. Dennoch werden im Zusammenhang mit der Frage nach dem Geist die biblischen und historischen Frauen heute insgesamt wohl stärker berücksichtigt, als es bisher der Fall war. Man denke an die „geistbewegten" Frauen der Bibel und der Kirchengeschichte, an Debora, Hanna und Miriam oder auch an Montanus und seine Begleiterinnen Priscilla und Maximilla nach 172 in Kleinasien. Der „Montanismus" pflegte einen ekstatischen Glauben; insgesamt ist jedoch wenig über diese Bewegung bekannt.[32] Es gibt ferner eine Altartafel aus dem späten 15. Jahrhundert in Salamanca, die Maria Magdalena predigend auf der Kanzel zeigt.[33] Im realen Leben dürfte die Kanzel jedoch den Männern vorbehalten gewesen sein.

Ein weiterer Hinweis auf die „Pfingstbewegung"

Die Pfingstbewegung und die charismatische Bewegung haben ebenfalls, bei aller nötigen Kritik, dafür gesorgt, dass die Frage nach dem Heiligen Geist wieder in den Fokus kam, wie schon erwähnt. Hier traten und treten Frauen als Prophetinnen und Heilerinnen auf, während jedoch die Leitungsebene oftmals aus Männern besteht.

Kenner und Kennerinnen der Bewegung machen darauf aufmerksam, dass es *die Pfingstbewegung* eigentlich nicht gibt, wenn auch in

---

[32] Vgl. Chr. Markschies, Montanismus, Spp. 1471-1473.
[33] Vgl. Chr. Markschies, FAZ vom 14. April 2020.

Deutschland der „Bund freier Pfingstgemeinden" existiert. Seit 1906 gab es hier die ersten Kontakte. Die Bewegung ist im Augenblick in Deutschland relativ klein, aber sie wächst in Europa. Seit 1909 und 1910 trat die Pfingstbewegung in Lateinamerika in Erscheinung.[34] In Afrika scheint sie die „Afrikanischen Unabhängigen Kirchen" abzulösen. Vor allem hat die Bewegung mehr Zulauf als die traditionellen Kirchen. Zu vielschichtig ist jedoch das Phänomen, als dass man es einfach pauschal abhandeln könnte.

Insgesamt ist die Pfingstbewegung ein globales Phänomen, das sich unterschiedlich ausprägt und mehr als 100 Millionen Anhänger und Anhängerinnen hat. Die Organisation reicht von kleinen Gemeinden mit großem Zusammenhalt bis hin zu Megachurches.[35] Hier entwickeln sich nicht nur theologische Fragestellungen, sondern es entstehen auch ökumenische Beziehungen zu den anderen Kirchen; strittige Erscheinungsformen werden zum Teil der Revision unterzogen; manche Gemeinschaften machen Gebrauch von der historisch-kritischen Bibelforschung.

Man kann es kritisch anmerken, dass die Igreja Universal do Reino de Deus in Brasilien ein Machtfaktor ist, man kann jedoch nicht einfach abtun, dass Menschen hier Stärkung und Heilung erleben.[36]

Sicherlich ist es einfach, auf die Probleme hinzuweisen, die sich aus Hexereianklagen und dem Versprechen des Segens gegen Geld, z.B. in Ghana bei der „Action Chapel", ergeben. Buchstäblich Berge von Briefumschlägen mit Geld wachsen vor dem Altar in die Höhe. Man sieht ein wenig amüsiert, dass von der Kirche ein direkter Gang ins benachbarte Bankgebäude führt, einer Großbank, die international vertreten ist. So können die Spendenberge hinüber geschaufelt werden. Was die Mitgliedschaft für die Menschen, die intensiv „Jesus, Jesus" rufen, aber tatsächlich bedeutet, lässt sich aus einem zugegebenermaßen oberflächlichen Besuch nicht ableiten. Mag der „Prophet" auch eine zweifelhafte Figur sein, so ist nicht gesagt, dass den Menschen nicht durch das Treffen mit mehreren hundert Anhängern Kraft zuwächst, um ihren eher bescheidenen Alltag mit seinen vielfältigen Problemen zu bewältigen. Kritikwür-

---

[34] Vgl. L. Orellana, a.a.O., S. 375.
[35] Vgl. B. Schnettler, a.a.O.
[36] Vgl. Feldmeier, a.a.O., S. 1ff.

dig sind Hexereianklagen oder Flüche, besonders wenn sie „im Namen Jesu" an den angeblich Verfluchenden zurückgeschickt werden.[37]

Von manchen Treffen wird einerseits von Maßnahmen berichtet, durch die Menschen, die sich allzu schnell bekehrt haben, psychische Probleme bekommen haben;[38] andererseits könnten Menschen doch auch geheilt worden sein. Der Zwiespalt bleibt.

Gerade in Nigeria, aber auch in Ghana werden in den großen Gemeinschaften Heil und Gesundheit mit wirtschaftlichen Erfolgsaussichten gekoppelt. Es entsteht ein „Religionskapitalismus" (Ukah) mit riesigen Werbeplakaten an den Straßen, so dass der Verdacht entsteht, dass Religion zur Ware verkommt.[39]

Elemente der christlichen Religion wie die Vorstellung vom Heiligen Geist und der Prophetie, der Anrufung von Jesus und dem göttlichen Segen werden mit ekstatischen Erscheinungen verknüpft, die aus der afrikanischen Religiosität bekannt sind. Die Überzeugung, dass „Hexen" am Werk seien, die den Menschen krank machen und am Fortkommen hindern würden, besteht fort, sie kann sich sogar angesichts von schwachen Staaten und Globalisierungsverlierern verstärken.

Das Ganze trägt ein modernes Gewand, schon äußerlich zu erkennen an der Verwendung von Laptop und Beamer und der Übertragung auf Großmonitore, von Megaphonen und Lautsprechern sowie der global verzahnten Geldwirtschaft. Das Heil ist diesseitig, da sich die Kraft Gottes, Jesu und des Geistes hier und jetzt zeigen muss.

In kleineren Gemeinschaften hilft der Zusammenhalt sicherlich, die alltäglichen sozialen Probleme zu bewältigen, wenn man auch zu einem Leben in einer gewissen Heiligkeit verpflichtet ist, was Alkoholgenuss und -verkauf sowie Drogen und Prostitution unmöglich macht, die im städtischen Umfeld oft dem Überleben dienen.[40]

---

[37] Zum Problem der Pfingstkirchen und charismatischen Gruppen hinsichtlich Hexereianklagen, vgl. R. M. Amenga-Etego, Witchcraft and Modernity: The People's Approach to Witchcraft and Fear, S. 123.

[38] Es handelt sich hierbei um Vorfälle in der Republik von Benin beim Auftritt eines „Evangelisten", pers. Mitteilung von H. Christoph.

[39] Schnettler, a.a.O.

[40] Vgl. Schnettler, a.a.O. hinsichtlich einer Untersuchung von Roma-Gemeinden. Für Menschengruppen in afrikanischen Megastädten dürfte Ähnliches gelten.

„Für Pentekostale basiert die Wahrheit auf der Beziehung zum Übernatürlichen; diese entsteht für den Einzelnen und für die Gemeinschaft durch die Vermittlung des Heiligen Geistes, und ihre Plausibilität ist in den charismatischen Erfahrungen begründet. Dementsprechend steht die Erfahrung der Begegnung mit Gott und nicht die Lehre im Mittelpunkt des Pentekostalismus."[41]

In vielen Gemeinschaften geraten jedoch Gott und Jesus Christus in den Hintergrund zugunsten der Betonung des Heiligen Geistes.

Zeitgeist und Heiliger Geist

Bereits im Alten Testament gibt es die Auseinandersetzung zwischen den Propheten, die behaupten, im Namen Gottes zu sprechen und denen, denen vorgeworfen wird, Hofprophetie zu betreiben und „den Leuten nach dem Munde zu reden" (Jer 28,15). Es ist klar, auf wessen Seite die Verfasser der biblischen Schriften stehen, aber wenn man sich in die Streitereien hineindenkt, ist der Ausgang des Konflikts keineswegs eindeutig. Der Streit zwischen den Propheten Hananja und Jeremia über die politische Zukunft des Landes wird in Jer 28,5ff berichtet. Hananja sagt an, was die Leute hören wollen, nämlich das Ende der babylonischen Herrschaft, wohingegen Jeremia eine böse Zukunft verkündet, symbolisiert durch das „eiserne Joch" (Jer 28,14). Wer recht hat, muss sich erst erweisen. Der Fall des Propheten Jeremia zeigt jedenfalls, dass man sich mit Unheilsprophetie nicht beliebt macht. Der Prophet gerät in Gefahr, hingerichtet zu werden wegen seiner Unheilsansagen (Jer 26,7ff); der Prophet Uria wird tatsächlich verfolgt und getötet (Jer 26,23). Später wird Jeremia in einer Zisterne gefangen gesetzt (Jer 37, 14-16).

Im Neuen Testament findet man im Umfeld Jesu ebenfalls die Zweifler, die meinen, er sei von Beelzebub besessen. Die Kirchengeschichte zeigt bis heute, wie schwierig der Umgang ist mit denen, die als Visionärinnen und Propheten auftreten und im Namen „des Geistes" sprechen. Was ist überhaupt der Maßstab für den „Geist Gottes"?

Man kann die Pfingstbewegung zu Recht kritisieren mit ihrer Melange aus Heil und wirtschaftlichem Erfolg, aber für die Gläubigen sol-

---

[41] K. Terra, a.a.O., S. 401.

len sich das Reich und die Macht Gottes auf Erden zeigen, und man hält die „Jenseitsvertröstung" nicht für eine Lösung. In der Bibel hinterlässt das Reich Gottes ebenfalls irdische Spuren mit Krankenheilung und Dämonenaustreibung.

Der Heilige Geist und der Zeitgeist gehen stets eine Verbindung ein, die zu Kontroversen führen muss. Israelitische, höfische, frühjüdische, kirchliche Tradition stand oftmals gegen die Erneuerungsbewegungen. Um den Eingang wieder aufzugreifen: Wann ist es gerechtfertigt, die „Feuerwehr zu schicken" und wann eben nicht? Heiliger Geist und Zeitgeist können heilige und unheilige Allianzen eingehen.[42]

Im 1. Johannesbrief heißt es: „Ihr Lieben, glaubt nicht einem jeden Geist, sondern prüft die Geister, ob sie von Gott sind; denn es sind viele falsche Propheten ausgegangen in die Welt." (4,1). Der Satz ist bezogen auf das Bekenntnis zu Christus, denn „Irrlehrer" gibt es seit frühester Zeit, so die „Nikolaiten" (OffJoh 2,15) oder Prophetinnen, die mit dem „Weib Isebel" verglichen werden (OffJoh 2,20). In beiden Fällen wird nicht beschrieben, worum es bei der Irrlehre geht. Im Johannesbrief ist der Geist „von Gott", wenn Christus bekannt wird; das Bekenntnis aber muss „die Frucht der Liebe" bringen bzw. das „Gebot der Liebe" erfüllen.

Paulus und die Zeit nach der Reformation

Paulus trägt dem Geist Gottes oder Christi vielfältig Rechnung. Der Geist Gottes wird dem Menschen verliehen, er wohnt im Menschen, der zugleich aber dem Kosmos und dem „Fleisch" unterworfen ist. „So gibt es nun keine Verdammnis mehr für die [die] in Christus [sind]. Denn das Gesetz des Geistes des Lebens in Christus Jesus hat dich frei gemacht vom Gesetz der Sünde und des Todes." (Röm 8,1-2).[43] Die Frucht dieses Geistes ist jedoch kein Erfolg und Machtzuwachs, sondern die Liebe. Die Vielfalt der Geistesgaben wie Weissagung, Unterscheidung der Geister, Glossolalie, dienen der Gemeinschaft, die durch die Liebe verbunden ist. Das macht Paulus deutlich an dem Bild vom

---

[42] Vgl. Chr. Markschies, FAZ vom 14. April 2020.
[43] Einige Handschriften schreiben „hat mich frei gemacht."

Leib mit den vielen Gliedern, die zwar nicht alle dieselben Aufgaben haben, aber gerade deshalb aufeinander angewiesen sind (1.Kor 12).[44]

Verse aus dem 8. Kapitel des Römerbriefs sind dichterisch und musikalisch verarbeitet in der Motette „Jesu, meine Freude" von Johann Sebastian Bach (BWV 227), ursprünglich eine Trauermusik zur Beerdigung der „verwittibten Ober-Post-Meisterin" (ohne Namensangabe) – vermutlich am 18. Juli 1723. Hier werden die sechs Strophen des Liedes „Jesu, meine Freude" von Johann Franck von 1653[45] jeweils mit Versen aus dem Römerbrief kommentiert. Die Motette ist symmetrisch gebaut mit Röm 8,9 als Angelpunkt „Ihr aber seid nicht fleischlich, sondern geistlich, so anders Gottes Geist in euch wohnet ...". Während Jesus angerufen und seine Nähe in Zuversicht ersehnt wird, so kommt aus den Bibelversen die Zusage, dass an denen, die in Christus sind, „nichts Verdammliches" ist, denn sie „wandeln nach dem Geist" (Röm 8,1); und der Geist macht lebendig, V. 2. Es ist der Geist, den Gott gegeben hat durch Christus. Am Ende steht die Zusage: „So nun der Geist des, der Jesum von den Toten auferweckt hat, in euch wohnet, so wird auch derselbige, der Christum von den Toten auferwecket hat, eure sterblichen Leiber lebendig machen um des willen, daß sein Geist in euch wohnet."[46] Die Motette endet mit dem Jubel: „Weicht, ihr Trauergeister, denn mein Freudenmeister, Jesus tritt herein ..." (Strophe 6 des Liedes).[47] Im Text der Motette wird der Heilige Geist bezogen auf die Person der Verstorbenen, wohingegen im Neuen Testament in erster Linie die Gemeinschaft der Glaubenden gemeint ist.

Die Gesangbuchlieder zum Pfingstfest rufen den Geist als Person an. Von ihm kommen Gotteserkenntnis, Beständigkeit im Glauben und im Dienst am Nächsten, die Einheit der zerrissenen Kirche, die Weisheit.[48] Es handelt sich nicht um anthropologische Konstanten, sondern um Gaben, um die angesichts von Not, Krieg, Ideologien und zum Aufbau der Gemeinde stets neu gebetet werden muss.

---

[44] Vgl. Feldmeier, a.a.O., S. 152, 154, 157.
[45] EG 396.
[46] Text nach J.S.Bach.
[47] Vgl. Die 6 Motetten, Gesamtleitung Nikolaus Harnoncourt, TELDEC Schallplatten GmbH, Hamburg 1983.
[48] EG Liednummern 124-137.

Paul Gerhardt dichtet: „Erhebe dich (Heiliger Geist) und steu're dem Herzleid auf der Erd, bring wieder und erneu're die Wohlfahrt deiner Herd. Laß blühen wie zuvor die Länder, so verheeret, die Kirchen, so zerstöret durch Krieg und Feuerszorn" (EG 133,9 von 1653).[49] Der Geist ist in den Liedern wie im Johannesevangelium der Tröster, aber auch der Lehrer, Leiter des Volkes und der „Obrigkeit", in vielen Liedern ferner derjenige, der den Sterbenden das Tor zum Himmel öffnet. In den Liedern ist der Geist auf Christus und die Dreieinigkeit bezogen. Die Lieder bieten jeweils die zeitgemäßen Aktualisierungen des Pfingstgeschehens.

Das Liedgut der Pfingstbewegung wäre außerdem zu betrachten, das ist mir im Augenblick leider nicht möglich.

Es gibt wichtige Gründe, die Lehre vom Heiligen Geist und das Pfingstfest wieder mit Leben in Kirche und Gesellschaft zu erfüllen, wie die verschiedenen Blickrichtungen auf den Geist und die Geister zeigen.

Literatur

Amenga-Etego, R. M. (2020) Witchcraft and Modernity: The People's Approach to Witchcraft and Fear. In: W. Kahl / G. Lademann-Priemer (Hrsg): *Hexerei-Anschuldigungen in weltweiter Perspektive*. Hamburg, S. 117-131.

Feldmeier, R. (2020) *Gottes Geist*. Tübingen.

Hilton, M. (2000) »Wie es sich christelt, so jüdelt es sich« – *2000 Jahre christlicher Einfluss auf das jüdische Leben*. Berlin.

Hossfeld F.-L. / E. Zenger (2000) *Psalmen 51-100, Herders Theologischer Kommentar zum Alten Testament*. Freiburg / Basel / Wien.

Hossfeld F.-L. / E. Zenger (2008) *Psalmen 101-150, Herders Theologischer Kommentar zum Alten Testament,* Freiburg / Basel / Wien.

---

[49] Paul Gerhardt (1607-1676) dichtete in und nach dem Dreißigjährigen Krieg. Die zitierte Strophe wurde nach meiner Erinnerung jedoch nie mehr gesungen.

Kahl, W. (in Drucklegung, 2021) Jesus als Wundertäter. In: Nils Neumann (Hrsg.): *Die Rückfrage nach Jesus*. Leipzig, S. 1-38.

Kamlah, E. / W. Klaiber (1997) *Theologisches Begriffslexikon zum Neuen Testament, Bd 1*, Wuppertal. S. 698-711 (‚pneuma').

Klauck, H.-J. (2000 / deutsch:1996) *Magic and Paganism in Early Christianity*. Minneapolis.

Markschies, Chr. (2002) *Religion in Geschichte und Gegenwart (RGG)* Bd. 5, Spp. 1471-1473, 4. Auflage Tübingen (‚Montanismus').

Markschies, Chr. Heiliger Geist und Zeitgeist, *FAZ* vom 14. April 2020.

Orellana, L. (2019) Die Reformation in Spanien und ihre Wirkung in Lateinamerika. in: *Interkulturelle Theologie, Zeitschrift für Missionswissenschaft*, 4/2019, S. 361-379.

Riessler, P. (1966) *Altjüdisches Schrifttum außerhalb der Bibel*. Darmstadt.

Schmitt, R. (2020) *Die Religionen Israels / Palästinas in der Eisenzeit, 12.-6. Jahrhundert v. Chr.* Münster

Schmitt, R. (2014) *Mantik im Alten Testament*. Münster.

Schnackenburg, R. (1982) *Das Johannesevangelium 3. Teil, Herders Theologischer Kommentar zum Neuen Testament*. Freiburg / Basel / Wien.

von Soden, W. (1992) Der Genuswechsel bei *rûᵃḥ* und das grammatische Geschlecht in den semitischen Sprachen. In: *Zeitschrift für Althebraistik*, 5. Bd, Heft 1, 1992, S. 57-63.

Stolz, F. / M. Oeming et al. (2002) *Religion in Geschichte und Gegenwart (RGG)* Bd. 3, Spp. 563-578, 4. Auflage. Tübingen (‚Geist / Heiliger Geist').

Terra, K. (2019) Pentekostale Hermeneutik; Ekstase als *locus interpretativus*. In: *Interkulturelle Theologie, Zeitschrift für Missionswissenschaft*, 4/2019, S. 394-407.

Internetquellen

Schnettler, B.: Erfahrung, Interaktionsordnung und
Weltansicht – Pentekostalismus und „globale"
Religionsdynamik, pdf, unter www.eref.uni-bayreuth.de,
abgerufen am 24.09.2020

Schüngel-Straumann, H. WiBiLex Art. Geist (AT), Jan 2009 unter
http://www.bibelwissenschaft.de/stichwort/19184, abgerufen
am 15.09.2020

www.deutschlandfunkkultur.de/pfingsten-und-schawuot-fade-feste-
starke-botschaften/1079.de.print?dram:article_id=450858,
abgerufen am 22.11.2019

Tonträger

Die 6 Motetten, Gesamtleitung Nikolaus Harnoncourt, TELDEC
Schallplatten GmbH, Hamburg 1983

Primärquellen

La Bible – Traduction œcuménique (2010) Paris.

Evangelisches Gesangbuch (1994) Kiel.

Kittel, R. et al. (1962) *Biblia Hebraica*. Stuttgart.

Nestle, E. / K. Aland (1963) *Novum Testamentum Graece*. Stuttgart

Rahlfs, A. (1965) *Septuaginta II*. Stuttgart

Lars Frühsorge
Indigenes Christentum und der Heilige Geist als „cultural broker"

Einleitung

Vieles spricht dafür, dass sich in unserer Gesellschaft ein zunehmendes Unverständnis des Heiligen Geistes breitmacht.[1] Umso faszinierender erscheint es daher, dass gerade dieser Aspekt des Christentums in anderen Weltgegenden eine umso größere Bedeutung zugesprochen wird, ja dass er sogar als eine Art Brücke zwischen den Kulturen und Religionen fungiert. Ein weithin bekanntes Beispiel hierfür ist das Konzept des Ruh al-Qudus (روح القدس) im Koran, dass von einigen sunnitischen Gelehrten als Pendant des christlichen Heiligen Geistes gedeutet wird. Diese Auslegung ist freilich nicht unumstritten. Sie wird im Internet kontrovers diskutiert und bisweilen als eine spezifische Sichtweise europäischer Muslime und als deren Versuch einer Anbiederung an die christliche Mehrheitsgesellschaft kritisiert.

Die Popularität des Heiligen Geistes in vielen afrikanischen und lateinamerikanischen Gemeinden, insbesondere in Pfingstkirchen, in denen er sich in dem ekstatischen Verhalten und in wundersamen Heilungen von Gemeindemitgliedern manifestiert, wird gerne als Fortsetzung alter heidnischer Riten gedeutet, in denen die Gottheiten Besitz von den Körpern der Gläubigen nahmen. Ob eine so direkte historische Kontinuität tatsächlich besteht, bleibt jedoch spekulativ. Noch problematischer ist die bei solchen Betrachtungen mitschwingende Unterstellung, die Indigenen würden eine Art von Synkretismus betreiben, eine falsche, gemischte oder unreine Form des Christentums, wobei ganz selbstverständlich vorausgesetzt wird, dass wir in Europa als einzige die Definitionsmacht besäßen, wer sich als Christ/in identifizieren darf.

Tatsächlich zeigen Beispiele aus aller Welt, dass die historische Verflechtung christlicher und vorchristlicher Glaubensinhalte weitaus vielschichtiger war, als die bloße Fortführung heidnischer Riten unter einem christlichen Deckmantel. Auch gilt es anzuerkennen, dass nicht

---

[1] Vgl. Lademann-Priemer in diesem Band.

jede dem europäischen Blick des 21. Jahrhunderts exotisch erscheinende Tradition immer gleich aus vorchristlicher Zeit stammen muss. Zudem ist es – zumindest aus ethnologischer Sicht – eine Anmaßung, das Christentum als eine rein europäisch-abendländische Religion darzustellen. Armenien etwa erklärt noch vor Rom das Christentum zum Staatsglauben und auch Äthiopien blickt auf eine uralte christliche Geschichte zurück. Beide Länder haben sich manche urchristliche Tradition bewahrt, von der sich unser eigener Glaube in zwei Jahrtausenden kirchlicher Reformen weit entfernt hat.

Schließlich ist auch die in heutigen Debatten allgegenwärtige Gleichsetzung von Missionierung und Kolonialismus aus ethnologischer Sicht differenzierter zu betrachten. Viele der in den letzten 500 Jahren missionierten indigenen Gemeinschaften haben ein einzigartiges christliches Selbstverständnis hervorgebracht und sehen sich keineswegs nur als Empfänger/innen einer europäisch-kolonialen Heilsbotschaft.

Das indianische Christentum in Kanada

Bei den Mi'kmaq in Kanada[2] kritisiert etwa die Schriftstellerin Rita Joe die europäische Ansicht, Gott hätte sich vor der Ankunft von Kolumbus niemals den Menschen in Amerika offenbart. Für sie (und viele andere Indigene Nord- und Südamerikas) sind Überlieferungen von übernatürlichen Ereignissen aus voreuropäischer Zeit eben solche göttlichen Zeichen und sollten ihrer Ansicht nach als ein eigenes Altes Testament akzeptiert werden. So gibt es heute viele Mi'kmaq, die bewusst christliche und indianische Symbole und Traditionen kombinieren, bis hin zu der Verzierung von Kirchen und Friedhöfen. Darin offenbart sich aber nicht eine Fortsetzung uralter Riten, sondern die Fusion ihres vierhundertjährigen christlichen Erbes und eines pan-indianischen Neo-Traditionalismus, die sich erst ab den 1970er Jahren entwickelte.

---

[2] Die folgenden Ausführungen basieren auf eigenen Feldforschungen in den Jahren 2011 und 2012. Detaillierte Informationen und Quellenbelege finden sich bei Frühsorge 2013 und 2014.

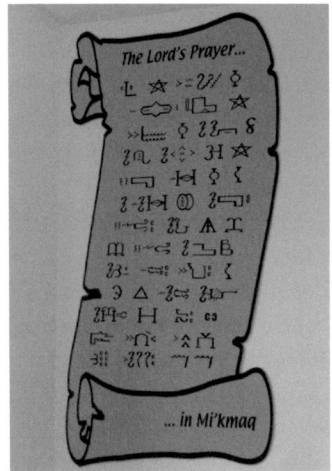

Abb. 1: Das Vaterunser in der Schrift der Mi'kmaq (Conne River) und ein Kruzifix mit Traumfänger (Wendake). Traumfänger stammen ursprünglich von den Ojibwe und fanden erst durch den Neo-Traditionalismus ab den 1970er Jahren in anderen First Nations Verbreitung.

Bereits im 17. Jahrhundert nahmen viele Mi'kmaq den Katholizismus französischer Missionare an. So konnten sie sich später, als ihr Gebiet von dem britischen Empire kolonisiert wurde, auf ihren Status als Christ/innen berufen und sich zugleich einer Einverleibung durch die anglikanische Kirche entziehen. Das Leben der Gemeinden war in Ermangelung britischer katholischer Priester somit weitgehend autonom. Es basierte im Wesentlichen auf Büchern mit christlichen Texten und Hymnen, die in Schriftzeichen der Mi'kmaq verfasst wurden und bis heute vielerorts als wertvoller Schatz bewahrt werden. Mit der Zeit wurde das vermeintlich europäische Christentum so zu einem Inbegriff der Mi'kmaq-Identität, ja sogar zu einem Mittel des Widerstands gegen die Kolonisation. Die starke Identifikation mit dem Katholizismus wurde erst im Laufe des 20. Jahrhunderts erschüttert, als mehr und mehr Fälle von sexuellem Missbrauch an indigenen Kindern in kirchlichen Internaten ans Licht kam. Zudem entwickelte sich ab den 1970er Jahren in den USA und Kanada eine pan-indianische Bewegung, die eine Rückkehr zu den vorchristlichen Traditionen forderte. In der Praxis führte dies aber nicht nur zu einer Revitalisierung eigener Traditionen, sondern auch zur Verbreitung eines pan-indianischen Glaubens, der vor allen Dingen aus der Tradition der Prärie-Indianer schöpft. In den heutigen Mi'kmaq-Gemeinden bekennt sich meist nur noch die älteste Generation zum Katholizismus, während die Jüngeren zu dem ‚alten' Glauben tendieren und die Kirche als koloniale Institution verdammen.

Einigen Auftrieb erhielt das indianische Christentum allerdings 2012, als mit der Mohawk Kateri Tekakwitha (1656-1680) die erste indianische Frau von der katholischen Kirche heiliggesprochen wurde. Wie überfällig dieser Schritt war, offenbarte ihre Grabstätte nahe Montreal, wo sich bereits lange vor der offiziellen Verlautbarung des Vatikans ein beachtlicher Heiligenkult entwickelt hatte. Dass ihr Bild 2012 auch in den Kirchen der Mi'kmaq oder Wendat (die einstmals mit den Mohawk verfeindet waren) ebenfalls allgegenwärtig war, unterstreicht die integrative Wirkung dieser Heiligengestalt. Inzwischen hat ihr Kult sogar Indigene in Südamerika erreicht. In ihrer Wahrnehmung und bildlichen Darstellung hat Kateri eine beachtliche Transformation durchgemacht: von der anfänglich noch recht stereotypen Märtyrergestalt einer devoten Frau nach europäischem Rollenbild hin zu einer pan-indianischen Symbolfigur, die auch als eine Art Öko-Heilige mit dem Nimbus einer Greta Thunberg taugt.

Abb. 2: Traditionelle und moderne Darstellung von Kateri Tekakwitha (Gebetskarten)

Ein weiterer wichtiger Anknüpfungspunkt für das indianische Christentum bietet schließlich ein als „Huron Carol" bekanntes Weihnachtslied, dass um 1642 in der Sprache der Wendat (Huronen) entstand und seither in verschiedene indigene Sprachen übersetzt wurde. Da es sich in seiner englischen und französischen Fassung aber bei der gesamten kanadischen Bevölkerung größter Beliebtheit erfreut und von einem französischen Missionar stammt, wird es bisweilen auch als Negativbeispiel einer Aneignung indianischer Kultur durch die weiße Mehrheitsbevölkerung aufgefasst. Wenig Beachtung findet dabei der Urtext aus der Feder des Missionars Jean de Brébeuf (um 1642). Dort wird zwar nicht explizit der Heilige Geist erwähnt, wohl aber werden die Engel der Weihnachtsgeschichte als „Geister des Himmels" bezeichnet und es ist auch von einem „bösen Geist" die Rede, der die Menschen gefangen hielt, aber durch Jesu Geburt in die Flucht geschlagen wurde. Das Konzept eines ‚Geistes' scheint also auch Brébeuf als ein probates Mittel für die kulturelle Übersetzung christlicher Inhalte in eine seinem indigenen Publikum besser verständliche Form.

Der Heilige Geist und die Maya in Guatemala

Noch differenzierter lässt sich die Entwicklung des Christentums und die Rolle des Heiligen Geistes für die Maya in Guatemala darstellen.[3] Das Wenige, was wir über die vorchristliche Glaubenswelt gesichert sagen können,[4] ist, dass sie ausgesprochen dynamisch war. Die

---

[3] Die folgende Darstellung basiert auf Interviews und Beobachtungen in den Jahren 2003 bis 2007 und reflektieren daher möglicherweise nicht mehr die neuesten Entwicklungen im Land. Weitere Informationen zur Feldforschung und den religionsgeschichtlichen Entwicklungen finden sich bei Frühsorge 2010 und 2018 sowie Brennwald 2001.

[4] Obgleich unzählige Bücher über den vorchristlichen Glauben und die alte Götterwelt der Maya geschrieben wurden, müssen wir uns eingestehen, dass all unsere Bemühungen letztlich nur fragwürdige Interpretationen von Abbildungen, metaphorisch verschlüsselten Inschriften und sonstigen archäologischen Funden sind. Die wenigen schriftlichen Quellen aus der frühen Kolonialzeit sind nicht minder problematisch, weil sie fast ausschließlich von Missionaren stammen, die den Maya-Glauben immer durch die Brille ihres eigenen Gottesbildes deuteten oder ihn nach dem Vorbild des antiken griechisch-römischen Pantheons zu systematisieren suchten. Nicht minder problematischer sind Analogieschlüsse

Übernahme fremder Gottheiten, insbesondere aus dem Gebiet der Azteken, war weit verbreitet und setzte sich auch nach Ankunft der Spanier fort.[5] Auch konnte sich ein und dieselbe Gottheit – sehr zum Leidwesen der Forschung – in unterschiedlichsten Farben, Formen und Geschlechtern manifestieren, mit anderen Wesenheiten verschmelzen oder überlappen. Der christliche Eingottglaube, den die spanischen Eroberer und die Missionare in ihrem Gefolge ab 1524 in Guatemala verbreiteten, bedeutete also einen radikalen Bruch. Umso attraktiver erschien den Maya aber zweifellos das Konzept der Dreifaltigkeit und die Gestalt des Heiligen Geistes, der mit seiner undefinierten physischen Erscheinung und seiner möglichen Tiergestalt am ehesten ihrem eigenen Gotteskonzept entsprach. Dass die Feinheiten der christlichen Lehre den meisten Indigenen unverständlich blieben, war den Missionaren sicherlich bewusst. Ihr vorrangiges Ziel bestand jedoch in der Taufe möglichst vieler Menschen, um sie vor der Hölle zu bewahren. Angesichts der durch die Eroberungskriege und aus Europa eingeschleppten Seuchen rapide schwindenden indigenen Bevölkerungszahlen hatten diese Bemühungen absolute Priorität und wurden auch als ein globaler Wettstreit gesehen, da ja zur selben Zeit in Europa „der Teufel" (= Martin Luther) die katholische Seelenausbeute dezimierte.

---

mancher Forscher/innen auf Grundlage heutiger religiöser Traditionen in indigenen Gemeinschaften, die nicht nur 500 Jahre religionsgeschichtlicher Entwicklung vernachlässigen, sondern in ihrer naiven Unterteilung von Bekanntem als vermeintlich christlichem und Unbekanntem als vermeintlich vorchristlichem Glaubensgut völlig ignorieren, dass der heutige Katholizismus keinesfalls deckungsgleich mit jenem Volksglauben des 16. Jahrhunderts ist, den die spanischen Eroberer in die Neue Welt trugen.

[5] Auch in politischer Hinsicht war ein „Migrationshintergrund" durchaus attraktiv. So begründeten viele lokale Herrscherhäuser ihre Machtansprüche mit einer (fiktiven oder realen) Herkunft aus der Ferne. Sie erwähnten in ihren Genealogien Wanderungen zu dem mythischen aztekischen Ursprungsort Tulan, wo sie Würdenzeichen als Legitimation ihrer Herrschaft erhielten. Nach Ankunft der Spanier wurden diese Chroniken umgeschrieben, um Passagen aus dem Alten Testament ergänzt oder eine Abstammung der Herrscherhäuser von einem verlorenen Stamm Israels integriert. Ein Dokument erwähnt gar, dass die Ahnen nicht nach Tulan reisten, sondern zu „Karl, König von Deutschland". Und selbst eine noch in den 1980er Jahren kultische verehrte Kiste in einer Maya-Gemeinde bezog ihre Heiligkeit aus der Tatsache, dass sie der Überlieferung zufolge „aus Spanien, aus Rom" stammte (Hinz 2008).

Die bereits im Mittelalter erprobte missionarische Praxis, die neuen Gotteshäuser auf den Fundamenten alter Tempel zu errichten, erleichterte auch in Guatemala den Übergang und dient bis heute vielen Maya als eine Rechtfertigung, sich mit dem Ort der Kirche zu identifizieren und dortige Rituale und Gebete als sinnvoll zu erachten. So entstanden im Laufe der Kolonialzeit allerorts prunkvolle Kirchen in einem regelrechten Bauboom, der sich nicht allein durch den Einsatz spanischer Peitschen erklären lässt, sondern in dem die Maya auch althergebrachte Konkurrenzen zwischen benachbarten Dörfern auslebten. Was sich hingegen in den Kirchen abspielte, war oft weniger im Sinne des Klerus.

Die Handvoll spanischer Priester im kolonialzeitlichen Guatemala begnügte sich damit, nur wenige Tage pro Jahr in den entlegeneren Gemeinden zu verbringen, um die Beichte abzunehmen und komprimiert alle anstehenden Taufen, Eheschließungen und Beisetzungen durchzuführen. Den Rest des Jahres oblag die Gestaltung des Gemeindelebens den so genannten Cofradías, religiösen Bruderschaften, die mit der Verehrung eines bestimmten Heiligenbildes vertraut waren. Ihnen oblag es, das jährliche Fest dieses Heiligen auszurichten, vor allen Dingen erfüllten sie aber eine Vielzahl sozialer Funktionen. Sie finanzierten die Beerdigungen ihrer Mitglieder, bildeten finanziell Solidargemeinschaften und betrieben Bankgeschäfte, um die erforderlichen Tributzahlungen an Kirche, Krone und Großgrundbesitzer aufzubringen oder sich kleine Freiheiten durch die Bestechung von spanischen Beamten zu erkaufen. Die Cofradías waren und sind bis heute in eine ganze Hierarchie von Ämtern unterteilt. Die Übernahme eines Amtes war immer mit einem persönlichen finanziellen Engagement verbunden, bei dem sich ökonomisches Kapital in soziales Prestige verwandelte und am Ende der Karriereleiter hochangesehene, aber ebenso verarmte Angehörige des dörflichen Ältestenrates standen. Bis vor kurzem war es in vielen Mayagemeinden schlichtweg unmöglich, eine politische Karriere zu betreiben, ohne auch die parallele Hierarchie religiöser Ämter zu durchlaufen. Auch wenn die Würdenträger formal Männer waren, wurde die Last des Amtes stets von Ehepaaren ausgefüllt, die sich das Prestige teilten. Ein unverheirateter Mann gleich welchen Alters galt hingegen als unmündiges Kind.

Zudem waren die Cofradías häufig Orte der Bewahrung alter Glaubensinhalte. Es sind Fälle dokumentiert, in denen indigene Schamanen, die Wahrsagungen mit dem vorchristlichen Kalender durchführten, diesen Organisationen angehörten, ebenso wurden in mancher Kirche unter Tischdecken verborgene alte Götterfiguren gleichzeitig mit der auf dem Altar platzierten Heiligenfigur verehrt. Offenbar bevorzugten die Maya jene Heiligen, in denen sie neue Erscheinungsformen ihrer alten Götter erkennen konnten, so etwa Petrus als Regengott. Bis heute ist mancherorts die Idee verbreitet, dass die Patronatsheiligen, nach denen die Maya-Dörfer benannt sind, einst Menschen aus Fleisch und Blut waren, die jene Gemeinden gründeten und sich später in jene Statuen verwandelten. Andere Gemeinden führen ihre Ursprünge auf biblische Überlieferungen zurück. So soll die Arche Noah auch an einem Berg im Hochland Guatemalas gestrandet sein. Die Heiligen der Maya entsprechen nicht unbedingt unserem europäischen Ideal. Sie sind häufig launisch oder promiskuitiv. Insbesondere Petrus steht in dem Ruf, große Mengen an geopfertem Schnaps zu benötigen, da er nur im Vollrausch ausreichend Regen für die Landwirtschaft spendet.

Die Cofradías erfüllten somit eine Doppelfunktion als „broker und barrier" (Mac Leod 1973) indem sie einerseits einen Rahmen für den Umgang mit der christlichen Kultur schufen, andererseits aber einer völligen Europäisierung entgegenwirkten und den Erhalt einer separaten indigenen Kultur und Identität garantierten. Die spanische Kolonialverwaltung und die Kirchenoberen waren sich dieser Tatsache durchaus bewusst und gingen bisweilen auch gegen allzu öffentliche Abweichungen von der Kirchenlehre vor. In der Praxis überwog aber die Angst, dass ein zu drastisches Vorgehen einen überregionalen Aufstand provozieren könnte, der das fragile Machtgefüge der kleinen spanischen Oberschicht inmitten einer indigenen Bevölkerungsmasse vernichten könnte. Insbesondere die Angehörigen des alten Maya-Adels genossen manche Privilegien, so lange sie nur sicherstellten, dass die Gemeinden ihre Abgaben pünktlich zahlten.

Abb. 3: Eine Mayapriesterin in Todos Santos Cuchumatán und ein Altar für Opferfeuer mit der Darstellung eines heiligen Berges vor der Kirche von San Cristóbal Verapaz.

Als Resultat dieser Entwicklungen ist eine Glaubenspraxis entstanden, in der sich die Maya in ein und demselben Gebet an Gott, die Jungfrau Maria, diverse Heilige, aber auch Ahnen oder Berggötter[6] wenden. Nicht selten führen die Gemeinden sogar Prozessionen durch, die von den Ruinen der Tempel ihrer Vorfahren in den archäologischen Stätten direkt in die Kirchen führen. Mayapriester, die Rituale nach dem alten Kalender durchführen, beten gleichermaßen in der Kirche wie an Heiligen Orten in der Natur; auch das Opfern von Tieren vor oder in Kirchengebäuden ist weit verbreitet. Die Maya fühlen sich dabei selbst als gute Katholiken, halten aber uns Europäern vor, ein unvollkommenes

---

[6] Besagte Berggötter stellten sich viele Maya als Geschäftsleute oder Großgrundbesitzer vor, die magische Läden und Felder mit unermesslichen Reichtümern im Innern der Berge besäßen. Sie beschenkten rechtschaffene Gläubige reichlich, verlangen bisweilen aber, dass die Maya diese Gaben nach ihrem Tod wieder abarbeiten. Häufig werden die Götter als hellhäutig beschrieben und an Orten, wo sich im 19. Jahrhundert deutsche Grundbesitzer niederließen, auch als blond, blauäugig und deutschsprachig.

Christentum zu praktizieren, weil wir die Kräfte der Natur ignorieren. „Selbst Jesus wurde in einem Fluss getauft", erklärte ein Mayapriester seinem Kollegen aus einer evangelikalen Kirche.

Die Rolle des Heiligen Geistes in diesem ausgesprochen komplexen und von Ort zu Ort unterschiedlichem Gefüge von Ideen und Traditionen zu identifizieren, das fällt nicht leicht. Es wäre sicherlich übertrieben, ihm eine zentrale Rolle zuzusprechen. Vielmehr scheint er einerseits als eine Art Projektionsfläche für all jene Elemente des indigenen Glaubens zu dienen, für die es keine Entsprechung in der katholischen Lehre gibt. In der spanischen Doppelformel „Santo Espirito, Santo Misterio" vieler Gebete mag sich der Gedanke manifestieren, dass mit dem Namen des Heiligen Geistes auch all jene gestaltlosen Mächte angesprochen werden können, die dem Gläubigen unbekannt waren, die man aber nicht durch unterlassene Erwähnung verärgern wollte. Dieses „Maya-Christentum" ist in der zweiten Hälfte des 20. Jahrhunderts jedoch durch drei Faktoren massiv zurückgedrängt worden.

Zunächst war da die Acción Católica, eine Art Laienbewegung, die infolge des Zweiten Vatikanischen Konzils entstand und mit ihrem Auftrag zur Modernisierung des Christentums in Guatemala in erster Linie einen Frontalangriff auf all jene Praktiken verband, die nicht der offiziellen katholischen Lehre entstammten. In ihrem Bestreben, alle ‚unreinen' Traditionen zu vernichten, wurden vielerorts selbst Heiligenfiguren verbrannt. Schon bald spalteten sich die Gemeinden in „Católicos" und die „Costumbristas" (Traditionalist/innen). Vor allen Dingen junge Menschen fühlten sich von jener neuen Lehre angesprochen, die meist von ebenfalls jungen nordamerikanischen Aktivisten eingeführt wurde. Der direkte Zugang zu den biblischen Texten versetzte die jungen Maya in die Lage, überkommene Lehren zu hinterfragen, gegen die Autorität ihrer Eltern und die zahlreichen sozialen Verpflichtungen des Gemeindelebens zu rebellieren.

Ähnliche Faktoren begünstigten auch die sogenannten „Evangelicos". Diese Bezeichnung dient den Maya als ein Sammelbegriff für alle nicht-katholischen Christen, zu denen sie in erster Linie die „Pentecostales", also die Pfingstkirchen, aber auch die Zeugen Jehovas und selbst die Mormonen zählen. Gerade junge Leute mit einem Wunsch nach individuellem wirtschaftlichem Aufstieg sahen und sehen in diesen Kirchen einen Ausweg aus den Verpflichtungen aus der dörflichen Solidargemeinschaft. In der Zeit des guatemaltekischen Bürgerkriegs (1960-1996) spielten aber auch politische Faktoren eine Rolle. So war etwa der Diktator General Efraím Rios Montt, der Anfang der 1980er Jahre einen regelrechten Genozid an der Mayabevölkerung verübte, Anhänger der evangelikalen Kirche „El Verbo". Während Traditionalisten und Anhänger der sozial engagierten Accíon Católica im Verdacht standen, mit der kommunistischen Guerilla zu sympathisieren, und häufig Opfer von Massakern wurden, erhielten die Angehörigen evangelikaler Kirchen Passierscheine und hatten folglich eine höhere Überlebenschance. In der Nachkriegszeit mit ihrer politischen Instabilität erfreuen sich die Kirchen als eine moralische Instanz und eine Plattform für die Bewältigung individueller psychischer Probleme zunehmender Beliebtheit. Kaum hoch genug eingeschätzt werden kann etwa die Bedeutung der „Anonymen Alkoholiker". Denn zahllose Bekehrungsgeschichten, die dem Verfasser erzählt wurden, setzten das Finden Gottes mit der Überwindung von Alkohol- und Drogensucht gleich.

Eine dritte Fraktion bildete sich gegen Ende des Bürgerkriegs in den 1990er Jahren in Gestalt der Maya-Bewegung heraus. Hierbei handelt es sich um ein überregionales Netzwerk von Aktivist/innen (meist mit einem urbanen und akademischen Hintergrund), die sich für eine Bewahrung von Sprachen und Kultur der indigenen Gemeinden einsetzen. Ihr Ziel, die in hunderte Gemeinden mit jeweils eigenen Sprachen, Dialekten und Traditionen gespaltene indigene Bevölkerung zu vereinigen und politisch zu mobilisieren, verbindet sich häufig mit der Verbreitung einer „Espriritualidad Maya", also einen von allen sichtbaren christlichen Anteilen bereinigten „vorspanischen" Glaubens, der allerdings die frühere Existenz heute verpönter Praktiken wie der des Menschenopfers leugnet und auch starke Einflüsse aus der westlichen Esoterikszene aufweist. Nicht selten steht dieser neue Pan-Maya-Glauben nicht in einem harmonischen Verhältnis, sondern in Konkurrenz zu den Costumbristas, etwa wenn ein Aktivist aus der Hauptstadt dem Ältestenrat eines Dorfes nahelegt, dass ihr Jahrhunderte lang mündlich überlieferter Kalender falsch sei und gegen eine auf archäologischen Studien basierende Rekonstruktion des ursprünglichen Systems ausgetauscht werden sollte. Oder wenn anstelle des einstmals männlichen Erdgottes „Dios Mundo" heute fast allerorts die weibliche „Madre Naturaleza" verehrt wird.

Nach wie vor sind aber auch die „Evangelicos" ein wichtiger Faktor. Und gerade sie werden aufgrund der Prominenz der Pfingstkirchen am stärksten mit der Figur des Heiligen Geistes assoziiert, wodurch er für Katholiken und Traditionalisten umso unattraktiver wird. In Santiago Atitlán etwa, einer Gemeinde von 4000 Einwohner/innen, konkurrieren rund 200 Gemeinden um die Gunst der Einheimischen. Bekehrungsversuche spalten gezielt Familien; Lautsprecheranlagen beschallen mit Übertragungen der Gottesdienste ganze Stadtviertel; und es herrscht ein ständiger Konkurrenzdruck, welcher neue Kirchenbau den höchsten Turm vorzuweisen hat. Kritiker/innen bemängeln, dass in mancher Gemeinde die von der armen bäuerlichen Bevölkerung gesammelten Spendengelder nicht in soziale Projekte der Gemeinde fließen, sondern in die Finanzierung eines neuen Mercedes für das Kirchenoberhaupt in den USA. Auch wird von einem sozialen Druck auf neue Gemeindemitglieder berichtet, ihre Trachten abzulegen, da Gott mehr Gefallen an ihnen hätte, wenn sie ‚ordentliche' (also westliche) Kleidung trügen und Spanisch anstelle ihrer eigenen Sprache sprächen.

Diese Beobachtungen dürfen freilich nicht generalisierend auf alle protestantischen Gemeinden bezogen werden. Insbesondere in Hinblick auf die indigenen Sprachen haben protestantische Missionare bei ihren Bibelübersetzungsprojekten in aller Welt unersetzliche linguistische und kulturelle Daten gesammelt und damit auch einen Beitrag zum Erhalt heute verschwindender kultureller Wissensbestände geleistet. Auch bemühen sich viele Kirchen durchaus darum, Gottesdienste auch in den kleineren indigenen Sprachen anzubieten. Insbesondere die Pfingstkirchen sind in den letzten Jahrzehnten sehr bemüht gewesen, autonome Zweige entsprechend der verschiedenen Maya-Sprachen zu gründen und deren Verwaltung von den US-amerikanischen Missionaren in indigene Hände zu geben. Auch Gottesdienste auf den Gipfeln heiliger Berge werden mancherorts angeboten. Selbst die Mormonen haben inzwischen das kulturelle Erbe der vorspanischen Zeit für sich entdeckt und führen bisweilen Exkursionen in die alten Ruinenstätten durch, die nach ihrer Lesart von Christus selbst zwischen seiner Kreuzigung und Wiederauferstehung gegründet wurden.

In der Alltagspraxis kommt es ohnehin vor, dass sich auch ein Evangelico für die Behandlung einer hartnäckigen Krankheit an einen Mayapriester wendet. Tatsächlich sind dem Verfasser dieses Beitrags für die meisten Kirchenwechsel nicht theologische Details, sondern höchst profane Anreize genannt worden. Dies können neu gegründete Sportvereine der Kirchen sein, attraktivere Jugendfreizeitangebote, die Ausstattung der Kirchen mit Musikinstrumenten, die Erlaubnis, während des Gottesdienstes zu tanzen oder auch nur die Tatsache, dass in einem neueren Gemeindehaus eine weniger nervtötend brummende Verstärkeranlage installiert ist. Die Maya zeigen sich gleichermaßen offen, neue Kirchen auszuprobieren, bei Bedarf aber auch in den Schoß der katholischen Kirche zurückzukehren – zumindest für ein paar Monate. Durch die jährlichen Patronatsfeste mit ihrem reichhaltigen Alkoholkonsum ist sogar ein regelrechter Jahreszyklus von Austritten, gefolgt von rauschender Feierlaune, anschließender Katerstimmung und Wiedereintritten zu beobachten.

Wenig untersucht, aber zweifellos bedeutsam, muss auch die Kirchenzugehörigkeit als Ressource im Zeitalter von Migrationen sein. Seit dem guatemaltekischen Bürgerkrieg sind mehr und mehr Maya in die USA ausgewandert, damals als Flüchtlinge, heute eher auf Arbeitssuche. Schon in den 1990er Jahren lebten mehr als eine Million Maya in den USA. In der ökonomisch und kulturell herausfordernden Lebenssituation als (illegale) Einwanderer können kirchliche Netzwerke buchstäblich Leben retten und viel zur Bewahrung der eigenen Identität beitragen. Denn in jenen Orten, in denen sich Maya dauerhaft niederließen und wo ihre Traditionen auch in der zweiten und dritten Generation fortleben, sind meist die Kirchengemeinden Dreh- und Angelpunkte des gesellschaftlichen Lebens. Ebenso bleiben kirchliche Netzwerke wichtig, um den Kontakt mit den Heimatgemeinden aufrechtzuerhalten.

Fazit

Ähnliches wie über die Maya in der amerikanischen Diaspora ließe sich sicherlich auch über afrikanische Migrant/innen in Deutschland sagen, deren Leben und Überleben häufig stark von ihrem christlichen Glauben geprägt ist. Dass viele dieser afrikanischen Zugewanderten strenggläubiger sind als die deutsche Mehrheitsgesellschaft, mag man als eine Ironie der Geschichte ansehen, aber auch als eine Warnung davor, das Christentum weiterhin als eine rein europäisch-abendländische Erscheinung zu betrachten. Da aufgrund fehlenden Priesternachwuchses manches deutsche Pfarramt von Menschen mit afrikanischem Migrationshintergrund besetzt wird, stellt sich die interessante Frage, ob auch unser ,deutsches' Christentum zukünftig ,afrikanische' Impulse erhalten wird und welche Bedeutung dem Heiligen Geist dabei zukommt.

Rückblickend hat der Heilige Geist also vielfältig Übergänge geschaffen vom indigenen zum christlichen Glauben, aber auch vom Katholizismus zum Protestantismus. So wie die kolonialzeitlichen Cofradías der Maya in der Ethnohistorie als Vermittler zwischen dem alten und neuen Glauben gelten, könnte auch der Heilige Geist selbst als ein solcher „cultural broker" betrachtet werden. Dabei gleicht seine Wirkungsmacht in bemerkenswerter Weise eben jenem Bild der Überwindung sprachlicher Barrieren, für die das Pfingstfest ja auch steht.

Ausblick

In der Kirche von Gothem auf der schwedischen Insel Gotland findet sich ein Wandbild aus dem 17. Jahrhundert, das den Heiligen Christophorus mit dem Jesuskind zeigt, neben dem Seite an Seite der Papst und Mohammed in den Fluten ertrinken. Die Botschaft des protestantischen Künstlers, dass der Katholizismus eine ebenso große Irrlehre wie der Islam sei, mag uns in unserer heutigen vom Gedanken der Ökumene beseelten, aber eben auch von einer wachsenden Islamphobie vergifteten Zeit verwundern. Doch anstelle von historischer Befremdung könnten wir diese Darstellung auch als ein Zeichen der Hoffnung sehen. Denn wenn wir die heutige Partnerschaft evangelischer und katholischer Gemeinden mit dem Hass und Gräuel der frühneuzeitlichen Glaubenskriege vergleichen, scheint auch die Schaffung einer Brücke zu den anderen Weltreligionen weniger illusorisch.

Abb. 4: Detailansicht des Wandbildes in der Kirche von Gothem

Literatur

Brennwald, Silvia (2001) *Die Kirche und der Maya-Katholizismus: Die katholische Kirche und die indianischen Dorfgemeinschaften in Guatemala 1750 – 1821 und 1945 – 1970.* Stuttgart: Steiner.

Frühsorge, Lars (2010) *Archäologisches Kulturerbe, lokale Erinnerungskultur und jugendliches Geschichtsbewusstsein bei den Maya.* Hamburg: Kovač.

Frühsorge, Lars (2013) Powwow, Wigwam und Facebook: Indianische Lebenswelten auf Neufundland. *Amerindian Research* 8 (1): 5-16.

Frühsorge, Lars (2014) Ein Weihnachtslied der Huronen und die Anfänge des Christentums in Kanada. *Amerindian Research* 9 (4): 227-232.

Frühsorge, Lars (2018) Religiöser Wandel und neue Heilsbotschaften in Guatemala. In: Eveline Dürr und Henry Kammler (Hg): *Einführung in die Ethnologie Mesoamerikas.* Münster: Waxmann: 283-292.

Hinz, Eike (2008) *Existence and Identity: Reconciliation and Self-organization through Q'anjob'al Maya Divination: Re-creating Social and Subjective Order in San Juan Ixcoy and San Pedro Soloma, Guatemala.* Norderstedt: Books on Demand.

MacLeod, Murdo J. (1973*) Spanish Central America: A Socioeconomic History; 1520-1720.* Berkeley: University of California Press.

Alle Fotografien: L. Frühsorge

Pfingstbrauchtum

Bettina Braunmüller
Tradition, Transformation, Tourismus?
Pfingstbrauchtum in der Heide

Dieser Aufsatz stellt die Veränderungen der Pfingsttraditionen in und um die nordwestliche Lüneburger Heide vor. In den meisten Orten handelt es sich hierbei in erster Linie um eine ständige Reduktion bis hin zum Verschwinden eines Brauchtums. Heute sieht es fast so aus, dass es im norddeutschen Raum kaum noch Pfingstbrauchtum gibt, und kaum jemand weiß, was Pfingsten überhaupt ist und wie es früher auf dem Land gefeiert wurde.[1]

Pfingsten vor und im frühen 20. Jahrhundert in der nordwestlichen Lüneburger Heide: Vom Pfingstumzug und dem Pfingstbaumpflanzen

Die Lüneburger Heide ist bis heute ein ländliches Gebiet und war auch in Zeiten der Industrialisierung kein Ort großen Wandels, sondern eher von Beständigkeit der bäuerlichen Lebensweise geprägt, da die Region stark von Land- und Viehwirtschaft lebte. Auch ist die Region umgeben von Großstädten wie Hamburg, Bremen oder Lüneburg; sie selbst jedoch weist nur Kleinstädte und Dörfer auf, die heute touristisch attraktiv sind.

Der Pfingstumzug

Eduard Kück schildert in seinem Buch „Das alte Bauernleben der Lüneburger Heide" ein vielfältiges und umfangreiches Brauchtum zu Pfingsten im 19./frühen 20. Jahrhunderts (Kück 1906, 36-42).

Allem voran war der Hauptbrauch zu Pfingsten der Umzug des „Pingsbötels". Bereits 1906 schreibt Kück, dass dieser Pfingstumzug „seit Jahrzehnten fast ganz außer Gebrauch gekommen" sei (Kück 1906, 36). Als Gründe dafür vermutet er das Einwirken der Beispiele

---

[1] Allen Interview-Partnern und Heimatvereinen, die diesen Artikel unterstützt haben, gilt mein herzlichster Dank!

vieler „nichtbäuerlicher" Familien (Kück 1906, 36). Ob er damit die gewerblichen Veränderungen in der Region meint oder aber dass sich die bäuerlichen Familien eher am Beispiel nicht-bäuerlicher Familien in ihrer Art, Feste zu feiern, inspirieren und prägen ließen, lässt sich anhand seiner Formulierung nicht eindeutig erkennen.

Der Pfingstumzug fand ungefähr so statt: Der Hirtenjunge, der am Pfingstmorgen am längsten geschlafen hatte, wurde als „Pingsbötel" ausstaffiert. Das Wort „Bötel" (mnd.) ist der verschnittene Schafbock, also ein kastriertes Tier (*boteln* (mnd.) für kastrieren bzw. stoßen oder schlagen). Später sei ein Knabe gewählt worden oder hätte sich freiwillig gemeldet (vgl. Kück 1906, 40). Auch wurde der Pingsbötel im Laufe der Jahre eher familienintern ausgewählt: Wer beim Frühaufstehen um die Wette als letzter in der Familie aufwachte, bekam einen Strohkranz verpasst und wurde der hauseigene Pingsbötel. Der Pingsbötel/das Kind wurde mit Blumen geschmückt, besonders mit frischem Grün, und von Haus zu Haus gefahren oder getragen, wobei die gesamte Dorfjugend dem Zug folgte. An den Türen wurde dann das entsprechende Lied gesungen:

„Pingstgaw, Habergarf, Bokwetenstroh,
dusend Johr, noch mal wedder so,
dibe, dibe, dib, oh, wat ne bunte Mütz heff ick,
Arfenbusch und Bohnenstaken,
Morgen wüllt we den Pingstgaw kaken,
wüllt mit den Been in de Luken haken
Geld in de Mütz, dat wer hübsch,
Eier in' Haut, dat lett Gaut.
Hurra, vivat!"[2]

(Peters 2005, 21)

---

[2]   Eigene Übersetzung ins Hochdeutsche: „Pfingstgabe, Hafergarbe, Buchweizenstroh, Tausend Jahre, noch mal wieder so, dibe, dibe, dib [lautmalerisch], oh was (für) eine bunte Mütze habe ich, Erbsenbusch und Bohnenstangen, morgen wollen wir die Pfingstgabe kochen, wollen mit den Beinen in die Luke hängen, Geld in die Mütze, das wäre hübsch, Eier in (den) Hut, das macht sich gut. Hurra, vivat [er/sie/es lebe (hoch)]"

Eine etwas andere Version findet sich bei Kück (Kück 1906, 39), eine dritte Version bei Kegel (Kegel 1991, 70) und eine vierte und fünfte bei Gerhold (Gerhold 2016, 45), wo in erster Linie Pingstgaw durch Pings(t)bötel oder Pingstkar (Pfingstkorb) ersetzt ist. Es gibt sehr viele regionale Variationen, die in diesem Aufsatz aus Platzgründen leider nicht alle abgedruckt werden konnten.

Regional gäbe es noch, z.B. in Halvesbostel bei Hollenstedt, folgende Besonderheiten: Dort war derjenige Kuhhirte Pingsbötel, der am Abend vor Pfingsten zuletzt mit seiner Herde nach Hause kam (vgl. Kück 1906, 40).

Bei den Umzügen ging es um eine Bitte um Geld oder Eier/Leckereien, ähnlich wie beim Rummelpott-Laufen in Schleswig-Holstein. Anliegen der Veranstaltung waren hier das neckische Bestrafen des Langschläfers und das Einsammeln für einen gemeinsamen Festschmaus der Jugend des Dorfes. „Die Jungen schmücken am Tage vor dem Fest einen Handwagen, so dicht ist er umflochten mit Birkengrün, daß kein fremdes Auge das ‚Pfingstkalb' sieht. Jungens vorweg, zur Seite, hinterher, kleine, große. Von Haus zu Haus geht der Pfingstzug. Die empfangenen Gaben teilen sich alle." So die Schilderung von Niebuhr in seiner Schulchronik für Sahrendorf/Schätzendorf in den 1930er/1940er Jahren (Niebuhr o.J, 188 III). Das gemeinschaftliche Teilen und der eventuell gemeinsame Verzehr sind also zentral. Hier fällt jedoch auf, dass von einem Pfingstkalb die Rede ist.

In anderen Versionen aus der Holm-Seppenser Chronik von Berta Winkelmann ist vom „Pfingstvoß" (Pfingstfuchs) anstelle der „Pingstgaw" (Pfingstgabe) die Rede, der auch „gekocht" werden soll (vgl. Kegel 1992, 1 u. Kegel 1991, 70). Dies scheint aber eine Neuschöpfung aufgrund reiner Mundfaulheit der Kinder gewesen zu sein, vermutet Kegel in Berufung auf Kindheitserinnerungen seines Gewährsmannes Uwe Derboven (vgl. Kegel 1992,1). Daher heißt das Lied, welches dem von Peters (siehe oben) sehr ähnelt, auch das „Seppenser Pingstvoßleed", wobei der Hauptunterschied der Lieder darin liegt, dass „Pingstgaw" und „Pingstvoß" einander ersetzen:

„Pingstvoß, Habergarf, Bookwetenstroh,
taugan Jouar üm düsse Tied,
noch mal wedder so,
ribe, ribe, ritz,
Eier in de Mütz-
O wat is dee Pingstvoß hübsch,
we wülz em mit de Behn in de Luken haken,
haken und staaken,
morgen will wie dan Pingstvoß kaken"[3]
(mitgeteilt aus der Zeit 1913-1921 von Bertha Winkelmann, in: Kegel
1991, 70).

Gerade im Raum Buchholz in der Nordheide soll auch dem Kind, das
einen Kranz um den Kopf trug und dort „Pingstkalw" (Pfingstkalb) genannt wurde, symbolisch ein rotes Taschentuch um Arm oder Bein gebunden worden sein, um eine Verletzung vorzutäuschen. Kück schreibt
hierzu: „Es liegt nahe, diese Umzüge und Schmausereien in Beziehung
zu den alten Maifeiern zu setzen" (Kück 1906, 40). Traditionell gab
es im 19. Jahrhundert einen Winteraustrieb in der Lüneburger Heide,
der dafür sorgen sollte, dass die Heide weiterhin gut mit Wasser/Re-
gen versorgt werde. Hierzu gehörte wohl auch ein „Hammeltanz, der
in dem Opfer eines Herdentieres gipfelte" (Kück 1906, 40). In der
Südheide habe es zu Kücks Zeiten noch den Brauch gegeben, dass der
Pfingstochse am Pfingstsonnabend vom Schlachter geschmückt durch
den Ort geführt wurde (vgl. Kück 1906, 40). Kegel vermutet in dem
ganzen Treiben „Erinnerungen an Hirtenleben bzw. den Viehauftrieb
zu Pfingsten" (Kegel1992, 2). Das bedeutet, dass Kalb und Ochse bzw.
Hammel früher tatsächlich dann auf die Weide getrieben wurden.

Das rote Taschentuch am Pingstkalw solle Mitleid erregen, um die
Freigiebigkeit der Menschen zu fördern. Ob dies der Hinweis auf ein
Opfertier bzw. eine Opferung sei, wie Kück es vermutet, oder aber eine
Art gewesen sei, das Tier festzubinden, bleibt fraglich (vgl. Kegel 1992,
3). Auch aus der Schulchronik Sahrendorf/Schätzendorf ist der regio-
nale Spruch überliefert: „Pingskallf hatt sin Bein afbraken, möt wie mit

---

[3]   Eigene Übersetzung ins Hochdeutsche: „Pfingstfuchs, Hafergarbe, Buchweizen-
        stroh, Tausend Jahre in dieser Zeit noch mal wieder so, ribe, ribe, ritz [lautmale-
        risch], Eier in die Mütz, oh was ist der Pfingstfuchs hübsch, wollen ihn mit den
        Beinen in die Luken hängen, hängen und festmachen, morgen wollen wir dann
        den Pfingstfuchs kochen."

nan Dokte gahn. Dokte schalt wedder heil maken, hebt kein Geld und Got dorto. Drumm bitt wie nu de Buersfrau, datt sei uns Eier gift. Doch fö de lütten Eierlein, da kann et ok en Geldstück sein" (Niebuhr, o.J., 188 III)[4]. Das Mitleid der Bauersfrau soll hier erzeugt werden, um das Kalb wieder gesund zu machen. Dies widerspräche der rituellen Opferverletzung, kann aber auch eine spätere Umdeutung einer ursprünglich rituellen Verletzung/Tötung des Kalbes gewesen sein.

Hier erklärt sich somit das Opfertier, das als Schaf, Kalb oder nur als Gabe benannt wurde. Doch was ist mit dem Umzug und dem Einsammeln von Geschenken? Eine Erklärung, dass dieses Verhalten eventuell mit früheren, mittelalterlichen Abgaben an den Lehnsherren in Form von Eiern gründet und nun durch die Kinder spielerisch fortgesetzt wurde, nennt Heimatkundler Wilhelm Marquardt als Grund bzw. Überlebensgrund dieses Abgabenspiels (Marquardt o.J.). So sei in der Chronik der Gemeinde Wenzendorf berichtet worden, dass die Bauern früher Bötel als Abgaben hätten zahlen müssen (vgl. Kagel 2010, 277). Das Einsammeln der Gaben in Form von Eiern durch einen Bötel sei ein spielerisches Überbleibsel. In Anbetracht des Viehauftriebs, den Kegel (1992) nennt, sowie der Variationen dessen, welche Tierart das Opfertier sein kann, ist diese Erklärung aber vielleicht nur ein Teilaspekt. Viel eher scheint das Opferfest ein Einsammeln für ein gemeinsames Festmahl zu sein und insofern eine Art ‚Steuer' an die Gemeinschaft, die eingetrieben wurde und der man sich nicht entziehen konnte, ohne öffentlich durch ein Spottlied angeprangert zu werden. Hierzu passt auch Kücks Nennung eines gemeinsamen Festmahls der Jugend nach dem Umzug. Es geht hier um ein sinnstiftendes, gemeinschaftliches Mahl, ein Opfermahl. Das Ersatzeinsammeln (anstelle eines Lehnsherrn) kann hierbei ein Aspekt sein, muss es jedoch nicht. Kück vermutet auch, dass das Bötelfest der Heide im Zusammenhang mit dem Hirtenleben und Viehauftrieb zu sehen ist und später mit Pfingstfeierlichkeiten zusammengelegt wurde. „Das Ausschmücken der Häuser mit Birkenreisern (Maibusch) war wohl auch schon ein Bestandteil des alten Festes"

---

[4] Eigene Übersetzung ins Hochdeutsche: „Das Pfingstkalb hat sein Bein gebrochen, wir müssen mit ihm zum Doktor gehen, der Doktor soll es wieder heile machen, wir haben kein Geld und Gut dafür. Darum bitten wir die Bauersfrau, dass sie uns Eier gibt. Aber statt der kleinen Eier kann es auch ein Geldstück sein".

(Kück 1906, 40). Eine abgewandelte Form eines Bittens um Gaben ist in Sahrendorf/Schätzendorf speziell für die Mädchen überliefert.

So heißt es bei Niebuhr: „Am 1. Festtag kommen die Kinder, zuerst die Mädchen. In Reih und Glied der Größe nach gehen sie in jedes Haus. Bunt ist ihr Maibaum, Bänder ganz bunt, ausgepustete Eier schön verziert hängen dran. Hell sind die Kleider, blank die Augen. So ging einst die Mutter schon, gingen all die Ahnen, werden, so Gott will, einst die gehen, die spät nach ihnen kommen. Ein großes Mädchen trägt den Gabenkorb, empfängt Geld oder Eier für ein Geschenk aus dem Pfingstbaum. Die Eier werden verkauft, das Geld wird verteilt" (Niebuhr o.J., 187 III). Nachdem in den meisten Quellen und Orten von „Kindern" oder der „Jugend" berichtet wird, und nicht explizit von Jungen, scheint dies eine örtliche geschlechtsspezifische Variante zu sein, die ohne ein Opfertier auskommt und stattdessen den Maibaum/Pfingstbaum in den Mittelpunkt stellt.

Der Pfingstbaum bzw. Pfingstbüsche

In der Lüneburger Heide, gerade im Landkreis Harburg, herrschte im späten 19. Jahrhundert der Brauch des „Pfingstbaumpflanzens" bzw. des „Pfingstbüsche Aufstellens" vor, also eine Sitte, zu Pfingsten Maibüsche in Form von Birken vor die Häuser zu pflanzen. Diese Sitte wurde unter viel Gesang von den Knechten praktiziert. Niebuhr schildert den Vorgang so: „Am Abend vor dem Fest ziehen die Jungleute des Dorfes mit einem Wagen in den Wald und holen Maien. Im Dorfe hört man ihr Singen. Still ist es geworden, Mensch und Tier schlafen. Da zieht es von Haus zu Haus, weckt die Schläfer, ‚pflanzt' vor die Tür den Maibaum. Da wird gescherzt, gelacht, gesungen. Nach der Gabe geht es zum Nachbarn. Und wenn am Morgen neues Leben erwacht, steht vor dem Haus der schlanke Birkenbaum, und die Burschen schlafen, weil sie eine lange, schwere Nacht hatten, weil sie dann recht durstig und lustig waren" (Niebuhr o. J., 187 III).

1889 wird in der Schulchronik Seppensens, wohl vom damaligen Dorfschullehrer Hermann Lundt (Lehrer 1880-1891), berichtet, dass zumindest das laute Toben und Singen der Gassenlieder beim Einpflanzen vor den Häusern seitens der Knechte in Seppensen geschwunden sei, was er auf die Gründung des örtlichen Gesangsvereins Germania zurück führt, der wohl von ihm selbst, von „dem Lehrer gegründet" (Kegel 1991, 70) wurde. Offensichtlich missfiel ihm der Gesang; ebenso verbat er den Kindern im Ort, unter ihrem „furchtbaren Gesinge" des Liedes des „Seppenser Pfingstvoß" von Haus zu Haus zu ziehen, um Eier einzusammeln, was er abwertend als „betteln" und „erpressen" bezeichnete (vgl. Kegel 1991, 70). Angeblich hätten die Kinder die Eier nicht selber gegessen, sondern verkauft und den Erlös willkürlich geteilt, worüber sich bereits einige Eltern bei ihm beklagt hätten.

Der Pfingstumzug in der Mitte des 20. Jhs. in der nordwestlichen Lüneburger Heide

Anne-Liese Peters schildert als Zeitzeugin ihre Kindheitserinnerungen zum Brauchtum des Pingstgaw in Eddelsen bei Seevetal (Peters 2005, 21-22). Noch in den 1950er Jahren sei es an Pfingsten üblich gewesen, als Kinder von Haus zu Haus zu ziehen und kleine Gaben einzusammeln. Um die Gaben zu erhalten, wurden Mailieder und ganz besonders das Lied „Pingstgaw" (siehe oben; in verschiedenen Landkreisen in unterschiedlicher Version bekannt) vorgetragen. Am Pfingstsonntag trugen alle Kinder ihre Sonntagskleidung mit Blumenkränzen auf dem Kopf oder Papierschmuck an der Kleidung. Anne-Liese Peters berichtet, dass zu ihrer Zeit ein Kind als „Pingsbötel" gewählt worden sei (vgl. Peters 2005, 21). Dieses trug einen runden großen Kranz um die Schultern aus frischen Birkenzweigen und Blumen. Es setzte sich in einen Handkarren und wurde von den anderen Kindern, die alle mit Körben ausgestattet waren, gezogen. Die Kinder sammelten Eier und Süßigkeiten ein, indem sie sich in der Reihenfolge der Körpergröße an den Haustüren aufstellten und die Frühlingslieder sangen. Sobald die Tür geöffnet wurde, sei das Lied von der Pingstgaw (der Pfingstgabe) vorgetragen worden. Dafür waren Geld, Eier, Schokolade und andere Süßigkeiten die Belohnung. Dies ging so weiter durch das ganze Dorf. Sollte einmal jemand nicht öffnen, was sehr selten vorgekommen sei, sangen die Kinder: „Rull, rull, rull, dat ole Wief is dull, witten Twirn und swatten Twirn, dat ole Wief dat giwt nich girn."[5] (Peters 2005, 21). Alle Gaben seien dann später gerecht unter den Kindern aufgeteilt worden. Es habe sich im Ort Eddelsen bei Seevetal (Lkr. Harburg) immer um ca. 15 Kinder gehandelt, wobei die Flüchtlingskinder in der Überzahl gewesen seien und ihnen das Plattdeutsche besonders viel abverlangte. Anne-Liese Peters betont aber, dass sie bei diesem Brauch in die Dorfgemeinschaft voll integriert waren (Peters 2005, 22).

Interessanter Weise berichtet Karl von Bremen, der von 1904-1914 Pastor im Buchholz in der Nordheide war, Folgendes: „Am 1. Pfingsttag wird die Pfingstgabe gesammelt. 1907 ist's zum letzten Male geschehen. [...]" (Kegel 1992,1). Und das obwohl – nach Kegel – bis in die 1950er dieser Brauch in Buchholz in der Nordheide nachweislich praktiziert wurde (Kegel1992,1).

Barbara Gerhold berichtet aus Ihrer Kindheit in der Nordheide bei Dibbersen über das „Pfingstochsensingen":

> „Dabei handelte es sich nicht um das Besingen eines ausgeschmückten Tieres, sondern die Kinder des Dorfes führten den Jüngsten von Haus zu Haus und sammelten für ihren Gesangsvortrag Geld, Eier oder Bonbons ein. Seit Ostern waren sie mit den Planungen zugange gewesen: welches Kind unter 5 Jahren soll ‚Pfingstochse' (‚Pingsoss', oder ‚Pingsbötel') werden, wer darf klingeln und wer den Eierkorb tragen? Und welcher Weg durchs Dorf sollte eingeschlagen werden? Natürlich wollte man dieses Jahr schneller sein als die Jungs (oder die Mädchen)" (Gerhold 2016, 41).

Hier scheint es eine Trennung nach Geschlechtern gegeben zu haben. Dem Spektakel gingen Vorbereitungen und Probesingen voraus sowie das Basteln von „Lecksen" (mehrschichtige, bunte Papierrosetten, die an die Leute verteilt wurden, und mit denen die Kinder sich selbst, und vor allem den „Pingsbötel" schmückten (die Mädchen mit sternförmigem Rand, die Jungen mit einfachem runden)). Auch Barbara Gerhold schildert das Liedersingen: „Von weitem hörte man sie dann schon den Mühlenberg ‚Pingstbötel, Hawergarf, Bokwetenstroh' (...)" (Gerhold 2016, 42); sie räumt aber auch ein, dass sie nicht wusste, was es bedeu-

---

[5] Eigene Übersetzung ins Hochdeutsche: „Rolle, rolle, rolle, das alte Weib ist toll/ verrückt, Weißen Zwirn und schwarzen Zwirn, das alte Weib, das gibt nicht gern."

tete. Bis zu 30 Kindern hätten sich vor den Haustüren aufgebaut, nach der Größe geordnet, und seien festlich gekleidet gewesen.

Diese Schilderung ähnelt der von Anne-Liese Peters aus Fintel sehr. Auch sie bemerkt, des Plattdeutschen nicht mächtig gewesen zu sein und auch nicht wirklich Sinn im Text gesehen zu haben; es ging um den Spaß an der Sache. Wäre der Brauch noch einige Jahre weiter praktiziert worden ohne Kinder und Erwachsene, die des Plattdeutschen mächtig waren, wäre es sicherlich interessant zu sehen, welche Wortneuschöpfungen weiter entstanden wären oder ob das Lied nur der Form halber beibehalten worden wäre, ohne dass die Menschen den Inhalt überhaupt verstanden hätten.

Pfingsten in den letzten Jahrzehnten und heute in der nordwestlichen Lüneburger Heide

Hartmut Matthies, Jahrgang 1945, vom Heimatverein Buchholz berichtet, dass es zu seiner Jugend noch in Seppensen, das später in Buchholz eingemeindet wurde, den Brauch des „Pingstvoß" gab (Interview 21.11.2019): Kindergruppen von Jungen und Mädchen seien von Haus zu Haus gewandert und hätten für das Singen Süßigkeiten bekommen. Vorher sei das Plattdeutsche bei einer Mutter zu Hause geübt worden, da es den meisten nicht gut von der Zunge ging. Bis zur Konfirmation habe man mitlaufen dürfen, danach sei Schluss. Die letzten Kinder seien bis vor circa drei Jahren nach diesem Brauch immer noch gelaufen. Hartmut Matthies vermutet einen Rückgang wegen der Eingemeindung Seppensens in den 1970ern nach Buchholz und der dort entstehenden vielen Neubaugebiete, wo die neuen Bewohner von Außerhalb diese Sitte nicht gekannt hätten und nach und nach deshalb viele Kinder an der Tür abgewiesen würden. Halloween habe sich vor Ort auch nicht durchgesetzt; es gäbe also keinen Anlass, zu dem Kinder Süßigkeiten an den Türen sammeln würden. Erst wären es noch zur Jugend seiner Tochter gut 14 Mädchen gewesen, die gelaufen seien, nach und nach sei die Zahl auf fünf gesunken, und schließlich habe es dann aufgehört (Interview am 21.11.19).

Anne-Liese Peters schildert, dass es in Tostedt beim Schützenverein bis heute (der Artikel ist vom Jahre 2005, also auch 16 Jahre her) üblich sei, am Pfingstsonntag ein Frühstück mit den Damen zu veranstalten; und wer als letzter komme, sei der „Pingsbütel" (Peters 2005, 22). Sie schreibt, dass es auch „früher" den Brauch des Pfingstochsen gegeben habe sowie den des Schmückens mit Birkengrün und des Aufstellens von Birkenbüschen (vgl. 2005, 22). Und dies ist genau der springende Punkt. Bereits Anne-Liese Peters rückt schon 2005 die Sitte, Pfingstbüsche aufzustellen, in die Vergangenheit.

Totgesagte leben länger – zumindest bei Wikipedia. Laut Wikipedia soll besonders im Landkreis Harburg der Brauch des „Pfingstbaumpflanzens" praktiziert werden (https://de.wikipedia.org/wiki/Pfingstbaumpflanzen; URL am 3.9.19), indem bei „alteingesessenen" Bürgern vor dem Hause Birken zu Pfingsten gepflanzt würden. Diese Behauptung galt es zu überprüfen, nachdem Wikipedia unkritisch auf vielen weiteren Portalen im Internet über Brauchtum zitiert und somit tatsächlich der Eindruck vermittelt wird, dass das Brauchtum vielerorts noch existieren würde.

Frau Annedore Renck lebt seit 40 Jahren in Tostedt, Landkreis Harburg. Gebürtig stammt sie aus Fintel, Landkreis Rotenburg-Wümme. Sie berichtet, dass Birken (abgeschlagen oder gesägt) zu Pfingsten vor die Türen in Tostedt in Wassereimer gestellt wurden – mit Pflanzen hätte das nichts zu tun. Wozu dieser Brauch praktiziert wurde, sei ihr unklar. Junge Leute hätten die Birken besorgt und zu den Häusern gebracht; im Gegenzug hätten sie dafür einen Schnaps bekommen. Seit wann es diesen Brauch nicht mehr gebe, kann Annedore Renck nicht sagen oder sich erinnern (Interview, 02.09.19). In ihrer Heimat, in Fintel ca. 16 km südöstlich von Tostedt, habe es in ihrer Kindheit (sie ist Jahrgang 1954) noch den Brauch gegeben, dass Kinder Bollerwägen mit Birkengrün geschmückt hätten und zu Pfingsten von Haus zu Haus als „Pfingstbütel" gezogen seien. An dem jeweiligen Haus wurde so getan, als hätte sich ein Kind ein Bein gebrochen; und es wurde ein bestimmtes Lied „Eier rut, Eier rut!" gesungen, da man sich früher mit Eiern und Geld bezahlen ließ, später mit Süßigkeiten.

Herr Burkhard Gerlach lebt seit 80 Jahren in Tostedt und berichtet exakt von der gleichen Praxis wie Frau Renck: abgesägte Birken in Wassereimern vor den Häusern (Interview am 03.09.19). Er nennt dies jedoch „Pfingstbüsche" und betont ebenfalls, dass keine Bäume gepflanzt wurden; man sei ins Moor gefahren und habe ca. 2 m hohe Birken abgesägt. Bis ins Jahre 2000 sei er Mitglied des Werbekreises in Tostedt gewesen. In der Zeit bis dahin hätte der Werbekreis Pfingstbüsche an Geschäfte und Gewerbetreibende verteilt, damit diese vor den Läden aufgestellt werden konnten. Bis zu seinem Rückzug aus dem Werbekreis 2000 seien im Laufe der letzten Jahre immer weniger Anfragen gekommen, bis man schließlich die Tradition noch zu seinen Zeiten sein ließ. Dementsprechend lässt sich das Sterben des Brauchtums auf spätestens 2000 datieren.

Hartmut Matthies schildert, dass das Aufstellen von Pfingstbüschen in Seppensen noch bis vor sechs oder sieben Jahren praktiziert worden sei (nur im privaten und nicht im gewerblichen Bereich). In seiner Jugend seien junge unverheiratete Männer losgezogen und hätten die Pfingstbüsche vor die Türen von jungen, unverheirateten Mädchen gestellt. In den letzten 20 Jahren des Brauches sei die Sitte dann lockerer geworden und die Büsche überall von den jungen Männern aufgestellt worden – gegen einen kleinen Schnaps oder ein Bier. Auch hier sei der Brauch langsam seltener geworden. Vor zehn Jahren habe es eine Initiative der älteren Männer im Ort gegeben, die jungen zu animieren, den Brauch wieder zu beleben. Es hätten sich dann auch einige 15/16-jährige Jungen dafür gefunden. Es blieb aber bei diesem kurzen „Reanimierungsversuch". Der Brauch konnte sich nicht wieder durchsetzen. (Interview am 21.11.19)

In Bezug auf das Pfingstbaumpflanzen berichtet ein Gewährsmann aus Sprötze, der über den Heimatverein Estetal interviewt wurde, dass in den 80er Jahren, als er selbst wohl so zwischen 12 und 16 Jahre alt war, das pfingstliche Baumaufstellen noch intensiv praktiziert wurde. Die Dorfjugend (vermutlich aber nur die Jungs) fuhr mit dem Trecker in den Wald und schlug junge Birken. Diese wurden am nächsten Morgen im ganzen Dorf verteilt, vor den Häusern aufgestellt und natürlich wurde geklingelt und man bekam etwas Geld und einen Schnaps (!). Am Ende waren alle *duun* (betrunken) und liefen lallend durchs Dorf. Das hatte dann später den Bewohnern nicht mehr so gut gefallen, sodass sie schon vorsichtshalber einen Umschlag mit Geld an der Gartenpforte deponierten. In irgendeinem Jahr soll es dann vorgekommen sein, dass ein besonders pfiffiger Bursche schon mal vorab mit ein paar Bäumen losgezogen war und überall die Umschläge für sich einkassiert hatte. Das habe großen Ärger gegeben (Email vom 24.11.19, anonymer Gewährsmann, interviewt über den Heimat- und Verkehrsverein Estetal).

Weiter berichtet eine anonyme Quelle über den Heimat- und Verkehrsverein Estetal: Was „eigene Erfahrungen und die Erkenntnisse aus Gesprächen mit Nachbarn und Freunden rund um Dibbersen/Buchholz/ Tostedt angeht, so fällt es schwer, einheitliche Bräuche festzustellen, da hinter der Ortsgrenze kleinerer Dörfer bereits andere Lieder bekannt waren. Auch an das ‚Pingstkar-Laufen‘ und das ‚Bäume Aufstellen‘ erinnert sich fast jeder anders, wobei traditionell die Verbreitung (z.B. auch der plattdeutschen Dialekte) schon hinter dem nächsten Wald eine andere sein konnte." (Email, anonyme Quelle, 18.11.19). Des Weiteren berichtet diese Person, dass sie selbst nach 2009 noch vereinzelt am Pfingstsonntag Kindergruppen beobachtet habe, die mit Bollerwagen von Haus zu Haus gezogen seien. Aus Dibbersen wisse sie jedoch, dass es dort seit 2017 kein Pfingstlaufen mehr gebe (Email, anonyme Quelle, 18.11.19).

Die große Ausnahme in der Region scheint die Umgebung um den Ort Undeloh zu sein, der malerisch in der Nähe des Wilseder Berges liegt und stark vom Tourismus geprägt wird. Hartmut Müller vom Heimat- und Kulturverein Undeloh und Umgebung e.V. schreibt hierzu auf Anfrage (Email vom 25.11.2019): „(…) in Undeloh und den umgebenden Dörfern der Nordheide hat sich das Brauchtum des Pfingstbaumpflanzens und des Pfingstsingens mit Pfingsfuchs der Schul- und Vorschulkinder erhalten." Er schreibt weiter über den Pfingstfuchs: „Die Kinder ziehen einen geschmückten Bollerwagen. In diesem sitzt das jüngste Kind, der Pfingsfuchs. An der Tür singen die Kinder meist ‚Der Mai ist gekommen‘ und sagen den Pfingsfuchsspruch auf, der besagt, dass außer Süßigkeiten, Eiern usw. auch ein Geldbetrag sein könnte, den sie für ihr Pfingstsingen erhalten möchten. Unter Aufsicht eines Erwachsenen wird nach dem Pfingsfuchssingen das gesammelte Geld gerecht aufgeteilt." Er ergänzt (Email vom 4.12.19): „Zuerst sagen die Kinder im Chor auf:

‚Pfingsfuchs hat sein Bein gebrochen,
müssen wir zum Doktor fahr'n;
haben wir kein Geld dazu,
müssen wir uns (was) borgen.
Liebe Hausfrau sei so nett
und gib uns zehn Eierlein
und sind es keine Eierlein,
so kann es auch ein Geldstück sein.‘

Heute gibt man immer einen kleinen Geldbetrag und einige Süßig-keiten. Daraufhin singen die Kinder in den letzten Jahren immer ‚Der Mai ist gekommen‘. Im mit bunten Bändern geschmückten Handwa-gen (Bollerwagen), geschützt gegen Sonne und Regen durch die auf-gesteckte halbrunde Plane, liegt das jüngste Kind der Schar, bedeckt mit Birkengrün. Ein bandagiertes Bein, mit roter Farbe versehen, ragt sichtbar hervor. Da in Undeloh, dem Hauptort des Naturschutzgebie-tes Lüneburger Heide, zur Pfingstzeit viele Feriengäste übernachten, sind die Gaben oft reichlich. Es lohnt sich für die Schulkinder" (Müller, Email vom 4.12.19).

Und auch das „Pfingstbaumpfanzen" scheint hier überlebt zu haben: „Jugendliche schlagen Maien (Birken) in der Heide, laden diese auf einen vom Traktor gezogenen Wagen und werfen jeweils eine Birke vor der Gartentüre ab. Am Pfingstsonnabend ziehen dann die Jugendlichen (oft mit einem gezogenen Musikwagen) von Haus zu Haus, singen ‚Pingstboom verdröögt‘, klingeln an der Haustür und erhalten überwie-gend Geld statt Alkohol; oft ist an der Haustür auch ein Briefumschlag mit einen kleinen Geldbetrag deponiert, da sich das Von-Tür-zu-Tür-Ziehen bis Mitternacht hinzieht. Bei Erhalt einer Zuwendung wird der Pingstboom mit Schnüren am Grundstückseingang befestigt" (Müller, Email vom 25.11.2019).

Auch die Tourist-Information Undeloh bestätigt die Tradition bis 2019: „Die Kinder ziehen immer Pfingstsonntag mit dem ‚Pfingstfuchs‘ (das jüngste Schulkind, das mit verbundenem Bein in einem mit Bir-kengrün geschmückten Bollerwagen liegt) von Haustür zu Haustür, Frühlingslieder singen und ein Vers aufsagen. Die Kinder erhalten Geld und Süßigkeiten, die dann aufgeteilt werden. Die Pfingstbäume (junge Birken) werden von jungen Leuten des Dorfes aus dem Wald geholt und bereits am Samstagmorgen im Dorf verteilt und vor dem Haus gepflanzt (angebunden). Damit der gepflanzte Baum nicht vertrocknet, klingeln die jungen Leute an der Tür und machen darauf aufmerksam, dass der Baum begossen werden muss, damit er nicht vertrocknet. Hierbei erhalten die jungen Leute oft auch ‚ein' Geldstück."

2020 kam die Tradition durch massive Kontaktbeschränkungen pandemiebedingt zum Erliegen; der Ort hofft jedoch, dass die Tradition fortgesetzt werden kann (Email Hannelore Petersen vom 28.05.2020).

Pfingstbräuche aktuell – wieso hier und nicht dort?

Wieso sind die Bräuche der Pfingstbüsche und des Pingstbötels/Pingstvoß/Pingstgaws/Pingskalbs bzw. des Pfingstumzuges größtenteils verschwunden? Hat dies mit den vielen Pendlerfamilien zu tun, die ihren Arbeitsmittelpunkt in den Großstädten haben? Oder spielt die Altersstruktur der Bevölkerung eine Rolle?

Im Interview vom 21.11.19 spekuliert Hartmut Matthies darüber, dass sich das ganze Konzept von Kindheit verändert habe. Man sei weniger in Gruppen unterwegs, weniger in Vereinen; das Sozialleben eines Kindes sei heute ein anderes. Die bereits vorhin erwähnte Erklärung, das Wegsterben von Bräuchen habe etwas mit den Zugezogenen der Neubaugebiete zu tun, ist sicherlich ein Faktor, den man nicht unterschätzen sollte. Allerdings deckt sich dies nicht mit der Erfahrung aus Fintel nach dem Krieg, als gerade die Vertriebenen-Kinder und Flüchtlings-Kinder aktiv an dieser Sitte teilhatten und das Brauchtum dort sogar belebten.

Es muss also tatsächlich hauptsächlich etwas mit den Veränderungen der Kindheit zu tun haben. Bräuche verschwinden, wenn sie nicht mehr als sinnstiftend wahrgenommen werden. Dem entsprechend macht das Sammeln von Süßigkeiten für die Kinder heute keinen Sinn. Entweder vor lauter Überfluss, weil das Gesammelte nichts Seltenes oder Besonderes mehr ist, oder aber weil die emotionale Resonanz auch der Erwachsenen sich verändert hat: So mag sich eine alte Großmutter sehr über das Plattdeutsche gefreut haben, neu Zugezogene, Menschen ohne ein rezeptives Verständnis des Plattdeutschen oder die vielen kinderlosen Menschen eher nicht so sehr.

Interessanter scheint die Frage, wieso an Orten wie Undeloh, die touristisch stark frequentiert sind, sich das Brauchtum erhalten hat. Der Ritualforscher würde klar formulieren, dass Rituale dort verschwinden, wo sie nicht mehr als sinnvoll erachtet werden und für die Menschen keinen Mehrwert darstellen; dies müsste also in Undeloh anders sein. Und tatsächlich: In Undeloh scheint das Brauchtum Einheimische, aber auch Touristen und Feriengäste zu entzücken; somit entsteht ein emotionaler Mehrwert für die Jugend, die zum einen dadurch eine große Wertschätzung erfährt, zum anderen hier auch recht viel Beute machen kann.

Literatur

Gerhold, B. (2016) Pfingsten (Auszug aus *Meine Kindheit auf dem Land – Zeitreise in die Nordheide der 50er und 60er Jahre*), Estetaler Heft 5, 41-45.

Kagel, N. (2010) *Chronik der Gemeinde Wenzendorf: Dierstorf, Wennerstorf, Wenzendorf*, Band 67 von Schriften des Freilichtmuseums am Kiekeberg, Rosengarten.

Kegel, G. (1991) *Geschichten und Bilder aus Holm, Seppensen und Holm-Seppensen, zusammengetragen von Gerhard Kegel.* Sonderheft des Geschichts- und Museumsvereins Buchholz und Umgebung (o.O./Selbstverlag).

Kegel, G. (1992) *Pfingstbräuche in der Nordheide – von gekochten Füchsen und gekochten Handwagen, Intelligenz:Blatt* (https://www.gmv-buchholz.de/files/Pfingstbraeuche-in-der-Nordheide_1992.pdf) URL geprüft: 21.11.19

Kück, E. (1906) *Das alte Bauernleben der Lüneburger Heide: Studien zur niedersächsischen Volkskunde*, Leipzig.

Marquardt, W. (o. J) *Pressebericht zum Immenbecker „Pingsbötel-Lied"* (Word-Datei, unveröffentlicht)

Niebuhr, F. (o. J) *Schulchronik der Volksschule Sahrendorf/ Schätzendorf*, unveröffentlicht.

Peters, (2005) Peters, Pingstgaw – ein alter Brauch zu Pfingsten, In: *Nachrichten von Herrmann und Erika 30* , 21-22.

Interview: Burkhard Gerlach, (Telefoninterview am 03.09.19); Heimatverein Tostedt

Interview: Hartmut Matthies, (Telefoninterview am 21.11.2019); GMV Buchholz

Emailantwort: Hartmut Müller, Heimat- und Kulturverein Undeloh und Umgebung e.V., 25.11.2019 an Bettina Braunmüller

Emailnachtrag: Hartmut Müller, Heimat- und Kulturverein Undeloh und Umgebung e.V., 26.11.2019 an Bettina Braunmüller

Emailnachtrag: Hartmut Müller, Heimat- und Kulturverein Undeloh und Umgebung e.V., 4.12.2019 an Bettina Braunmüller

Emailantwort: Hannelore Petersen, Tourist-Information Undeloh, Zur Dorfeiche 27, 21274 Undeloh, 28.05.2020 an Bettina Braunmüller

Interview: Annedore Renck, (Telefoninterview am 02.09.19); Heimatverein Tostedt

Emailnachtrag: Anonyme Quelle über den Heimat- und Verkehrsverein Estetal (hierüber Interview einer anonymen Quelle), 24.11.2019 an Bettina Braunmüller

Emailantwort: Anonyme Quelle über den Heimat- und Verkehrsverein Estetal, 18.11.2019 an Bettina Braunmüller

Wikipedia, Stichwort: „Pfingstbaumpflanzen", https://de.wikipedia. org/wiki/Pfingstbaumpflanzen; URL geprüft am 3.9.19

Mit freundlicher Genehmigung der Interviewpartner.

Bernd Schmelz
Pfingstbräuche in Deutschland.
Kulturanthropologische Perspektiven

Einführung

Die Ausdrücke „Brauch" und „Brauchtum" sind in der heutigen kultur-
wissenschaftlichen Forschung verpönt. Sie gelten als altmodisch, der
Vergangenheit zugehörig. Sie erinnern an „Volkskunde", einen Ausdruck, der gegenwärtig gerne vermieden wird. Dennoch gibt es noch
immer universitäre Institute, wie z.B. an der Universität Kiel, das sich
als Europäische Ethnologie/Volkskunde bezeichnet, oder an der Universität Hamburg, wo es ein Institut für Volkskunde/Kulturanthropologie
gibt. Vor allem gesellschaftspolitisch relevante Themen wie Dekolonia-
lisierung, Diversity und Outreach, Gender oder Rassismus haben sich
in den Vordergrund geschoben.[1] Auch wenn die Beschäftigung mit tra-
ditionellem Brauchtum bei den meisten Politikern in Deutschland kaum
auf Interesse stößt, kann dies jedoch nicht heißen, dass sich Kulturwis-
senschaftler damit gar nicht mehr beschäftigen. Wie hat es Heike Müns
schon 2002 so treffend ausgedrückt:

> Im Zusammenleben von Menschen spielen Bräuche eine wichtige Rol-
> le. Im Zeitalter von Computer und Internet mag dem modernen Städter
> nicht immer bewusst sein, dass er als Mitglied einer langen Traditions-
> kette, als Träger kulturellen Gedächtnisses handelt, wenn er zu Weih-
> nachten Fichte oder Kiefer schmückt, zu Ostern Eier versteckt, Pfing-
> sten das Haus mit ´Maien´, Birkengrün, verschönt oder anlässlich einer
> Beerdigung dunkle Kleidung trägt (Müns 2002: 9).

In diesem Beitrag sollen beispielhaft einige traditionelle Bräuche zu
Pfingsten in Deutschland vorgestellt werden. Wie bei allen religiösen
Festen können solche Traditionen zeitlich sehr lange zurückreichen;
Gepflogenheiten oder Abläufe können sich aber auch erst in jüngster
Vergangenheit etabliert haben. Feste sind grundsätzlich sehr dynamisch

---

[1] Zu den Themen Kolonialismus, Diversity und Outreach aus museologischer
Sicht s. Schmelz 2019: 16-20.

und entwickeln sich stets weiter, auch wenn manche Elemente alter-
tümlich und statisch erscheinen mögen.

Das Schmücken der Häuser und Kirchen mit Zweigen und Blumen,
bestimmte Abläufe innerhalb des Kirchenraumes, Hirtenfeste, Königs-
schießen der Schützengilden, Maifeiern und Umritte gehören zum Teil
zu den religiösen Pfingstfeiern und dienen der Vergegenwärtigung des
Pfingstwunders (Küster 1985: 162-163). Die Farbe Rot ist die Farbe für
das Pfingstfest. Sie steht für die Erneuerung des Lebens, Sonne, Liebe und Freude sowie für das Pfingstfeuer. Andererseits ist sie auch die
Farbe der Grausamkeit und des Märtyrertums. Zum Pfingstgottesdienst
werden Altäre, Wände und Heiligenfiguren in katholischen Kirchen mit
Birken- und Buchenzweigen geschmückt (vgl. Anonym 2004: 11).

Bis in die Mitte des 20. Jahrhunderts war es noch üblich, zu Pfingsten Postkarten mit Pfingstgrüßen zu versenden. Die Darstellungen auf
den Pfingstpostkarten waren: Kirchgang zu Pfingsten, christliche Mo-
tive mit Taube, Engel, Feen, Pfingstausflüge mit Pferdekarren, Pferde-
kutsche, Pfingstochse, Maikäfer und Marienkäfer (vgl. May 2008).

Heischegänge zu Pfingsten haben sich bis in die Gegenwart noch in
den Dörfern rund um den Bussenberg an der oberen Donau erhalten, so
z.B. in Volkersheim, einem Ortsteil von Ehingen. Hier veranstalten die
Pfingstjungen einen Umgang mit dem Latzmann, einer ganz in Stroh
gehüllten Gestalt, der in anderen Orten dem mit pflanzlichem Grün ver-
mummten Pfingstl entspricht. Es handelt sich um einen Heischebrauch,
bei dem auf dem Weg von Haus zu Haus Gaben erbeten, gegeben und
empfangen werden (vgl. Moser 2002: 167-168).

Der Begriff „Pfingstlümmel" findet eine vielfältige Anwendung.
Als „Pfingstlümmel" wird z.B. derjenige bezeichnet, der an Pfing-
sten am längsten schläft. Es kann auch der zweitstärkste Bursche beim
Pfingstritt gemeint sein. Oder auch eine Strohpuppe, die in einer der
Pfingstnächte einer Person heimlich auf den Dachfirst gesetzt wird, um
sie öffentlich für ein Fehlverhalten zu rügen. Varianten von „Pfingstlümmel" sind auch „Pfingstl", „Pfingstbraut", „Pfingstblume" oder
„Pfingstkönigin". Ebenso können diese Begriffe für ganz verschiedene
Brauchfiguren benutzt werden, etwa für die Braut des „Pfingstkönigs",
der wiederum der Sieger beim Pfingstrennen sein kann, oder für den
tugendsamsten Jungen des Ortes. Unter der „Pfingstbraut" versteht man

auch ein junges, wie eine Braut mit Schleier und Kränzlein verkleidetes Mädchen, das von einer Schar Brautjungfern oder anderem Brautgefolge beim Heischen begleitet wird (nach Sammer 2001: 124-125).

Der Pfingstritt in Bad Kötzting, Bayrischer Wald (Landkreis Cham)

An Pfingsten wird in Kötzting im Bayrischen Wald der Pfingstritt abgehalten. Es handelt sich um eine Reiterprozession mit vielen hundert Beteiligten. Man sieht geschmückte Pferde: vom eleganten Reitpferd bis zum Ackergaul. Den Reiterzug führt der Kreuzträger an. Das Kreuz, das er in der Hand hält, trägt die Aufschrift „Jesus von Nazareth – ein König der Juden". Ihm folgen auf Pferden weitere Würdenträger und der „Herr Kooperator", begleitet von Ministranten. Dahinter schließt sich die lange Reihe der Pfingstreiter an, immer zu zweit oder zu dritt nebeneinander. Sie reiten in die Stadt hinaus auf die Felder und zur Nikolauskirche in Steinbühl, wo die Messe stattfindet. Dort gedenkt man besonders der Pferdepatronen, des Heiligen Wendelin und des Heiligen Leonhards. Unterwegs werden an vier Stationskreuzen die Anfänge der Evangelien gelesen. Nachmittags geht es zurück in die Stadt, wo auf dem Hauptplatz der „Pfingstbräutigam" geehrt wird, der mit seiner „Pfingstbraut" die „Pfingsthochzeit" feiert. Diese endet in einem festlichen „Hochzeitsessen". Die einstmals so beliebten Reiterspiele, meistens am Pfingstmontag, verloren sich seit Beginn der Industrialisierung immer mehr, weil an vielen Orten eine Pferdehaltung größeren Umfangs nicht mehr möglich war (vgl. Moser 2002: 172). Schon Wochen vor dem Pfingstmontag beginnen die Vorbereitungen zur großen Reiterwallfahrt. Die Trachten werden aus den Schränken geholt, auf Vollständigkeit und ihren Zustand überprüft; Frauen und Mädchen fertigen kleine Papierrosen, die den Pferden in Mähne und Schweif eingeflochten werden. Die Reiter bringen Sattel und Zaumzeug auf Hochglanz (nach Krämer 1994: 4).

Entstehungsgeschichte

Die Entstehung des Kötztlinger Pfingstrittes liegt im Dunkeln und es gibt mehrere Deutungen für einen möglichen Ursprung. Zu den ersten Quellen und Belegen gehören Marktrechnungen Kötztings aus dem 17. Jahrhundert. Sie bestätigen eine Reiterprozession von Kötzting nach Steinbühl, das Mitführen des Allerheiligsten, welches von Bürgerssöhnen und Knechten begleitet wird, sowie das Einbinden der vier Evangelien (nach Krämer 1994: 10).

Einer bedeutenden Legende nach soll 1412 der Kötztinger Pfarrherr in den späten Abendstunden zu einem sterbenden Bauern in Steinbühl gerufen worden sein. Junge Männer aus Kötzting hätten dem Geistlichen das schützende Geleit gegeben. Auf dem Heimweg durch die tiefen Wälder seien der Pater und seine Begleiter von Straßenräubern überfallen worden. In das Gebet um Rettung habe der Geistliche das Gelöbnis einer alljährlichen Wallfahrt nach Steinbühl eingeschlossen. Der Pfarrer und das Allerheiligste, so erzählt die Legende, seien dank der tapferen Jünglinge glücklich bewahrt worden. Dem tapfersten der Burschen soll der Errettete nachher das Kränzlein, das sich wie heute noch am Fronleichnamstag um den Behälter der Heiligen Hostie schlingt, überreicht haben. Noch in der Gegenwart stellt die Überreichung des „Pfingstkränzleins" an einen von Stadtrat und Pfarrer erwählten „ehr- und tugendsamen Bürgersohn", den Pfingstbräutigam, einen Höhepunkt des Ablaufs des Pfingstritts dar (nach Krämer 1994: 5-6).[2]

Ablauf

In den frühen Morgenstunden des Pfingstmontags kommen die Bauern von den weit abgelegenen Einöden und Berghöfen auf oft stundenlangem Weg zur Pfingstrittstadt. Herausragend ist der festliche Schmuck der Pferde. Zierliche Rosenketten haben die Pfingstreiter ihren Pferden um den Hals gehängt, Spitzennetze um die Ohren gezogen und buntes

---

[2]   Zur Genese der Legende zum Pfingstritt in Kötzting siehe Baumann 2013: 25-27. Zumeist geht man von dem Entstehungsjahr 1412 aus. Die älteste Schriftquelle befindet sich im Staatsarchiv Landshut. Sie findet sich im Rechnungsbuch des Landgerichts Kötzting vom Jahr 1590 (vgl. Baumann 2013: 25-27).

Bänderwerk in Schweif und Mähne eingeflochten. Beim Weckruf um 5 Uhr früh holen Blasmusik spielende Kapellen und der Spielmannszug der Freiwilligen Feuerwehr Kötzting die Bewohner der Stadt und die vielen Gäste aus dem Bett. Um 8 Uhr beginnen die Hufe unzähliger Pferde über die Marktstraße zu klappern, unter dem Geläut aller Kirchenglocken bei Böllerschüssen sowie in Begleitung der Festkapelle und der Trommlergruppe des Spielmannszuges. An der Spitze dieser Männerwallfahrt zu Pferd reiten der Kreuzträger, zwei Träger der buntverglasten Wallfahrtslaternen, zwei Fanfarenbläser, der Geistliche Offiziator mit Messdienern, der Pfingstbräutigam und seine beiden Brautführer, der Träger der Stadtfahne (Pfingstbräutigam des Vorjahres) und die beiden Begleiter sowie die Abordnung der Burschenschaft. Es folgen Bürger und Bauern hinter der Landfahne. Endlos lang erscheint der Zug der betenden Reiter (1985 wurden 625 Reiter gezählt). Die Männer, Jugendliche und schon Jungen tragen ihr Leinenhemd unter der mit Silbertalern geschmückten Samtweste, darüber dunkelblaue oder schwarze Jacken. Grüne Fichtenzweige, gold- und silberfaden durchwirkte Lärchenzweige zieren die breitkrempigen Bauernhüte. Nur wenige Pfingstreiter tragen keine Kopfbedeckung. Um den Hals werden seidene Tücher gewunden oder als „Krawatten" gebunden. So reiten sie, betend und singend, vorbei an den vier Evangelienstätten, zur Wallfahrtskirche St. Nikolaus (nach Krämer 1994: 13-17).

Während sich die Reiterprozession auf ihrem sieben Kilometer langen Weg durch das Zellertal wallfahrend fortbewegt, versammelt sich das Volk aus nah und fern in Kötztling um 9:00 Uhr zur feierlichen Feldmesse vor St. Veit. Eineinhalb Stunden sind die Pfingstreiter unterwegs. In Steinbühl steigt alles aus dem Sattel, um dort der Reitermesse beizuwohnen, die obligatorisch der Geistliche Offiziator zelebriert. Die Rosse werden auf Ställe und Scheunen verteilt oder müssen an der Kirche, wo sie im Schatten großer Linden stehen, verschnaufen. Die Reiter formulieren derweil in den Fürbitten zu den Rossheiligen Nikolaus, Wendelin und Leonhard all ihre Sorgen um die Pferde und die Felder, um Wachstum, Ernte und Wohlstand (nach Krämer 1994: 20-23).

Um 13 Uhr läuten in Kötzting wieder die Glocken: Die hohe Geistlichkeit, das Pfingstrittkomitee, Ehrengäste, Behördenvertreter, Stadt- und Kirchenräte, die örtlichen Vereine mit ihren Fahnenabordnungen erwarten die zurückkehrenden Reiter in der Herrenstraße. Böllerschüsse, Glockengeläut und Reiterfanfaren kündigen die glückliche Heimkehr an. Tausende säumen den Weg dieses festlichen Zuges, dem die Kreuzträger und die beiden Laternenträger voranreiten. Anschließend findet der Festakt vor der Veitskirche statt. Die Ansprache hält der Geistliche Offiziator, bei der die Überreichung des Kränzleins an den Pfingstbräutigam und die Auszeichnung langjähriger Ritteilnehmer stattfindet. Am Marienbrunnen warten die beiden Pfingstbräute, die diesjährige und die des Vorjahres. Außerhalb des freien Platzes halten sich der Pfingstbräutigam hoch zu Ross und die zur Auszeichnung vorgesehenen Reiter zum Abruf durch den Geistlichen Offiziator bereit (nach Krämer 1994: 26-30).

Bei der Kränzchenüberreichung bindet der Geistliche Offiziator das von Mallersdorfer Schwestern gefertigte Kränzlein aus Golddraht, Kunstperlen und bunten Steinchen sowie das dazugehörige Armsträußlein vom Brustkreuz los und legt es in das vom Pfingstbräutigam bereitgehaltene Seidentüchlein. Dieses war ihm kurz vorher von der Pfingstbraut überreicht worden. Der Pfingstbräutigam nimmt die Auszeichnung von Pferd zu Pferd in Empfang mit der altüberlieferten Formulierung: „Ich danke für die Ehre und die Auszeichnung!" Die Überreichung des Kränzleins an den Pfingstbräutigam gilt als Übergang von der Reiterprozession als kirchlich-religiöse Handlung zum weltlichen Ehrenfest (nach Krämer 1994: 30-32).

Der Pfingstbräutigam hat das Recht und die Pflicht zur Feier der Pfingsthochzeit. Dazu wählt er ein Mädchen als Pfingstbraut und zwei Brautführer aus. Sie sind die ständigen Begleiter des Pfingstbräutigams und des Pfingstbrautpaares. Er verpflichtet sich der Stadt gegenüber, im folgenden Jahr die Stadtfahne beim Pfingstamt mitzuführen. Die Pfingstbraut nimmt als Auserwählte an den festlichen Aufzügen und an der Pfingsthochzeit teil. Außerdem beteiligt sie sich an der Feldmesse in Kötzting und an den Fronleichnamsprozessionen des laufenden und des folgenden Jahres. Wie der Pfingstbräutigam muss auch die Pfingstbraut ledig, unbescholten und katholisch sein. Auch sie übernimmt mit dieser hohen Ehre zahlreiche Verpflichtungen (nach Krämer 1994: 34-36).

Der Pfingstritt von Kötzing, seit Dezember 2005 Bad Kötzting, hat eine lange Tradition und ist in hohem Maße mit der kulturellen

Identität seiner Bewohner verbunden. Mittlerweile sollen es über 900 Pferde sein, die an der Wallfahrt teilnehmen. Der Pfingstritt 2020 und das geplante Festprogramm sind der Corona-Krise zum Opfer gefallen. Am 16. April 2020 hatte der bayerische Ministerpräsident Markus Söder verkündet, dass bis 31. August keine Großveranstaltungen durchgeführt werden dürfen (www.bad-koetzting.de; zuletzt abgelesen am 20.8.2020). Stattdessen wurde das Gelöbnis aus dem Jahr 1412 erneuert. Um keine Zuschauer anzulocken und damit einer Ansteckungsgefahr auszusetzen, wurden Tag und Uhrzeit vorab nicht bekannt gegeben. Nach vollzogenem Akt wurden am 24. Mai 2020 die Glocken der Kirchen in Bad Kötzting und in Steinbühl eine Stunde lang geläutet. Damit wies man auf den Vollzug der Erneuerung des Versprechens aus dem Jahr 1412 hin. Der Kaplan von Bad Kötzting, ein Kreuzträger und ein weiterer Reiter hatten diese Zeremonie durchgeführt (Rudolf Heinz, Bad Kötzting: Pfingstritt-Gelöbnis erneuert, BR 24. www.br.de; zuletzt abgelesen am 20.8.2020).

Die weitere Entwicklung der Corona-Krise und der daraus folgenden Konsequenzen in Hinblick auf Großveranstaltungen ist beim Verfassen dieses Artikels im August 2020 noch nicht abzusehen. Man kann jedoch sicher sein, dass diese in der Bevölkerung tief verwurzelte Tradition weiterleben wird. Wichtig erscheint mir, bei nächster Gelegenheit eine gründliche ethnografische Feldforschung in Bad Kötzting und in Steinbühl durchzuführen, um den aktuellen Ablauf und die gegenwärtige Bedeutung des dortigen Pfingstfestes zu erfassen.

Pfingstmarkt in Neukloster, Buxtehude (Landkreis Stade)

Ein in Norddeutschland sehr bekannter Pfingstmarkt findet in Neukloster, Buxtehude, im Landkreis Stade statt. Die Anfänge des Pfingstmarktes liegen im 19. Jahrhundert und sind in Hedendorf, heute ein Stadtteil von Buxtehude, zu suchen. Bei der dortigen Gastwirtschaft „Walhalla" wurde bereits Mitte des 19. Jahrhunderts regelmäßig das Pfingstfest gefeiert. Auf dem geräumigen Vorplatz der Gaststätte fanden sich auch Schausteller. Dieser kleine Markt zog Besucher aus Marsch und Geest an, die sich sonntags zu Fuß nach Hedendorf aufmachten, um dort das Pfingstfest zu feiern. Da der Anlass Gelegenheit zu ausgedehnten Familientreffen bot, wurden viele Hochzeiten und Taufen auf diesen Tag gelegt.

Als Begründerin des Pfingstmarktes in Neukloster gilt Margarete Lühmann (1835-1918), geborene Rathjen. Um die Haushaltskasse aufzubessern, holte sich Frau Lühmann jeden Tag aus Buxtehude Kaffeebrot, Zwieback und Kuchen, den sie im Haus-zu-Haus-Verkauf in Neukloster anbot. Ihr Geschäft blühte vor allem an den Sonn- und Feiertagen vor der Gastwirtschaft Waldlust, die bereits zum Ende des 19. Jahrhunderts an die 1000 auswärtige Gäste in einem Kaffeegarten bewirten konnte. Margarete Lühmann stellte nach Übereinkunft mit Gastwirt Dammann vor der Gaststätte einen kleinen Stand auf, in dem sie ihren Kuchen anbot. Das war in den Jahren 1877/1878. Die Idee fand bald ihre Nachahmer; und so wuchs die Zahl der kleinen Buden stetig, bis auch das erste Karussell dort aufgebaut wurde. So entstand aus dem Kuchenverkauf der Margarete Lühmann allmählich der Neukloster Pfingstmarkt (vgl. Ortschaft Neukloster der Stadt Buxtehude (Hg.) 1986: 202-203; vgl. Anonym 2002: 9-10; vgl. Stephan et al. 2015: 61; vgl. Fuhst 2017: 96).

Mit dem Bau der Eisenbahn durch Neukloster kam es ab 1881 für den Pfingstmarkt zu einem weiteren Auftrieb. Nun konnten nicht nur Besucher aus dem Umland, sondern auch Gäste von weiter her auf schnelle und bequeme Weise nach Neukloster reisen. Von Hamburg aus wurden sogar Sonderzüge eingesetzt, in denen bis zu 1200 Hanseaten saßen, die nach Ankunft auf dem Bahnhof mit Musik zur Waldlust marschierten. Die ersten, von Pferden oder sogar Kindern getriebenen Karussells wurden um die Jahrhundertwende von motorgetriebenen Karussells verdrängt. Damals kamen neue Attraktionen hinzu, ein „Hau den Lukas", eine Würfelbude und ein von Pferden gezogenes Karussell. 1904 zählte das Pfingstfest an zwei Tagen bereits mehr als 10.000 Besucher. In den Jahren danach kamen immer neue Buden und Fahrgeschäfte hinzu: ein Hippodrom, eine Luftschaukel und ein sogenannter Schwanenflieger, ein Kettenkarussell, an dem vier Gondeln hingen. Die Zahl der Schausteller wuchs, und der Platz vor der Waldlust wurde allmählich zu klein. Bis nach dem Ende des Ersten Weltkrieges waren es hauptsächlich die Tanzlokale in Neukloster, die die Attraktivität des

Marktes ausmachten, denn für größere Fahrbetriebe fehlte der Platz, da der heutige Festplatz zu dieser Zeit Forstbetrieb war und mit seinem Baumbestand bis unmittelbar an die heutige Bundesstraße heranreichte. Infolgedessen konnten nur Plätze für kleinere Geschäfte ausgewiesen werden. In den 1920er Jahren begann langsam die Motorisierung des Pfingstmarktes (vgl. Ortschaft Neukloster der Stadt Buxtehude (Hg.) 1986: 203-204; Anonym 2002: 10; Stephan et al. 2015: 61).

Der heutige Festplatz entstand als Folge des Großfeuers von 1925. Um die bisher eng beieinanderliegenden Hofstellen aufzulockern, stellte die Regierung größere Forstflächen zur Verfügung, die von den Ausgebrannten erworben werden konnten. Im Zuge dieser Umordnung und Lichtung der Forstbestände um Neukloster wurde gegenüber der Waldlust, die ebenfalls den Flammen zum Opfer gefallen war, ein größeres Waldstück gerodet und als neuer Pfingstfestplatz eingerichtet. Eingeebnet wurde der Platz in den Jahren 1935/1936, als durch den Bau der Umgehungsstraße überschüssiger Boden frei geworden war, mit dessen Hilfe der recht unebene Platz planiert werden konnte (nach Ortschaft Neukloster der Stadt Buxtehude (Hg.) 1986: 204).

Sogar im Zweiten Weltkrieg lief der Pfingstmarkt auf Sparflamme weiter. Und nach dem Krieg fing es 1947 wieder ganz klein an. Da zunächst Gewehre verboten waren, wurde auf dem Pfingstmarkt stattdessen mit Armbrust geschossen. Auch kulinarisch mussten in der Nachkriegszeit Abstriche gemacht werden. Es gab nur Fischwurst. Richtig in Fahrt kam das Fest erst wieder ab 1949 nach der Währungsreform. Damals waren die Boxerbude und die Schlittenbahn die Publikumsmagnete. Die Schausteller reisten schon Wochen vor dem Fest an, ihre Kinder gingen mit den Kindern aus Neukloster zur Schule. Die Schausteller stellten ihre Pferde und Wagen auf den Bauernhöfen ab, eine Tradition, die sich bis heute mit modernen Fortbewegungsmitteln erhalten hat (nach Anonym 2002: 10-11).

Eigentümer des Festplatzes waren zunächst der Forstfiskus und die Gemeinde Neukloster. 1953 erwarb die Gemeinde den forstlichen Anteil und verbesserte in den folgenden Jahren die Versorgung des Platzes mit Strom durch Erstellung eines Transformators und Verlegung eines Erdkabels. Gepflastert wurde der Pfingstmarktplatz nach der Eingemeindung durch die Stadt Buxtehude 1972. Die jährliche Besucherzahl hat sich bis

1972 auf mehr als 120.000 erhöht, ein Beweis für die weit über den regionalen Bereich hinausgehende Zugkraft des Festes (vgl. Ortschaft Neukloster der Stadt Buxtehude (Hg.) 1986: 204; Fuhst 2017: 96).[3]

Nach der Eingemeindung von Neukloster: Privatisierung des Pfingstmarktes

Bei der Eingemeindung des Ortes Neukloster in die Stadt Buxtehude im Jahr 1972 wurde der Pfingstmarktbetrieb gleichzeitig privatisiert. Mit den Mitgliedern des alten Gemeinderates wurde der Heimatverein Neukloster e.V. gegründet, der von nun an den Markt in eigener Regie übernahm. Geplant und vorbereitet wird die Veranstaltung vom Pfingstmarktausschuss des Heimatvereins. Der Ausschuss teilt den Schaustellern, die sich beworben haben, die Stellplätze zu und erhebt auch die seit Beginn dieses Jahrhunderts geforderten Standgelder. Die Schausteller können aus alter Tradition ihre Wagen und Gerätschaften auf den Hofplätzen der Bürger von Neukloster abstellen. Der Aufbau der Buden und der Fahrgeschäfte wird vom Pfingstmarktausschuss in Zusammenarbeit mit der Polizei und Beamten der Bauaufsicht, die auch für die Sicherheit der Betriebe zuständig sind, überwacht. Der Markt beginnt seit 1960 am Pfingstsamstag um 16 Uhr. Seit den 1970er Jahren strömen jährlich zwischen 110.000 und 140.000 Menschen zum Pfingstmarkt (nach Ortschaft Neukloster der Stadt Buxtehude (Hg.) 1986: 205-206).

Eine Besonderheit des Pfingstfestes in Neukloster ist der Marktgottesdienst am Pfingstmontag, der seit 1977 gefeiert wird. Der Pastor von Neukloster hält jedes Jahr im großen Festzelt diesen Gottesdienst, bei dem es zur Tradition geworden ist, dass Schausteller ihre Kinder taufen

---

[3] Im Juni 2019 fanden sich im Stadtarchiv Buxtehude zum Pfingstmarkt in Neukloster folgende Akten: (1) Aktz: 16.8.1977; 1964-1965; Neukloster Nr. 71: Bewerbungen um Stellplätze für den Pfingstmarkt 1965. (2) Akz. 13.7.1977; 1964-1969; Neukloster Nr. 72: Pfingstmärkte 1965 und 1969. (3) 230/1998 K4-39; Verkauf des Verkaufs-Pavillons mit öffentlicher WC-Anlage an den Heimatverein Neukloster; Pfingstmarktplatz: Imbi, 3, Parkanlage; BU. 1988-1994. (4) 230/2001-43; Bu. 1974-1977; Bebaute Grundstücke Pfingstmarktplatz Neukloster. (5) Akz. 13.7.1977; Neukloster Nr. 73; 1966-1967; Pfingstmarkt 1967; Pfingsten 1967. Für das Heraussuchen der Akten bedanke ich mich ganz herzlich bei der Stadtarchivarin Eva Drechsler und ihrer Mitarbeiterin Laura Holst.

lassen. 1977 feierte man das einhundertjährige Bestehen des Marktes. Der Gottesdienst am Pfingstmontag im Festzelt geht auf die Initiative von Pastor Simanowski zurück (1976 bis 1981) (vgl. Ortschaft Neukloster der Stadt Buxtehude (Hg.) 1986: 206; Fuhst 2017: 96).

Der Pfingstmarkt in der Gegenwart

Der Pfingstmarkt ist jedes Jahr der Höhepunkt im Stadtteil Neukloster in Buxtehude. Die B73 wird ein Wochenende gesperrt und anstelle der Autos bewegen sich die Pfingstmarktbesucher auf den Straßen. Schon in den Wochen davor kann man auf den Höfen in und rund um Neukloster Wohn- und Packwagen stehen sehen. Durch die große Toleranz der Mitbürger innerhalb von Neukloster, die eine Menge Unannehmlichkeiten während der Pfingsttage zu verkraften haben, ist es möglich, ein so großes Ereignis stattfinden zu lassen. Immerhin kommen an den drei Markttagen bis zu 100.000 Besucher aus Nah und Fern nach Neukloster. Es sind viele Sitzungen notwendig, damit der Pfingstmarkt Jahr für Jahr wieder ein Erfolg wird. Der Pfingstmarkt beginnt traditionell mit der Eröffnungsfeier am Samstagnachmittag im großen Festzelt, bei der viele Reden gehalten werden. Der eigentliche Start für den Markt ist der Bierfassanstich, der um 15:00 Uhr erfolgt (Eigene Beobachtung).

Der Heimatverein und seine geladenen Gäste starten nun mit dem traditionellen Marktrundgang. Es werden Ausschanklokale, Imbisse und auch die Fahrgeschäfte angelaufen. Ziemlich schnell füllt sich der Pfingstmarkt mit Besuchern. Die Marktbeschicker versuchen mit markanten Sprüchen, aktueller Musik und der Aufmachung ihrer Geschäfte die Besucher anzulocken. Während tagsüber hauptsächlich Familien auf dem Markt zu finden sind, wechselt je später der Abend das Publikum. Es wird bis spät in die Nacht gefeiert, zum Teil bis zum Morgen danach. Am Pfingstmontag beginnt der Markt mit einem Pfingstgottesdienst im Festzelt. Die ortsansässige Pastorin feiert dann gemeinsam mit dem Schaustellerpastor und der Gemeinde den Gottesdienst. Wenn dieser gegen 11:00 Uhr vorbei ist, beginnt der letzte Markttag. Gegen 23:00 Uhr schließt der Markt und die Marktbeschicker fangen mit dem Abbau an. Schon am nächsten Tag sind die meisten Schausteller wieder

weg und der Alltag kehrt nach Neukloster zurück (nach www.heimat-
verein-neukloster.de; abgelesen am 04.04.2019).

Bilanz der Polizei 2015

Das Wochenblatt berichtete 2015 über die Bilanz der Polizei nach dem
Pfingstmarkt: 60 Polizeibeamte sorgten am Pfingstmarkt-Wochenende
für die Sicherheit. Außerdem waren 25 ehrenamtliche Kräfte vom DRK
im Einsatz. In der Bilanz stehen unter anderem 17 Ermittlungsver-
fahren wegen Körperverletzungen. Als erfreulich wurde empfunden,
dass es kaum Verstöße gegen das Jugendschutzgesetz gab. Insgesamt
wurden 100 Jugendliche kontrolliert. Eine Bollerwagentour mit 300
überwiegend jugendlichen Teilnehmern von Apensen nach Neukloster
verlief ohne Zwischenfälle. Weitere Delikte, mit denen sich die Polizei befassen musste: Einen Einbruch in einen Schaustellerwagen, eine
nichtbezahlte Taxifahrt sowie einen Verstoß gegen das Betäubungsmittelgesetz. 15 Pfingstmarktbesucher kamen nach Verletzungen oder nach
reichlich Alkohol-Genuss ins Krankenhaus (nach Kreib 2015).

Pfingstmarkt in Neukloster 2018

In jenem Jahr fand der 141. Pfingstmarkt statt. Der Pfingstmarkt von
Neukloster galt auch in jenem Jahr als eines der größten Volksfeste
im Norden. Bei bestem Wetter kamen ca. 110.000 Besucherinnen und
Besucher auf das überregional bekannte Fest. Die Bundesstraße 73 in
Neukloster war während des Pfingstmarktes wieder voll gesperrt. Insgesamt wurden über 50 Beamte aus allen Dienststellen der Polizei im
Landkreis Stade sowie die Hundeführer der Polizeidirektion Lüneburg
auf dem Pfingstmarkt eingesetzt. Außerdem war eine Vielzahl an eh-
renamtlichen Helferinnen und Helfern vom Deutschen Roten Kreuz
und dem Technischen Hilfswerk vor Ort. Der Bahnhof Neukloster war
mit Beamten der Bundespolizei und zusätzlicher Bahnsicherheit besetzt
(Eigene Beobachtung, Buxtehude 2018).

Am Samstag und Sonntag unternahmen überwiegend Heranwachsende und Jugendliche aus den Ortschaften Apensen (Samstag, ca. 600

Personen) und Jork (Sonntag, ca. 50 Personen) eine Bollerwagentour zum Pfingstmarkt. Da es in der Vergangenheit zu Fehlverhalten und Straftaten gekommen war, wurden beide Touren polizeilich begleitet. Beide Bollerwagentouren verliefen, anders als in den vergangenen Jahren, ohne besondere Vorkommnisse. Auf dem Festgelände und bei den Bollerwagentouren wurden Jugendschutzkontrollen durch das Fachkommissariat für Jugendsachen der Polizeiinspektion Stade und dem Kriminal- und Ermittlungsdienst des Polizeikommissariats Buxtehude durchgeführt. Ca. 160 Jugendliche und Heranwachsende wurden kontrolliert. Dabei wurde ein Platzverweis ausgesprochen sowie fünf Flaschen Alkohol und sechs Schachteln Zigaretten noch vor Ort vernichtet, weil entsprechende Jugendschutzbestimmungen nicht eingehalten worden waren. Gegen zwei Minderjährige musste ein Strafverfahren wegen des Verstoßes gegen das Betäubungsmittelgesetz eingeleitet werden. Fazit: „Insgesamt blickt die Polizei und der Rettungsdienst auf ein gut besuchtes aber überwiegend friedliches Pfingstmarktfest zurück" (nach www.presseportal.de/blaulicht. POL-STD: Pfingstmarkt 2018 in Buxtehude-Neukloster – Resümee von Polizei und Rettungsdienst, 22.05.2018. Abgelesen am 29.04.2019).

Pfingstmarkt 2019

2019 wurden 100.000 Besucher auf dem Pfingstmarkt geschätzt. Es war hervorragendes Wetter, der Andrang war groß, Organisatoren und Schausteller waren zufrieden. Am Samstag, 8. Juni um 15 Uhr wurde der Pfingstmarkt von Stefan Babis, dem Geschäftsführer der Stadtwerke Buxtehude, mit dem traditionellen Fassanstich im großen Bayernzelt offiziell eröffnet. Es schloss sich der traditionelle Rundgang mit geladenen Gästen aus Politik und Wirtschaft und Mitgliedern des Heimatvereins an. Am Pfingstmontag gab es wieder den traditionellen Gottesdienst im Bayern-Zelt, der vom Schausteller-Pastor Friedrich Brandi und Pastorin Eva Gotthold abgehalten wurde (nach Felsch/ Richter 2019: 14; eigene Beobachtung Buxtehude 2019).

2020: Die Corona-Krise

Aufgrund des ab Januar 2020 auch in Deutschland aufgetretenen Corona-Virus, das die Atemwegserkrankung COVID-19 verursacht und zahlreiche staatliche Eingriffe nach sich zog, wurde in Buxtehude nicht nur der Pfingstmarkt in Neukloster, sondern unter anderem auch das Stadtfest, die Schützenfeste in Buxtehude und das Weinfest abgesagt (vgl. www.buxtehude.de; zuletzt abgelesen am 20.08.2020). Ein herber Schlag für die traditionell feierfreudigen Bewohner von Buxtehude und die vielen Gäste aus Nah und Fern. Ganz zu schweigen für die Gastronomie, den Einzelhandel und die vielen Standbetreiber und Schausteller.

Für die Bewohner der Stadtteile Neukloster und Hedendorf sind die Besuche auf dem Pfingstmarkt ein absolutes Muss. Hausbewohner, die für die Schausteller und Marktbeschicker ihr Grundstück für das Abstellen der Autos, Wohnwagen, Lastwagen oder Anhänger zur Verfügung stellen, erhalten als Dankeschön für sich und ihre Familien großzügig Freikarten für die jeweiligen Fahrgeschäfte oder sonstigen Buden. Auf dem Markt trifft man immer Freunde, Verwandte, Kollegen und Bekannte. Es ist Gelegenheit zu einem Plausch und gemeinsam ein Bier zu trinken. An den Nachmittagen sind zumeist Familien mit Kindern anzutreffen. Am Abend dann eher Erwachsene. Viele Jugendliche nutzen den Markt als Ausgehmöglichkeit, um Freunde zu treffen. Der Pfingstmarkt ist für die lokale kulturelle Identität der Bewohner von großer Bedeutung.

Einen Pfingstmarkt gibt es in Deutschland nicht nur in Neukloster, Buxtehude. Ein weiterer sehr bekannter und mit einer langen Tradition ist der Pfingstmarkt in Rostock. Er gilt als das älteste Volksfest der Stadt. Seit 1390 wird er als Verkaufsmesse der Hansestädte jährlich acht Tage vom Pfingstsonntag, später vom 2. Pfingsttag an, abgehalten. Der Doppelcharakter des Pfingstmarktes als Handels- und Vergnügungsplatz wurde schon in der Mitte des 19. Jahrhunderts hervorgehoben. In der Gegenwart beginnt der Pfingstmarkt in Rostock immer am Freitag vor Pfingsten und geht bis Pfingstmontag (vgl. Müns 2002: 113-119).

Pfingstwagentour, Jork, Altes Land (Landkreis Stade)

Mit dem Entstehen des Pfingstmarkts in Neukloster ist im 19. Jahrhundert im benachbarten Alten Land (unter anderem in den Gemeinden Jork, Lühe, Rübke, Neuenfelde, Cranz) ein Brauch entstanden, der in direktem Zusammenhang mit dem Fest in Neukloster steht. Früher fuhren die Altländer mit Pferden und Wagen nach Neukloster, um sich dort auf dem Markt zu vergnügen. Später wurden daraus Traktoren mit Anhänger, auf denen das fröhliche Volk um einen Würstchengrill saß, kräftig frühstückte, mit fester und meist auch flüssiger Nahrung. Schon beim Schmücken der Trecker und Anhänger mit Birkengrün ging es fröhlich zu. Ganze Dorfgemeinschaften kamen bei dieser Gelegenheit zusammen. Am Pfingstsonntag starteten die Gespanne in aller Frühe, meist gegen 6 Uhr, von den Höfen und fuhren zu den Sammelpunkten im Alten Land. Mehr als 40 Wagengespanne kamen aus Hove, Estebrügge, Neuenfelde, Rübke, Jork, Borstel, Hollern, Twielenfleth, Grünendeich, Mittelnkirchen, Neuenkirchen, Steinkirchen, Ladekop und Königreich zusammen. Im Konvoi ging es auf den geschmückten Anhängern, oft als improvisierte Festzelte, in bester Feierlaune nach Neukloster. In den Jahren vor 2010 fuhren immer rund 400 Personen im Alter von 16 bis 60 Jahren mit dem Pfingstwagentreck nach Neukloster (nach Lorenz 2011).

Am Pfingstsonntag 2010 kam es auf dem Kreisel in Jork zu einem tragischen Unfall: Ein Treckergespann war umgekippt. Gegen den 39 jährigen Fahrer wurde wegen fahrlässiger Körperverletzung ermittelt. Die Polizei stellte damals fest, dass dieser keinen Alkohol getrunken hatte und die jungen Leute offenbar nicht ganz unschuldig an dem Unfall gewesen waren. Der Wagen hätte sich durch die Ehrenrunde im Kreisel aufgeschaukelt. Die Zahl der Schwerverletzten wurde mit drei angegeben. Ein Jugendlicher musste am Jochbein operiert werden. Die Polizei kündigte an, im darauf folgenden Jahr Pfingstwagen ohne Genehmigung aus dem Verkehr zu ziehen. 2010 wurden 53 Treckergespanne, überwiegend aus dem Alten Land, auf dem Pfingstmarkt in Neukloster gezählt. Mehr als 500 junge Leute waren so zum Fest gezogen. Aufgrund des Vorfalls wurden Forderungen nach einer Abstimmung mit den Verkehrsbehörden der Stadt Buxtehude und des Landkreises Stade laut (nach Anonym 2010 a).

Um den Brauch zu retten, schaltete sich der damalige Jorker Bürgermeister Rolf Lühmann ein. Er rief zu einem Treffen der Pfingstmarkt-Gruppen auf. Die Staatsanwaltschaft hatte inzwischen das Verfahren wegen Körperverletzung gegen den Fahrer eingestellt. Die Feiernden hatten zum Umkippen des Wagens wesentlich beigetragen. In Zukunft sollten alle nicht genehmigten Gespanne aus dem Verkehr gezogen werden. Die einzige Ausnahme hätte sein können, wenn die Straßenbehörde die Fahrt als „Brauchtumsveranstaltung" wie bei Erntedankfest-Umzügen genehmigt (nach Anonym 2010 b).

Am 22. Februar 2011 wurde der Verein Pfingstwagentour e.V. gegründet. Ziel war es, eine alte Tradition im Alten Land aufrecht zu erhalten. Die Pfingsttour sollte ursprünglich wegen des Unfalls in Jork 2010 behördlicherseits untersagt werden. Nur mit diesem Verein glaubte man, alle Verantwortlichen überzeugen zu können, die Pfingsttour auch 2011 und die folgenden Jahre durchzuführen (nach www.pfingstwagentour-ev.de; abgelesen am 08.04.2019).

Am 8. April 2011 berichtete Kerstin Lorenz im Hamburger Abendblatt, dass die Polizei und die Kreisverwaltung wieder Abstand vom Verbot der Pfingstwagentouren genommen hätten (vgl. Lorenz 2011). Dies war offensichtlich vor allem dem Engagement der Mitglieder des neu gegründeten Vereins Pfingstwagentour e.V. zu verdanken. Die zukünftigen Auflagen betrafen die Sicherheit der Wagen. Diese sollten nun vor der Abfahrt auf Sicherheit überprüft werden. Auf jedem Hänger muss ein Vereinsmitglied mitfahren. Die Auflagen schrieben unter anderem vor, dass jeder Hänger eine 1,25 Meter hohe Brüstung und fest installierte Sitze haben muss. Zudem dürfen die Gespanne nicht schneller als Schrittgeschwindigkeit mit sechs Kilometern pro Stunde fahren. Es wurde geplant, von nur drei Sammelpunkten aus, nämlich von Hove, vom ehemaligen Pionierplatz in Grünendeich und vom Jorker Gewerbegebiet Ostfeld, nach Neukloster zu fahren. Dorthin müssten alle kommen, die an den Touren teilnehmen wollten. Von den Altländer Orten aus sollten die Wagen leer anfahren (nach Lorenz 2011).

Bis 2013 kamen bei schönem Wetter am Pfingstsonntag immerhin noch bis zu 45 geschmückte Treckergespanne nach Neukloster. Traditionell wurden sie hier in Ötting's Gasthaus von der Jorker Blaskapelle begrüßt. Die von Jahr zu Jahr erhöhten Behördenauflagen konnten die Teilnehmer zuletzt nicht mehr einhalten. Die einstmals sehr geselligen Ausfahrten zum Pfingstmarkt Neukloster wurden 2014 eingestellt. Den Behörden zum Trotz werden jetzt „Bollerwagentouren" am Samstag von Jugendlichen ab Apensen organisiert. Diese Touren gelten bei den Verantwortlichen des Pfingstmarktes in Neukloster als „Sauf- und Vandalismustouren", bei denen der Ärger vorprogrammiert sei (E-Mail von Heinz-Holger Witt, dem Vorsitzenden des Heimatvereins Neukloster, vom 2. und vom 29. April 2019).

Auch für Pfingsten 2019 berichteten mir der Bürgermeister der Gemeinde Jork, Gerd Hubert, und Susanne Höft-Schorpp vom Altländer Archiv, dass keine Pfingstwagen mehr vom Alten Land nach Neukloster unterwegs waren (vgl. E-Mail Gerd Hubert vom 07.06.2019 und E-Mail von Susanne Höft-Schorpp vom 11.06.2019). Traditionelles Brauchtum kann also auch durch behördlichen Druck zum Erliegen kommen. Geschuldet ist dies natürlich auch dem technischen Wandel, der neue Gefahrenquellen entstehen lässt.

Resümee und Ausblick

Pfingsten hat in Deutschland in der Bevölkerung nicht denselben Stellenwert wie Ostern oder Weihnachten. Dies macht sich auch bei der generellen Brauchtumsgestaltung bemerkbar. Es sind eher die lokal orientierten Highlights, die an Pfingsten hervorstechen. Diese Gegebenheit macht sich wiederum bei den kulturanthropologischen Forschungen bemerkbar. Sie sind in der Forschung des Jahresfestlaufs quantitativ in der Minderheit. Die lokale Ausgestaltung einzelner Pfingstfeste hat zu einer großen Bedeutung für die kulturelle Identität der Bevölkerung geführt. Auch wenn hierbei der religiöse Bezugsrahmen in den Hintergrund getreten sein mag. Die weltweite Corona-Krise im Jahr 2020 hat zu tiefgreifenden gesellschaftlichen Einschnitten geführt. Auch die traditionellen Feste haben darunter sehr gelitten. Es zeigt sich sehr deutlich, dass gesellschaftliche Interaktion nur zu einem sehr geringen Teil digital ersetzt werden kann. Die Menschen brauchen den Ausbruch aus dem Alltag, den sie besonders in ihren geliebten Festen mit ihren Bräuchen finden. Bleibt zu hoffen, dass wir möglichst bald wieder gewohnte Traditionen leben und weiterentwickeln können. Und auch die Kulturanthropologie wird gefragt sein, Kontinuität und Wandel sowie die Bedeutung von Festen herauszuarbeiten.

Literatur

Anonym (2002) 125 Jahre Pfingstmarkt. Eine Erfolgsgeschichte. In: *De Hedendörper*, 16, Buxtehude.

Anonym (2004) *Ostern, Pfingsten* (Feste und Gebräuche im Jahreskreis, 5). Leipzig.

Anonym (2010 a) Nach dem Unfall ist Schluss. In: *Altländer Tageblatt*, 26. Mai. Stade.

Anonym (2010 b) Brauch trotz des Unfalls pflegen. In: *Altländer Tageblatt*, 15. September. Stade.

Baumann, Ludwig (2013) Der Kötztinger Pfingstritt. Schriftliche Quellen zu einem lebendigen Brauch. In: Maria Baumann & Gerald Richter, *Nichts konnte den Brauch zerschlagen ...* 600 Jahre Kötztinger Pfingstritt. S. 23-69. Regensburg.

Felsch, Franziska/Richter, Anping (2019) Brausendes Pfingstfest in Neukloster. In: *Buxtehuder Tageblatt*, 11. Juni. S. 14. Stade.

Fuhst, Christian (2017) *Neukloster*. Vom Kloster zum Stadtteil von Buxtehude. Buxtehude.

Krämer, Karl Heinrich (1994) *Der Pfingstritt zu Kötzting*. 2. Auflage. Regensburg.

Kreib, Tom (2015) Pfingstmarkt: Die Bilanz der Polizei. In: *Kreiszeitung Wochenblatt*, 26. Mai 2015. Buxtehude.

Küster, Jürgen (1985) *Wörterbuch der Feste und Bräuche im Jahreslauf*. Eine Einführung in den Festkalender. Freiburg.

Lorenz, Kerstin (2011) Verein rettet Pfingstwagentouren. In: *Hamburger Abendblatt*, 25. Februar 2011. Hamburg.

May, Otto (2008) *Pfingsten, liebliches Fest ...?* Pfingstpostkarten in Deutschland 1897-1945. Hildesheim.

Moser, Dietz-Rüdiger (2002) *Bräuche und Feste durch das ganze Jahr.* Gepflogenheiten der Gegenwart in kulturgeschichtlichen Zusammenhängen. Freiburg.

Müns, Heike (2002) *Von Brautkrone bis Erntekranz.* Jahres- und Lebensbräuche in Mecklenburg-Vorpommern. Rostock.

Ortschaft Neukloster der Stadt Buxtehude (Hg.) (1986) *700 Jahre Neukloster.* Dorfchronik. Buxtehude.

Sammer, Marianne (2001) *Zeit des Geistes.* Studien zum Motiv der Herabkunft des Heiligen Geistes an Pfingsten in Literatur und Brauchtum (Studien zur Theologie und Geschichte, 15). St. Ottilien.

Schmelz, Bernd (2019) *Albtraum Museum?* Visionen der Gegenwart und der Zukunft (Working Papers, 24). Hamburg.

Stephan, Wolfgang et al. (Hg.) (2015) *Zeit Reise.* 1200 Jahre Leben in der Hansestadt Buxtehude. Stade.

Christian Stolz
Das Pfingstfest im Spiegel von Bauern- und Wetterregeln

Einleitung

Wie das Osterfest so ist auch Pfingsten aufgrund seiner Verortung im Kirchenjahr an keinen festen kalendarischen Termin gebunden. Denn Ostern wird traditionell am ersten Sonntag nach dem ersten Vollmond nach Frühlingsanfang auf der Nordhalbkugel gefeiert (Stolz 2019, Physikalisch Technische Bundesanstalt o.J.) und Pfingsten im selben Jahr am 50. Tag danach. Daraus resultiert ein stark veränderlicher Pfingsttermin zwischen dem 10. Mai und dem 13. Juni.

In früheren Jahrhunderten kam einem kirchlichen Fest wie Pfingsten neben seiner theologischen eine noch weitaus stärkere gesellschaftliche Bedeutung zu, als es heute der Fall ist. Insbesondere in agrarischen Gesellschaften, deren Wohlergehen in starkem Maße vom landwirtschaftlichen (Subsistenz-)Ertrag abhängig war, bildeten die kirchlichen Feste in Europa wichtige Ankerpunkte im Jahreslauf. Das Pfingstfest markierte dabei zumeist den Übergang zwischen Frühling und Sommer. Entsprechend existieren mehrere sogenannte Bauern- und Wetterregeln, die (berechtigt oder unberechtigt) auf das Pfingstfest Bezug nehmen und von mindestens regionaler Bedeutung waren oder sind. Häufig verfolgen sie das Ziel, von den an bestimmten Lostagen zu beobachtenden Phänomenen in der Natur auf zukünftige Phasen oder Ereignisse, wie etwa den Ernteerfolg, zu schließen. Losgelöst von diesen häufig in Reimform abgefassten ‚Regeln‘, gilt das Pfingstfest als allgemeiner Orientierungstermin für alljährlich wiederkehrende agrarische und botanische Phänomene. Darüber hinaus existieren Wetterregeln, die lediglich auf die Zeit um Pfingsten herum Bezug nehmen, nicht jedoch auf das Fest selbst (Malberg 2003). Die bekanntesten davon beziehen sich auf die viel zitierten sogenannten Eisheiligen (11.-15. Mai).

Mit dem vorliegenden Beitrag soll überprüft werden, welche Aussagen mit Bauern- und Wetterregeln verbunden sind, die das Pfingstfest thematisieren, und wie ihr Wahrheitsgehalt im Hinblick auf daraus resultierende Vorhersagen einzuschätzen ist. Als Hilfsmittel dazu dienen der langjährige idealtypische Witterungsverlauf für Deutschland in den Monaten Mai und Juni sowie die in dieser Periode zu beobachtenden botanischen Phänomene.

Langjährige Messreihen und idealtypischer Witterungsverlauf

Durch seine Terminierung zwischen Anfang/Mitte Mai und Mitte Juni fällt Pfingsten in die meteorologischen Jahreszeiten Vollfrühling (in der Messperiode 1981 bis 2010 in Deutschland zwischen dem 1. und dem 30. Mai und in den Frühsommer zwischen dem 31. Mai und dem 21. Juni (DWD 2020). Der astronomische Sommeranfang, bei dem die Sonne am nördlichen Wendekreis im Zenit (also senkrecht am Himmel) steht, ist erst am 21. Juni und damit deutlich nach dem spätesten möglichen Pfingsttermin (Lauer & Bendix 2006). Im langjährigen Mittel ist diese Zeit zumindest im Tiefland und im Mittelgebirge, auf die Temperatur bezogen, von einer raschen Erwärmungsphase sowie von einem Anstieg der Niederschläge geprägt. Während im Mai noch besonders häufig (kühle) Nord- und Ostlagen mit der Gefahr von Spätfrösten auftreten können (Eisheilige), steigt im Juni der Anteil atlantischer Westlagen an, die auch mit höheren Niederschlägen und gemäßigten Temperaturen verbunden sind (sog. mitteleuropäischer Sommermonsun, auch „Schafskälte"). Dennoch können einzelne Jahre oder mehrere in Folge von diesen langjährig beobachteten Regelfällen abweichen.

Pflanzenphänologie und Landwirtschaft

Mit der Beobachtung der Entwicklungsstadien von Pflanzen (und z.T. auch Tieren) sowie wiederkehrenden Arbeitsschritten in der Landwirtschaft ist es möglich, auf klima- und witterungsbedingte Perioden im Jahreslauf zu schließen (Kaspar et al. 2014). Das in der Agrarmeteorologie und Biogeographie gebräuchliche Verfahren wird unter dem Begriff Phänologie zusammengefasst. In den letzten Jahrzehnten lassen sich in Mitteleuropa teils starke Veränderungen der einzelnen Eintrittstermine infolge des Klimawandels nachweisen, durch welche die zu beobachtenden Phänomene zeitlich früher im Jahr auftreten (DWD 2020).

Zwar sind die ersten Frühlingsboten (häufig sogenannte Geophyten und unter diesen insbesondere die Zwiebelgeophyten) um das Osterfest herum längst erblüht. Kennzeichnend für den Vollfrühling und damit für die Zeit um Pfingsten herum sind die Blütenentfaltung frühreifender Apfelsorten (*Malus domestica*) und die Blattentfaltung der Stieleiche (*Quercus robur*). Den Frühsommer markiert die Blüte des Schwarzen Holunders (*Sambucus nigra*) und der Robinie (*Robinia pseudoacacia*; DWD 2020).

In der Landwirtschaft stehen in der Zeit zwischen Mai und Juni die Pflegearbeiten der bereits vorher ausgesäten Kulturen an. Damit ist heutzutage in erster Linie das Ausbringen von Dünge- und Pflanzenschutzmitteln gemeint, im Biolandbau das Hacken und Jäten von Kulturen. Das Wintergetreide wurde bereits im Herbst des Vorjahres gesät, das Sommergetreide im März, die Zuckerrüben im April. Ebenso erfolgt das Legen der Kartoffeln im April und die Aussaat von Mais, der als frostempfindlich gilt, zwischen Mitte April und Mitte Mai (Lochner & Breker 2015, Bundesinformationszentrum Landwirtschaft o.J.). Die Ernte erfolgt beim Getreide erst ab Ende Juli. Eine Ausnahme bilden Sonderkulturen wie Obst und Gemüse, z.B. (Früh-) Kirschen und Spargel, die gerade im Mai und Juni Saison haben. Dennoch fällt Pfingsten damit in eine vergleichsweise ruhige Zeit zwischen Feldbestellung/ Aussaat und Getreideernte, was auch unter Umständen die zeitliche Platzierung von Lustveranstaltungen, wie der regional verbreiteten Pfingstkirmes, und ähnlichen Ereignissen erklärt. Außerdem herrscht im späten Frühling und Frühsommer durch die reichliche Verfügbarkeit von erstem Gartengemüse, Frühobst, Hühnereiern (durch die erhöhte Legeleistung in dieser Zeit) u.ä. normalerweise keine Nahrungsmittelknappheit mehr vor, die unter Umständen noch im Winter problematisch war. Gleichzeitig fallen Mai und Juni in die wichtigste Wachstumsphase der meisten Feldfrüchte, so dass die Qualität und Quantität der später im Jahr stattfindenden Ernte insbesondere von der Witterung in diesen Monaten abhängig sind. Dies führt zu einer gewissen wirtschaftlichen Bedeutung und erklärt die historische Verbreitung von Bauern- und Wetterregeln, die sich auf diesen Zeitraum beziehen.

Bauern- und Wetterregeln für die Zeit um das Pfingstfest

Will man die weltliche Bedeutung von Ostern und Pfingsten insbesondere während der Frühen Neuzeit (ca. 16. bis 19. Jahrhundert) beschreiben, so markierten das Osterfest den Übergang zwischen Winter und Frühling und Pfingsten die Zeit zwischen Frühling und Sommer. Denn gerade während dieser historischen Periode, in der viele regionale Oster- und Pfingstbräuche ihren Ursprung haben, muss von deutlich kühleren Temperaturen und einem verzögerten Beginn der Vegetationsperiode im Vergleich zu heute ausgegangen werden. Hauptgrund dafür war eine Klimadepression, die häufig mit dem Begriff ‚Kleine Eiszeit' zusammengefasst wird und für deren Auftreten in der Zeit zwischen dem 15. und dem 19. Jahrhundert verschiedene astronomische und atmosphärische Ursachen diskutiert werden (Blom 2017; Owens et al. 2017, Glaser 2013).

Dazu kommt, dass zwischen den beiden Zeiträumen, in denen sich das Oster- bzw. das Pfingstfest bewegen kann (das heißt also zwischen dem spätesten Ostertermin und dem frühesten Pfingsttermin), lediglich gut zwei Wochen (16 Tage) liegen (Ostern: 23. März bis 24. April; Pfingsten: 10. Mai bis 13. Juni; Abb. 1). Auch wenn der Abstand zwischen den Festen im selben Jahr immer genau 50 Tage beträgt, ist diese zeitliche Nähe dann relevant, wenn man sich mit langjährigen Witterungsregelfällen und Naturphänomenen befassen möchte, die sich in zeitlicher Nähe zu den beiden Festen verorten lassen.

Jene Bauernregeln, die das Pfingstfest selbst als sogenannten ‚Lostag' erwähnen, von dem die weitere Entwicklung des Jahres abhängen soll, lassen sich häufig ähnlichen Grundaussagen zuordnen. Auffällig häufig geht es dabei um Niederschläge und den daraus resultierenden Nutzen. So lassen die folgenden Regeln darauf schließen, dass die Natur und damit auch die Ackerfrüchte in der Zeit um das Pfingstfest herum viel Wasser benötigen und deren weitere Entwicklung durch ein regenreiches Pfingstfest positiv beeinflusst wird oder aber dass in der

Pfingstzeit regulär auf eine Trockenperiode eine Feuchteperiode folgen kann (alle folgenden Regeln stammen von Dirchl, o.J.): *„Die Pfingsten nass, wünsch Dir das"*, *„Nasse Pfingsten, fette Weihnachten"*, *„Wenn's zu Pfingsten regnet, ist die Erde wohl gesegnet"*, *„Helle Pfingsten, dürre Weihnachten"*, *„Pfingstregen bringt Weinsegen"*. Andere, ähnliche Regeln sagen genau das Gegenteil aus, wobei sie aus anderen Regionen stammen können: *„Regnet es am Pfingsttag, dann bringt es Plag"*, *„Wenn es zu Pfingsten regnet, wird keine Frucht gesegnet"*. Auch die eben bereits getätigte Überlegung zu einer Trockenperiode vor Pfingsten, durch die in der Zeit danach besonders viel Wasser benötigt wird, findet sich in der folgenden Regel wieder: *„Trockener Mai – Juni nass. Ist die Regel, merk Dir das"*. Gemeint ist hier also ein häufig um diese Zeit auftretender Wetterwechsel. In der Tat ist im langjährigen Mittel nahezu überall in Deutschland der Mai etwas trockener als der Juni (Stationen Berlin-Dahlem, Hamburg-Fuhlsbüttel, Frankfurt am Main, München-Stadt; Mühr 2007).

Um eine eher stabile Wetterlage resp. Windrichtung in dieser Zeit (vor oder nach Pfingsten) geht es bei den folgenden Regeln: *„Wenn's am Tag vor Ostern regnet, es sich erst nach Pfingsten legt"*, *„Ein Wind, der von Ostern bis Pfingsten regiert, im ganzen Jahr sich wenig verliert"*, *„Regnet's am Pfingstmontag, so regnet's noch sieben Sonntag"*. Aus der Reihe tanzt die dem Vokabular nach aus Österreich stammende Regel *„Ist im Jänner Schnee und Eis, ist's zu Pfingsten sicher heiß"*. Sie verweist wie viele ähnliche Regeln, die längere Zeiträume in den Blick nehmen und die die kalte mit der warmen Jahreszeit vergleichen, auf langandauernde, stabile Witterungsperioden. Auch dafür finden sich tatsächlich meteorologische Belege, die aber hier nicht Gegenstand sind.

Darüber hinaus existieren zahllose Wetterregeln, welche die Monate Mai und Juni betreffen, aber nicht explizit auf das Pfingstfest Bezug nehmen. Die meisten Mai-Regeln beziehen sich dabei auf die schon erwähnte Singularität (ein kalendergebundener Witterungsregelfall) der Eisheiligen: *„Der Mai in der Mitte hat für den Winter stets noch eine Hütte"* oder *„Pankraz, Servaz, Bonifaz und die kalte Sophie, vorher lach nie"* (Malberg 2003), *„Mitte Mai ist der Winter vorbei"* (Dirchl o.J.). Gemeint sind damit die Mitte Mai in Deutschland durchschnittlich noch zu 18 % auftretenden Nachtfröste, die in der Regel durch Nord- oder Nordostlagen ausgelöst werden und in dieser Zeit besonders verheerende Schäden insbesondere im Gartenbau verursachen können (Malberg 2003). Sie konnten u.a. auch in Österreich nachgewiesen werden (Moser 2006), treten dort jedoch in den letzten 50 Jahren im Mittel etwas verspätet zwischen dem 20. und 25. Mai auf (ZAMG 2016). In der Stadt Schleswig in Schleswig-Holstein traten Kälterückfälle um die Eisheiligen in der Periode von 1970 bis 2019 gar in 30 % der Jahre auf. In der Zeit nach den Eisheiligen kam es dort in 78 % der Jahre nicht mehr zu Bodenfrost (Jacobsen & Stolz 2020). Späte Pfingsttermine können mit der Singularität der Schafskälte (4.-20. Juni) korrelieren, die sich auch in Bauernregeln wiederfindet (Malberg 2003).

Obendrein begegnen einem auch Sprüche, bei denen es sich zwar nicht um Wetterregeln handelt, die aber scherzhaft das Pfingstgefühl früherer Zeiten transportieren, das von Ausgelassenheit nach dem nun endgültig überstandenen Winterhalbjahr kündet: *„Wenn die Alten schlimmer sind als die Jüngsten, dann ist Pfingsten"* oder aus heutiger Perspektive arg kritikwürdig: *„Ein Pfingstochse, der nicht läuft, ein Pfingstbursche, der nicht säuft, ein Pfingstmädchen, das nicht stille hält, das gibt es nicht auf dieser Welt"* (Dirchl o.J.).

Schlussfolgerungen

Das Pfingstfest markierte in den agrarischen Gesellschaften Mitteleuropas seit alters her den Übergang zwischen Frühling und Sommer. Obwohl sich der Pfingsttermin regelmäßig in einem Zeitraum zwischen Anfang/Mitte Mai und Mitte Juni verschiebt, fällt er in eine vergleichsweise ruhige Zeit zwischen Feldbestellung/Aussaat und Getreideernte. Diese lässt einerseits Raum für entsprechende an das Pfingstfest angebundene Festivitäten. Andererseits ist diese Jahreszeit für die Entwicklung der Ackerfrüchte besonders wichtig. Daraus resultieren zahlreiche Bauern- und Wetterregeln, mit Lostagen und (vermeintlichen) Singularitäten, die das Pfingstfest oder zumindest die Zeit zwischen Mai und Juni in den Blick nehmen. Bei diesen Regeln geht es zum einen um Erscheinungen, die auf die Temperatur bezogen sind (Spätfröste im Mai, sog. Eisheilige), und um solche, die einen erhöhten Niederschlags- und damit Bewässerungsbedarf zwischen Mai und Juni thematisieren. Beide Phänomene lassen sich zumindest regional klimatologisch nachweisen. In der Natur sind wiederkehrende botanische Phänomene, wie die Blütenentfaltung des Apfelbaumes und die des Schwarzen Holunders, an diesen Zeitraum gebunden. Sie haben sich aber in den vergangenen Jahrzehnten infolge des Klimawandels zumeist zeitlich verschoben.

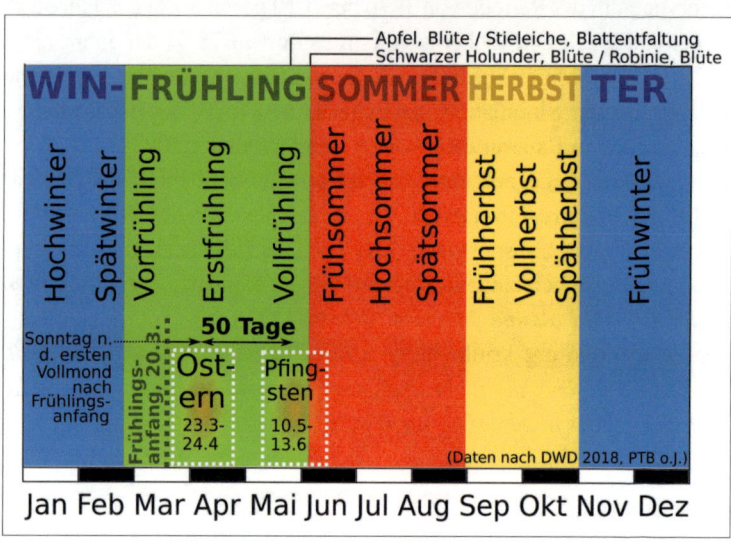

Abb. 5: Das Pfingstfest im Spiegel der Pflanzenphänologie, C. Stolz

Literatur

Blom, P. (2017): Die Welt aus den Angeln. Eine Geschichte der Kleinen Eiszeit von 1570 bis 1700 sowie der Entstehung der modernen Welt, verbunden mit einigen Überlegungen zum Klima der Gegenwart. München: Hanser.

Bundesinformationszentrum Landwirtschaft (o.J.). URL: www.landwirtschaft.de (Zugriff: 6.1.2021).

Dirschl, J. (o.J.): Bauernregeln und Wetterregeln zu Pfingsten. URL: http://www.pfingstseiten.de/wetterregeln/home.html (Zugriff: 4.1.2021).

DWD (Deutscher Wetterdienst; 2020): Die phänologische Uhr. URL: https://www.dwd.de/DE/klimaumwelt/klimaueberwachung/phaenologie/produkte/phaenouhr/phaenouhr.html (Zugriff: 4.1.2021).

Glaser, R. (2013): Klimageschichte Mitteleuropas. 1200 Jahre Wetter, Klima, Katastrophen. Darmstadt: WBG.

Jacobsen, J. & C. Stolz (2020): Der Wahrheitsgehalt von Bauern- und Wetterregeln in Schleswig-Holstein. Eine Fallstudie aus Angeln. – Natur- und Landeskunde 127, 4-6: 90-94.

Kaspar, F., K. Zimmermann, C. Polte-Rudolf (2014): An overview of the phenological observation network and the phenological database of Germany's national meteorological service (Deutscher Wetterdienst). - Advances in Sciences and Research 11: 93–99.

Lauer, W. & J. Bendix (2006[2]): Klimatologie. Das Geographische Seminar. Braunschweig: Westermann.

Lochner, H., & L. Breker (2015): Agrarwirtschaft: Grundstufe Landwirt. Fachtheorie für Boden, Pflanze, Tier, Technik, Chemie, Physik, Biologie, Züchtung, Ökologie, Landschaftspflege, Artenschutz, Betriebswirtschaft, Buchführung, Datenverarbeitung, Kommunikation. Stuttgart: Ulmer.

Malberg, H. (2003): Bauernregeln. Aus meteorologischer Sicht. Berlin, Heidelberg: Springer.

Moser, M. (2006): Bauernregeln wissenschaftlich betrachtet: Untersuchung empirischer Witterungs- und Klimaregeln in den Regionen Oststeiermark und Graz. Graz: Wegener-Center.

Mühr, B. (2007) Klimadigramme weltweit. URL: https://www.klimadiagramme.de/all.html (Zugriff. 5.1.2021).

Owens, M. J., Lockwood, M., Hawkins, E., Usoskin, I., Jones, G.S.., Barnard, L., Schurer, A. & J. Fasullo (2017): The Maunder minimum and the Little Ice Age: an update from recent reconstruction and climate simulations. – J. Space Weather Space Clim. 7, A33: 1-10.

Physikalisch-Technische Bundesanstalt (o.J.): Wann ist Ostern? URL: https://www.ptb.de/cms/ptb/fachabteilungen/abt4/fb-44/ag-441/darstellung-der-gesetzlichen-zeit/wann-ist-ostern.html (Zugriff: 4.1.2021).

Stolz, C. (2019): Vom Eise befreit. Das Osterwetter im Laufe der Zeit. In: Pohlmeyer, M. & C. Stolz (Hrsg.): Ostern – (un)gewohnte Zugänge. - Flensburger Studien zur Literatur und Theologie 12: 109-126.

ZAMG (Zentralanstalt für Meteorologie und Geodynamik Österreich; 2016): Die Eisheiligen – oft kalt, selten frostig. URL: https://www.zamg.ac.at/cms/de/klima/news/die-eisheiligen-oft-kalt-selten-frostig (Zugriff: 5.1.2021).

**Genesis, Babel, Pfingsten,
Sprachenvielfalt und Künstliche Intelligenz**

Janice L. Jake
Linguistics and the Tower of Babel (Genesis 11: 1-9)

Over the millennia, the short story of the tower of Babel (Genesis 11:1-9) has provided material for much discussion, much theological, but also historical, cultural, and linguistic. Presumably, this Jawehist account fills in some of the questions arising from Genesis 10 (sometimes referred to as the Table of Nations) and the rest of Genesis 11, which describes how the descendants of Noah eventually spread across the Mideast and Abraham arrives in Canaan. Ironically, this sidebar explanation of some of the aspects of the dispersal of Noah's descendants has become a focus of much pondering. Its brief nature and lack of specifics poses questions that are a challenge to answer. Some can be researched, and information correlated from the Biblical and archeological records. For example:

Was there a historical tower?
Answer: Probably an important ziggurat in modern-day Iraq, somewhere near where ancient Babylon was located.
When was the tower built?
Answer: Probably around 3,000 BCE, based on the description of the building materials and other events in Genesis (Penley, 2007).
Who was building the tower?
Answer: Probably descendants of the great-grandchildren of Noah, who were supposed to have dispersed over the earth after the flood, but remained close, in one place, in "the land of Shinar." Nimrod, either as a real figure or a representative of ancient Mesopotamia is mentioned; he "began to be a mighty one in the earth" (Gen. 10:8).[1]
Why was the tower being built?
Answer: fear of being "scattered upon the face of the whole earth," but also "to make a name" (Gen. 11:4).
Why is the tower of Babel famous?

---

[1] Citations from Genesis are from the King James Version.

Various answers: (a) Because it can be interpreted many ways, rendering it useful in discussions of hubris and disobedience. (b) Because of irony and linguistic puns- the builders did not build a name for themselves, but a name associated with confusion. And so forth.

However, there are many questions that remain unanswered about Genesis 11:1-9, some associated with linguistics. Some relate to the nature of the "one language" and "one speech" of the world or land at that time (Gen. 11:1). Others relate to the question of how language can be confused so quickly so that mutual intelligibility is lost. These are questions that have no ready answer, but have been the subject of much speculation.

Regarding the nature of the "one language," different approaches have been tried to arrive at an answer. One is the historical comparative method. Since Sir William Jones and others (see Campbell & Poser, 2008, Chapter 1), a British colonial judge, popularized connections among Sanskrit and several other contemporary and classical languages, comparative linguists have considered the notion if a single proto-language existed after the great flood and if this language were the "one speech" of pre-Babel times. Such proto-language enthusiasts have gone so far as to match research into genetic tree reconstruction with linguistic reconstructions (Chen, Sokal, & Ruhlen, 2012). However, Comrie (2008) has pointed out there "is no logical necessity for languages and genes to correlate" (p. 41). Other contributions augmenting the linguistic reconstruction endeavor come from archeological research, such as analysis of pottery and other cultural artifacts (Cleuziou, 2008). Of course, the hope that reconstruction of a proto-language would lead to a source including Semitic varieties, such that some ancestor of ancient Biblical Hebrew were traceable to the parent Adamic language, the language spoken in the Garden of Eden, and the language in which humans apparently communicated with a Creator and used naming to classify and dominate their world (Gen. 2:19) has not been realistically entertained since the 17th Century (e.g. Locke) or even earlier.

Nevertheless, the historical and linguistic history of ancient Mesopotamia notwithstanding, the quest to discover a proto-language or proto-languages has been continued by some linguists, especially Ruhlen (2008). See, for example, Bomhard's (1984) attempt to connect Proto-Indo-European and Proto-Afro-Asiatic as Proto-Nostratic. More abstractly, applying the methods of historical linguistics, Campbell (2008), citing Hockett (1960), considers "some of the design features that have been proposed and consider[s] what they might mean for the structure of the earliest language(s)" (p.103). Hocket's list is quite extensive and includes some features that are more properly assigned to a theory of mind rather than to a theory of language such as "displacement" and "prevarication." The desire to fit Noah's descendants' languages into a linguistic and cultural timeline that can be verified today continues to generate such hypotheses. See, for example, Mozeson (2010): "Could Pre-Hebrew be the *Safa Ahat* of Genesis 11:1?"

Related to this question is research into how languages change and what factors promote change. For example, frequent syntactic combinations may be reanalyzed (an expression used loosely here) morphologically, as with compound prepositions "beside" or "behind." In this way, monomorphemic forms may become multimorphemic. See Booij (2012) and Nichols (1998) for discussions of how functions and use affect morphosyntactic change. Similarly, language contact and borrowing are also factors to consider in language change (Thomason and Kaufman, 1988).

However, assuming only one linguistic variety was dominant at Babel, other explanations may be in order, such as a variationist acquisitional model (Yang, 2000, 2014), in which children develop I(internal)-language from the E(external)-language data of adults, but in which UG (universal grammar) provides competing grammars for heterogeneous input, presumably from the various generations of Noah's descendants who have converged to create a city as well as a tower. To some, that the "Table of Nations" in Genesis 10 precedes Genesis 11 suggests that internal variation already existed among the descendants of Noah in the land of Shinar prior to the dispersal.

With these notions in mind, one might hypothesize that linguistic change was already in progress when work began to create Babel as a city and as a tower, and that there may have been "one language" and "one speech" as a *lingua franca* (Gen. 11:1). That is, other varieties may have co-existed and the city and tower are designed to promote unity through "mak[ing] a name" and to avoid being "scattered abroad upon the face of the whole earth" (Gen. 11: 4). A related outcome of this unity would be adding prominence to the region of Babel and encouraging conformity to one cultural model, discouraging diversity and innovation. One possible consequence would be further dominance of the *lingua franca* as a recognized variety of the "one language," which was likely a variety of Akkadian.

Along these lines, Oaks (2015) speculates that "If some members of the once unified speech community at Babel were scattered and then later reunited, discovering that they no longer spoke a common tongue, there are ... reasons why thy might identify Babel ... as the place where the confusion of languages occurred." Another hypothesis that Oaks entertains is "diversity among languages ... could ... have occurred much faster than the rate linguistic scholars would normally consider," citing Thomason (2006), Trudgill (1983), and Hock (1986), among others. A third hypothesis in Oaks is that the "one language" is a *lingua franca* (such as referred to above), and this is the language that is lost, resulting in the loss of communication among the groups constructing the tower. He acknowledges that for a *lingua franca* to be lost or reduced in scope, some major restructuring event needs to occur (such as the dissolution of the Soviet Union leading to a decrease of the use of Russian as a *lingua franca* in various satellite areas), which raises other questions. In the case of Babylon, successive invasions of speakers of other varieties, especially varieties of Old Persian, could be a restructuring event.

The dispersal of speakers of an early Semitic language fits into the rest of the story of Babel. Remaining in a city was antithetical to the Creator's purpose, as is clarified repeatedly in the beginning of Genesis: "Be fruitful, and multiply, and replenish the earth, and subdue it: and have dominion over the fish of the sea, and over the fowl of the air, and over every living thing that moveth upon the earth" (Gen. 1:18). These are similar to the instructions to Noah after the flood: "Bring forth with thee every living thing that is with thee, of all flesh, both of fowl, and of cattle, and of every creeping thing that creepeth upon the earth; that they may breed abundantly in the earth, and be fruitful, and multiply upon the earth" (Gen. 8:17); "And you, be ye fruitful, and multiply; bring forth abundantly in the earth, and multiply therein" (Gen 9:17).

A different approach to identifying the first language comes from research into pidgin and creole (PC) linguistics. While PC linguists are not tasked with identifying a first language, they can speculate what language in the Garden of Eden looked like, and how the descendants of Eve and Noah could have developed it, based on how speakers of two non-mutually intelligible varieties create a shared communication system. First-generation creole developers are tasked with acquiring language that allows them to refer to entities and persons and identify and perform tasks within a concrete linguistic setting. In *The power of Babel: A natural history of language*, McWhorter suggests "the first language would have most resembled the creoles that have the least contact since their birth with the languages that provided their words" (2003, p. 302).

However, some linguists have gone further. Bickerton (2016, [1981]) has developed an agenda motivating a bioprogram for language development, reviewing data from pidgins and creoles, first language acquisition, and potential origin scenarios (the latter based in part on a survey of animal, especially primate, communication). Bickerton (2016) focuses on the similarities of creole development and compares their commonalities, stripping away superstrate and putative substrate features. It is worth noting that this approach goes against the hypotheses of other PC linguists. For example, DeGraff (cited in Banks, 2008) argues that socio-historical facts support "syntactic patterns in Haitian creole … derived from the ancestral African languages." Similarly, the Austronesian substrate of Tok Pisin is rather transparent, as will be discussed below. Still, Bickerton tries to get to the question of "How did human language originate?" by addressing these questions first: "How did creole languages originate?" and "How do children acquire language?" (Bickerton, 2016, p. 2).

In *Roots of language,* Bickerton suggests the traditional Chomskyan view of Universal Grammar is insufficient to predict the similarities of creoles and the similarities of stages of first language acquisition, and that the Language Acquisition Device (LAD) as a hypothesis testing/ learning device is insufficient to enable children to learn (that is, naturally acquire) certain distinctions and for mature creole developers to construct certain distinctions within one generation. He infers that this means these kinds of distinctions are included within the LAD. While paucity of input is the common motivation for the LAD, Bickerton goes further. One example of his argument is based on the specific/non-specific distinction and English determiners: "since two-year-olds use few or no articles, and the SNSD is acquired by about the age of three, it would have to be just about the first hypothesis the child makes – there would hardly be time to frame and discard any other. To say that the child invariably forms a correct hypothesis about the SNSD as his first hypothesis is simply an issue-dodging way of saying that he is programmed to make the SNSD" (Bickerton, 2016, p. 136).[2]

The innate cognitive basis of some of Bickerton's distinctions, e.g., the specific/non-specific distinction, assumes a robust poverty of stimulus argument. Of course, the detrimental effects of linguistic "poverty of stimulus" are well known. In more recent times, lack of linguistic stimulus has prevented neglected and abused children from acquiring substantial native-speaker-like language, as in the case of Genie (Curtiss, et al., 1974), in which a child was deprived of most sensory experiences until the age of 13. When she did begin to develop language, the developmental stages did not reflect what is typically observed in normal child language acquisition, such as two-word utterances of topic-comment or pivot (common word) – open (new/changeable word). She

---

[2]   Examples from Bickerton (2016: 132-133) illustrating this the problem of input in child acquisition of the specific (S) and nonspecific (NS) distinction include:
    (1) If you're sick, you should see the doctor (NS).
    (2) Call the doctor who treated Marge (S).
    (3) The doctor may succeed where the priest fails (NS).
    (4) Dogs are mammals (NS).
    (5) The dog is a mammal (NS).
    (6) A dog is a mammal (NS).
    (7) A dog just bit me (S).
    (8) Mary can't stand to have a dog in the room (NS).
    (9) Bill bought a cat and a dog, but the children only like the dog (S).
    (10) Bill wanted to buy a cat and a dog, but he couldn't find a dog that he really liked (NS).

went through a two-word modifier-noun stage ("yellow balloon," "big feet", Curtiss, et al., 1974, p. 535), which is unusual for normal child language development. Her language was innovative and not purely repetitious, sharing that feature with normal child language acquisition. Although her vocabulary grew at a faster rate than normal children, in terms of acquiring English syntax, Genie never developed an adult-like grammar. While Genie developed a substantial lexicon, her phonology and morphosyntax never develop, and brain imaging studies revealed use of the right hemisphere instead of the left hemisphere in language tasks, similar to older (i.e., adult) second language acquisition (Herschensohn, 2007, p. 230).

Genie's development has been compared to other "feral" or linguistically-deprived children, such as the wild boy of Aveyron (Itard, 1962, cited in Lane, 1976), or apocryphal stories about the Egyptian Pharaoh Psammetichus I who reportedly isolated two children who articulated a word like the Phrygian word for 'bread,' demonstrating the innateness of Phrygian (Herodotus, *The Histories*) or Emperor Frederick II (unclear results) or King James IV (reportedly Hebrew is the innate language) ("Language Deprivation Experiments"). Still, none of these stories, nor documented cases such as Genie's, provides evidence for the of innateness of "a language," but rather for an innate Language Acquisition Device that is part of a relatively invariant developmental process, since the LAD appears to fail to engage fully with mature speakers (see the Critical Age hypothesis advanced by Penfield and Roberts (1959) and Lenneberg (1976) and others).

Moving beyond Bickerton's desire to tie a robust bioprogram for language development to pidgin and creole development, other models of pidgin and creole development offer evidence for processes relevant to the development of specific creoles and pidgins. For example, in Tok Pisin, the role of the superstrate, English, is clear; it acts as the lexifier. In addition, the role of the substrate is also relatively clear. Tigak, or similar Austronesian varieties, contribute identifiable morphosyntactic structures. As noted by Plag (2008), "in Tok Pisin and other Pacific varieties the suffixed transitivity marker -*im/-em* (derived from English third singular and plural pronouns *him/'em*) is prominent" (Plag, 2008, p. 118): *em i pait-em mi* ('he hit/hits me') (Jenkins, 2000). In such examples, the role of the substrate, which cannot be the target language for communication purposes, is still apparent, since such transitive markers occur in substrate varieties, even when the subject and object are null pronouns, as in Tigak *gi vis-i* ('he hit him/her/it') (Jenkins, 2000).

PC linguists have proposed constraints on the kinds of lexifier morphemes that can be incorporated into a pidgin or creole and how this kind of reanalysis and repurposing occurs. For example, Jake and Myers-Scotton (2020) suggest that superstrate morphemes accessible for reanalysis are the most conceptually meaningful, referring to them as content morphemes and early system morphemes, such as the prepositional element of two-word verbs in English, as in Tok Pisin *mi sing-aut-im pinis* ('I called out') (Jenkins, 2000, p. 136).

Of course, some morphemes are conceptually salient because of their pragmatic relevance, providing referential and procedural information about what to do and how to do it. (See Clark (2013) and Wilson and Sperber (2006) for discussions of Relevance Theory.) Some cognitive linguists go even further and dispute the primitive nature of a grammar and suggest that constructions are not built of grammatical primitives, but that "constructions are the primitive elements of syntactic representation" (Croft, 2005: 283). This path to development of grammatical morphemes is exemplified by the development of TMA (tense, modality, and aspect) markers in some creoles. Consider Haitian Creole *ap*, a reanalyzed French periphrastic with some metaphorical transparency: *Mari ap manje krab le* (*ap* < *être après à*), 'Mary is eating the crab' (Lefebvre, 1996: p. 240). While Lefebvre suggests the French phonological form has the abstract morphosyntactic content of its form replaced with grammatical features of the substrate, presumably a language like Fong or Gbe, Construction Grammar adherents would propose a much simpler reanalysis. In between is Myers-Scotton and Jake's approach which allows developers of creoles and pidgins to identify invariable phonologically salient aspects of lexifier morpheme surface forms with an identifiable semantic feature and repurpose them as grammatical morphemes of the developing creole. Thus, the form that survives reanalysis, as it were, is *ap*, the phonologically salient and unchanging syllable of the periphrastic collocation (Jake and Myers-Scotton, 2020; see also Myers-Scotton, 2001).

This admittedly long discussion of pidgins and creoles is not say that the "one language" of Babel was a creole, but to show relatively straightforward ways in which speakers of different varieties solve the issue of communication and create varieties, which, while not necessarily initially the most linguistically savvy, would be able to facilitate construction of a city and a tower. That is, linguists have provided evidence that speakers of one variety can still develop a communication system relatively quickly with speakers of another variety, in an environment not conducive to language acquisition/learning, although some similarities between language acquisition and creole development have been pointed out by some PC linguists such as Plag (2008).

What does the survival of some kind of language even in an environment where mutual intelligibility is not possible and a new variety is developed to "make do" mean for the story of the Tower of Babel? It suggests that the reason for the dispersal of the builders was not because they could no longer communicate. Another cause is required, and perhaps the reason is not entirely a punishment of the builders. For example, Dixon (2007) suggests "God dispersed the people after He judged human competency ...– God knew that His creation was ready. The diversity in the world is then also, not haphazard but intentional and deliberate" (p. 20). She even goes further to suggest that "[w]ith more languages, more words and the resources of all the earth, God was confident that humans could take his commandment to be fruitful and multiply and fill the earth with unique, diverse and resilient civilizations" (p. 20). This, coupled with the necessity for Abraham's people to get to Jerusalem, required some of Noah's descendants to move west, beyond Mesopotamia.

At the end of *Roots,* Bickerton (2016) refers to language in Genesis, noting that proposing an evolutionary, developmental process does not challenge the divine origins of human language. He says, "the issue of whether language first arose in one group or in several independently is entirely irrelevant since, assuming the latter, all groups would have had the same neurological equipment, and thus their languages, although perhaps differing in lexical choices (as modern creoles do, for that matter) would have been structurally identical or almost so" (pp. 247-48).

Bickerton's account gets interesting when he connects the sudden diversification of language "with a sudden surge of technological capacity, symbolized by the erection of the Tower of Babel, ... as a direct result of rapid cultural and technological diversification, aiming, consciously or not ... at 'The Conquest of Nature'." (2016, p. 248). Like Oaks (2015), Hiebert (2007), Dixon (2007), and others, Bickerton also infers that the gift of language "made possible the construction of cognitive maps more detailed and complete than those available to any previous species, maps which enabled their users to enter what was in effect a wholly new cognitive domain, a domain, in which events could be predicted and forestalled and even altered rather than passively endured as all previous species had endured them. It had conferred on our species the power to live differently – differently from the past, and differently from one another." (Bickerton, 2016, p. 248). Thus, even Bickerton's grand model of language development raises as many questions as it answers. What was this acceleration of technology in the fertile crescent that led humans to disperse and create new languages? One myth is swapped for another. Unlike theologians, he is not concerned about the need for a dispersal, simply on the desirability for new and creative means to do so.

However, in light of recent political events, another cautionary tale might be in order. The case of obsessively rejecting diversity and militaristically promoting an ideology of a monolithic culture with linguistic hegemony that is currently on display in the United States suggests that rejection of multiculturalism and multilingualism and the diverse perspectives and innovations that accompany them can lead to the fall of empires. A tower of another sort is falling, not because of a "confounding of language" in a strict sense (Gen. 11:7), but in terms of confounding logic and linguistic truths.

References

Banks, E. (2008, May 23). Return to Fantasy Island. *Chronicle of Higher Education*, 54(37), B7–B10.

Bickerton, D. (2016 [1981]). *Roots of language.* (Classics in linguistics 3). Berlin: Language Science Press. Available at: http://langsci-press.org/catalog/book/91.

Bomhard, A. R. (with P. J. Hopper, "Foreword"). (1984). *Toward Proto-Nostratic: A new approach to the comparison of Proto-Indo-European and Proto Afroasiatic*, John Benjamins Publishing Company.

Booij, G. (2012). *The grammar of words: An introduction to linguistic morphology*, Oxford University Press, Inc.

Campbell, L. (2008). What can we learn about the earliest human language by comparing languages known today? In B. Laks (Ed.) *Origin and evolution of languages: Approaches, models, paradigms* (pp. 79-111). Equinox Publishing Ltd.

Campbell, L. & Poser, W. J. (2008). *Language classification: History and method*, Cambridge University Press.

Chen, J, Sokal, R. R., & Ruhlen, M. (2012). Worldwide analysis of genetic and linguistic relationships of human populations. *Human Biology* 84(5), 553–70. doi:10.3378/027.084.0506.

Clark, B. (2013). *Relevance Theory.* Cambridge: CUP.

Cleuziou, S. (2008). Does history begin before Sumer? In B. Laks (Ed.) *Origin and evolution of languages: Approaches, models, paradigms* (pp. 298-330). Equinox Publishing Ltd.

Comrie, B. (2008). Languages, genes, and prehistory, with special reference to Europe." In B. Laks (Ed.) *Origin and evolution of languages: Approaches, models, paradigms* (pp. 40-62). Equinox Publishing Ltd.

Croft, W. A. (2005). Logical and typological arguments for Radical Construction Grammar. In J.-O. Östman & M. Fried (Eds.), *Construction Grammars. Cognitive grounding and theoretical extensions* (pp. 273-314). John Benjamins Publishing Company.

Curtiss, S., Fromkin, V., Krashen, S. Rigler, D., & Rigleret, M. (1974). The linguistic development of Genie. *Language*, 50(3), 28–554. *JSTOR*, www.jstor.org/stable/412222.

Dixon, S. (2007). The Tower of Babel: The dispersion of God's people. *Denison Journal of Religion* 7(1), 12-20. Available at: https://digitalcommons.denison.edu/religion/vol7/iss1/3.

Herschensohn, J. (2007). *Language development and age*. Cambridge University Press.

Hiebert, T. (2007). The Tower of Babel and the origin of the world's cultures. *Journal of Biblical Literature* 126(1), 29-58.

Hock, H. H. (1986). *Principles of historical linguistics.* Berlin: Mouton de Gruyter.

Hockett, C. F. (1960). The origin of speech. *Scientific American* 203, 4-12. Available *http://web.stanford.edu/class/linguist197a/ hockett60sciam.pdf*.

Jake, J. L., & Myers-Scotton, C. (2020). The 4-M model: Different routes in production for different morphemes. In E. Adamou & Y. Matras (Eds.), *The Rutledge handbook of contact linguistic* (pp. 63-88). Routledge.

Jenkins, R. S. (2000). *Linguistic contact and composite structures in New Ireland Papua New Guinea*. PHD dissertation. University of South Carolina, Columbia, SC.

Lane, H. (1976). *The wild boy of Aveyron*. Harvard University Press, 1976.

Language Deprivation Experiments. (2021, Jan. 9). *Wikipedia*. https:// en.wikipedia.org/wiki/Language_deprivation_experiments.

Lefebvre, C. (1996). The tense, mood, and aspect system or Haitian Creole and the problem of transmission of grammar in creole genesis. *Journal of Pidgin and Creole Languages* 11 (2), 231-312.

Lenneberg, E. H. (1976). *Biological foundations of language*. New York: Wiley.

Locke, J. (1689/1690). *The Project Gutenberg EBook of an essay concerning humane understanding, Volume II., by John Locke*, posted 2004, Jan. 6 [EBook #10616]. Last updated: January 31, 2018 http://www.gutenberg.org/cache/epub/10616/pg10616.html.

McWhorter, J. (2003). *The Power of Babel: A natural history of language*. Perennial: HarperCollins.

Mozeson, I. E. (2010). Could Pre-Hebrew be the *Safa Ahat* of Genesis 11:1? *Jewish Bible Quarterly*, 38(1) pp. 55–61.

Myers-Scotton, C. (2001). Implications of abstract grammatical structure: Two targets in creole formation. *Journal of Pidgin and Creole Languages* 16(2), 217-271.

Nichols, J. (1988). The origins and dispersal of languages: Linguistic evidence. In N. Jablonski & L. Aiello (Eds.), *The origin and diversification of language* (pp. 127-170). San Francisco, CA: California Academy of Sciences.

Oaks, D. D. (2015). The Tower of Babel account: A linguistic consideration. *Science, Religion, and Culture,* 2(2), 42-60.

Penfield, W., & Roberts, L. (1959). *Speech and brain mechanisms.* Princeton: Princeton University Press.

Penley, P. T. (2007). A historical reading of Genesis 11:1–9: The Sumerian demise and dispersion under the Ur III Dynasty. *JETS* (*The Journal of the Evangelical Theological Society*)*,* 5(4), 693–714.

Plag, I. (2008). Creoles as Interlanguage: Inflectional morphology. *Journal of Pidgin & Creole Languages* 23(1), 113-145. doi 10.1075/jpcl.23.1.06pla

Ruhlen, M. (2008). New perspectives on the origin of languages. In B. Laks (Ed.) *Origin and evolution of languages: Approaches, models, paradigms*, (pp. 241-256). Equinox Publishing Ltd.

Thomason, S. (2006). Language change, intentional. In K. Brown (Ed.) *Encyclopedia of language & linguistics.* 2nd ed. vol. 6, (pp. 346-49). Amsterdam: Elsevier.

Thomason, S. G. & Kaufman, T. (1988). *Language contact, creolization, and genetic linguistics*. University of California Press.

Trudgill, P. (1983). *Sociolinguistics: An introduction to language and society*. Rev. ed., Harmondsworth, Middlesex, England: Penguin.

Wilson, D. & Sperber, D. (2006). Relevance theory. In L. R. Horn & G. Ward (Eds.) *Handbook of pragmatics* (pp. 607-632). Wiley.

Yang, C. D. (2000). Internal and external forces in language change. *Language Variation and Change*, 12(3), 231-250.

Yang, C. D. (2014). *The price of linguistic productivity: How children learn to break the rules of language*. The MIT Press.

Elin Fredsted
Confusio linguarum oder der geheime Geist einer pfingstlichen Sprache

Einleitende Fragestellung

Dass nicht nur unsere Alltagssprache, wie Lakoff and Johnson (1980) vor fast 40 Jahren feststellten, sondern auch wissenschaftliche Sprache, ja sogar etliche Fachterminologien von Methapern nur so strotzen, gilt als ein nicht mehr überraschender Tatbestand. Die Sprache der Wissenschaft ist mit bildhaften Ausdrücken gespickt. Eines besonderen metaphorischen Reichtums erfreuen sich die Naturwissenschaften: Phrasen wie „natürliche Feinde" (Biologie) oder „Schwarze Löcher" und „Rote Riesen" (Astrophysik) finden sich nicht nur in populären Darstellungen, sondern ebenso in Forschungsberichten. Die Astrophysiker sind mit der „Milchstraße" und dem „Urknall" besonders fleißige Benutzer von Metaphern. Die Sozialwissenschaften sind ebenfalls von Metaphern durchdrungen. Die Ökonomie leiht sich Metaphern aus der Biologie, wie z.B. ‚Wachstumspause'. Die Biologen Chew und Laubichler (2003) haben in *Science* einen kritischen Blick auf die sprachlichen Bilder geworfen und konstatieren: Metaphern sind gleichermaßen instruktiv wie gefährlich.

Die indoeuropäische Sprachwissenschaft des 19. Jahrhunderts bediente sich fleißig der Metaphern – angefangen bei dem ‚Sprachbaum' und den ‚Sprachfamilien'. Dass sich auch biblische Metaphern als regelrechte Topoi in der Sprachwissenschaft etabliert haben, mag auf diesem Hintergrund vielleicht weniger überraschen. Ich denke hier an das bekannte ‚Schibboleth' und an ‚das babylonische Sprachenwirrwarr' – *confusio linguarum*; letzteres hat seit Jahrhunderten einen festen Platz in der Sprachtheorie und in der Sprachgeschichtsschreibung erhalten. Das babylonische Sprachenwirrwarr wurde traditionell (und wird zum Teil immer noch) als ein sprachlicher Sündenfall interpretiert, als Abkehr von der ursprünglichen sprachlichen Einheit der Menschen, als Abkehr von der Sprache der Schöpfung, der Sprache Adams. Gott bestrafte die Hybris der Turmbauer von Babel mit einer Vielfalt von Sprachen, sodass sie sich nicht mehr verstehen konnten.

Eigentlich könnte vermutet werden, dass das ‚Pfingstwunder' im Neuen Testament diese sprachliche Zersplitterung heilen sollte (siehe Lademann-Priemer in diesem Band), dass das Pfingstwunder, dieses gegenseitige Verstehen von Sprachen und das Reden in Zungen, beseelt durch den Heiligen Geist, auch in der Sprachwissenschaft als Gegendarstellung zu Babylon als Metapher funktionieren könnte. Jedoch hat das sogenannte Pfingstwunder keinen Einzug in die Sprachwissenschaft erhalten, obwohl das gegenseitige Verstehen von unterschiedlichen Sprachen für Teilbereiche der Sprachwissenschaft wie der Mehrsprachigkeits- oder Sprachkontaktforschung im Prinzip eine gewisse Attraktion haben könnte. Aber weit gefehlt! Pfingsten ist und bleibt eine Leerstelle. Die folgenden Betrachtungen sollen dazu beitragen, eine Erklärung hierfür zu geben. Jedoch muss zunächst erklärt werden, warum die *confusio linguarum* historisch eine so hervortretende Rolle gespielt hat.

Confusio linguarum

Dass man *fremde* Sprachen nicht ohne weiteres verstehen kann, entspricht unserer täglichen Erfahrung. Jedoch war die Alltagserfahrung nicht der Ausgangspunkt für die umfangreiche Beschäftigung mit der *confusio linguarum,* sondern eher religiöse Bestrebungen und die Suche nach der vollkommenen Sprache, der Sprache der Schöpfung, bezogen auf Genesis 2. Ab Genesis 2,19 tritt Adam als Namensgeber auf, indem er die von Gott erschaffenen Tiere und Vögel benennt. Aber es wird nicht klar, auf welcher Grundlage – geschweige denn, in welcher Sprache – Adam die Tiere und Vögel benannt hat. Eine Übersetzung ins Lateinische, die sog. *Vulgata*, erwähnt etwas zirkulär und verschleiernd, dass Adam die Tiere mit *nominibus suis* (*mit ihren eigenen Namen*) benannt habe (vgl. Vulgata, Liber Genesis 2,20).

Genesis 11 nimmt das Thema Sprache wieder auf, und zwar im Mythos von Babel: Hybris verleitete die Menschen dazu, einen Turm bauen zu wollen, der bis zum Himmel reiche. Um den Übermut der Menschen zu bestrafen und den Turmbau zu verhindern, beschließt Gott, „Auf, steigen wir hinab und verwirren wir dort ihre Sprache, sodass keiner mehr die Sprache des anderen versteht." (Gen 11, 7 nach Die Bibel, 2018, 28). Die Vielzahl von Sprachen wäre nach der gängigen, traditionellen Rezeption als Folge eines göttlichen Fluches zu empfinden (siehe M. Pohlmeyer in diesem Band).

In seinem Buch *Die Suche nach der vollkommenen Sprache* (1994) beschreibt Umberto Eco annähernd chronologisch die europäischen Utopien von einer vollkommenen Sprache, die die babylonische Sprachenverwirrung rückgängig machen sollten. In Ecos Darstellung spielt das Pfingstwunder kaum eine Rolle. Trotzdem lohnt es sich, die Spuren zu verfolgen, die Eco beschreibt, denn die verschiedenen Richtungen in der Suche nach der vollkommenen Sprache zeigen Tendenzen auf, die uns ein wenig näher an eine Antwort auf die Frage bringen, warum Pfingsten und das Sprachwunder in dieser Suche kaum Erwähnung finden.

„Eine Kultur, die über eine internationale Sprache verfügt, leidet nicht an der Sprachenvielfalt", stellt Eco zunächst fest (Eco 1994: 25). Für eine solche Kultur (wie beispielsweise die antike griechische) stellt sich die Frage eher philosophisch, wie in Platons *Kratylos*, nämlich ob der Namensgeber den Dingen ‚ihren Namen' gegeben habe, der ihr nach ihrer Natur (*physis)* zukomme, oder ob die Benennung auf eine Norm bzw. Übereinkunft (*nomos)* der Menschen zurückzuführen sei. Diese Diskussion prägt bekanntlich Sprachtheorien und semiotische Theorien bis ins 20. Jahrhundert, man denke z.B. an de Saussures Unterscheidung zwischen Signifikat und Signifikant, wobei das Verhältnis zwischen Signifikat und Signifikant arbiträr ist (vgl. de Sausurre 1915), oder an Hjelmslevs Prinzip der biplanaren Gliederung des sprachlichen Zeichens (Hjelmslev 1943 /1966: 99f).

Eine andere Frage ergibt sich aus Genesis 2, nämlich: Welche war denn die ursprüngliche Sprache? Für den jüdischen Glauben sowie für die frühen christlichen Kirchenväter bis Augustinus war diese Sprache das Hebräische. Die Idee des Hebräischen als die Sprache Gottes zieht sich durch das ganze Mittelalter, auch wenn die hebräische Sprache im christlichen Europa des Mittelalters fast in Vergessenheit geraten war. Die Hypothese vom Hebräischen als der ursprünglichen Sprache und der Sprache Gottes wird u.a. durch die (aus heutiger Sicht bizarren) Experimente mit einer Isolation von Kindern, die keine sprachlichen

Stimuli erhielten, belegt: Man wollte durch das Experiment in Erfahrung bringen, welche die ursprüngliche Sprache des Menschen sei. Nach Darstellung des Franziskanerbruders Salimbene wollte Kaiser Friedrich II. von Hohenstaufen (1194-1250) wissen, ob die Kinder ‚die erste Sprache', nämlich Hebräisch, sprechen würden oder vielleicht eher Griechisch oder Latein? Diese Kinder sind jedoch (wie eine unbekannte Anzahl anderer Kinder, die Opfer desselben Isolationsexperiments wurden) gestorben. Die überlebenden sprachisolierten Kinder konnten meistens gar keine Sprache sprechen. Jedoch wird in einem Fall behauptet, „that they spoke good Hebrew, but as to myself I know not but by hearsay", schreibt der Historiker Robert Lindsay über ein entsprechendes Experiment, von dem schottischen König James (1473-1513) veranlasst (zitiert nach Crystal 2010: 298).

Eco hat die Ikonographie des Turmbaus überprüft und stellt fest, dass eine Beschäftigung mit dem Turmbau von Babel vor dem 11. Jahrhundert kaum vorhanden sei (Eco 1994: 30f.). Den Grund dafür vermutet er in der o.a. Betrachtung, dass die Entwicklung der romanischen Volkssprachen aus dem Lateinischen erstmal Reflexionen über die *confusio linguarum* hervorbringt:

> Gegenüber der massiven Einheit des römischen Reiches (…) präsentiert sich Europa zunächst als ein Babel von neuen Sprachen und erst danach als ein Mosaik von Nationen. Europa beginnt mit der Geburt seiner Volkssprachen, und mit der (…) Reaktion auf ihren Einbruch beginnt die kritische Kultur Europas, die sich dem Drama der Sprachzersplitterung stellt und anfängt, über die eigene Zukunft als vielsprachige Zivilisation nachzudenken. Als daran Leidende sucht sie nach Wegen der Heilung. Dabei ist sie bald rückwärtsgewandt im Versuch, die Sprache Adams wiederzufinden, bald vorwärtsgewandt mit dem Ziel, eine Sprache der Vernunft zu konstruieren (…). (Eco 1994: 32)

Ein Charakteristikum der europäischen Renaissance (ca. 1330-1630) und des Humanismus ist das Interesse für die klassischen Sprachen: das klassische Latein (im Gegensatz zum ‚korrumpierten' Kirchen- oder Mittelalterlatein), Griechisch und später auch Hebräisch. Abgesehen von kleineren Gruppen gab es im spätmittelalterlichen Europa nur wenige Personen, die noch die griechische oder hebräische Sprache lesen konnten; und bis ca. 1500 blieb die Beschäftigung mit der griechischen

Sprache und Kultur auf Italien beschränkt (Burke 2012: 120). Das Interesse für das Griechische in der Renaissance ist nicht nur darauf zurückzuführen, dass es die Sprache der antiken Dichter und Philosophen wie Homer, Platon und Aristoteles ist, sondern auch die Sprache des Neuen Testaments. Ungefähr zur gleichen Zeit begannen christliche Gelehrte, sich ebenfalls für die Sprache des Alten Testaments, das Hebräische, zu interessieren.

Doch die hebräische Sprache wurde nicht nur studiert, um das Alte Testament im Original lesen zu können. Für einige Humanisten der Renaissance bestand ein Ziel darin, die Kabbala, also die Tradition jüdischer Gelehrter, zu verstehen. Bei der Kabbala handelt es sich um eine mystische Tradition, „ein Versuch, sich Gott durch Meditation über seine zahlreichen Namen anzunähern" (Burke 2012: 121). Die kabbalistischen Gelehrten waren der Auffassung, dass das Hebräische die Sprache Gottes sei, in der Worte mehr waren als bloße Zeichen für Dinge. Diese ursprüngliche Sprache besitze eine eigene Kraft, und indem die Kabbalisten die geheimen Namen Gottes benutzen, seien sie imstande, Engel herbeizurufen. Während der Renaissance wurde die Kabbala zum ersten Mal von nicht-jüdischen Philosophen studiert, beispielsweise von Pico della Mirandola (1463-1494). Er gehörte zu dem neoplatonischen Kreis um Lorenzo de Medici in Firenze. Pico della Mirandola interpretierte die antiken Texte und die Kabbala als Vorboten und Bestätigung des Christentums: „Keine Wissenschaft beweist die Göttlichkeit Christi so gut wie die Magie und die Kabbala" (zitiert nach Burke 2012: 121). In Italien begannen im 16. Jahrhundert die kabbalistischen Studien zu blühen.

In dem oben angeführten Zitat teilt Eco die Suche nach der vollkommenen Sprache, welche die *confusio linguarum* heilen soll, in zwei Kategorien auf: die rückwärtsgewandten und die vorwärtsgewandten. Zu den Rückwärtsgewandten hören zweifelsohne die religiös motivierten Mystiker, die die Sprache Gottes suchen.

Als Beispiel für einen religiös motivierten ‚Rückwärtsgewandten' soll hier der deutsche Mystiker Jacob Böhme kurz erwähnt werden, der noch Anfang des 17. Jahrhunderts eine Theorie der Signaturen entwickelt: *De signatura rerum* (gedruckt im Jahr 1635): Für Böhme trägt jedes Element der Natur in seiner Form einen Hinweis auf seine

Eigenschaften. In der Form und der Figur jeder Sache sind ihre Eigenschaften und Kraft eingeschrieben. Die *signatura* wird zu einer Metapher einer mystisch überhöhten Sicht, die überall nach Spuren einer göttlichen Kraft sucht. Dies mag an die kabbalistische Tradition erinnern. Bei Böhme hat besonders eine Sprache Offenbarungscharakter, die sog. ‚sinnliche Sprache‘, denn die göttliche Kraft spiegelt sich in der Kraft des menschlichen Redens und in der Sprache der Natur: Gottes Grammatik spiegele sich in der Natur wider, wenn wir nur verstehen, richtig hinzuhören – vergleichbar mit dem Pfingstwunder, als die Apostel vom Heiligen Geist die Gabe bekamen, Sprachen unmittelbar zu verstehen (van Ingen 2009: 827).

Die ‚Vorwärtsgewandten‘ in der Suche nach der idealen Sprache haben nach Eco zwei Charakteristika: 1) die Ziele sind nicht religiös begründet und 2) die Methodik ist überwiegend rational. Als Beispiel für eine eher rationale Suche nach einer apriorischen Sprache führt Eco Leibniz an, dessen Konstruktion einer philosophischen Sprache im 17. Jahrhundert durch das binäre Prinzip die moderne Computersprache vorausgreift (Eco 1994: 276 ff). Leibniz und Böhme sind hier unter den vielen Beispielen in Ecos Werk ausgewählt, weil sie fast gleichzeitig im 17. Jahrhundert tätig waren.

Eine andere Einteilung in Ecos Werk ist die Unterscheidung zwischen den monogenetischen und den polygenetischen Hypothesen bez. der menschlichen Sprachen. Die monogenetische Hypothese, die Behauptung einer Ursprache, ist typisch für das Europa des ausgehenden 17. und 18. Jahrhunderts. Es ist die Zeit von ‚nation building‘ (Anderson 1983), in der sich auch das Problem der Vorherrschaft auf dem europäischen Kontinent stellte. Die Behauptung der Ursprünglichkeit einer Sprache und Kultur diente letztendlich der Staatsräson, ob es nun dem jeweiligen Autor bewusst war oder nicht.

Trotz der nationalistischen Motivation führten im ausgehenden 18. und im 19. Jahrhundert etymologische Detailstudien und intensive Sprachvergleiche zu wissenschaftlichen Fortschritten, wie z.B. zur Entdeckung der ‚Sprachfamilien‘, die in der indoeuropäischen Hypothese gipfelte. Die indoeuropäische Sprachwissenschaft hat zwar nicht die Ursprache gefunden, sondern festgestellt, dass eine ganze ‚Familie‘ von Sprachen von Indien bis nach Island auf eine Protosprache zurückzuführen ist, die nicht mehr existiert. Mit Arbeiten von Jakob Grimm und Franz Bopp wurden zum ersten Mal wissenschaftliche Kriterien erarbeitet, die in den ‚Lautgesetzen' (noch eine Metapher!) festgelegt wurden: Lautveränderungen und Lautverschiebungen sollten – in Anlehnung an naturwissenschaftlichen Gesetzmäßigkeiten – durch Parallelbeispiele und Regeln ausnahmslos und in gleicher Weise glaubhaft gemacht werden können.

Die Kollateralschäden der Indoeuropäistik sind bekannt. Im 19. Jahrhundert vollzieht sich nach Ecco ein sog. ‚Mythenwechsel':

> Statt von einer Primordialität einer Sprache träumt man nun von der Primordialität einer Kultur oder einer Rasse: Gegen das Bild der hebräischen Kultur und Sprache erhebt sich das Gespenst der Kultur und Sprache des arischen Stammes. (Eco 1994: 114-115)

Die indoeuropäische Sprachwissenschaft ist keineswegs eine unschuldige Wissenschaft berühmter vergleichender Sprachforscher, vielmehr wurde die daraus abgeleitete Höherwertigkeit der arischen Kultur und Rasse als Legitimation für die Eroberung von Kolonien, für expansiven Nationalismus bis hin zum Antisemitismus missbraucht. Ebenfalls wurde in der nationalistischen Epoche das babylonische Sprachenwirrwarr zum Topos in der Sprachwissenschaft: Das Sprachenwirrwarr wurde als negatives Gegenbild zu einer einheitlichen Nationalsprache dargestellt. Als ein Beispiel unter vielen möchte ich hier den dänischen Sprachhistoriker Peter Skautrup anführen, der in seiner Geschichte der dänischen Sprache Band II aus dem Jahr 1947 die Verhältnisse am dänischen Hof im ausgehenden 17. Jahrhundert – also in einer vor-nationalen, gesamtstaatlichen Epoche – als einen „babylonischen Flitter" bezeichnet (Skautrup 1947: 305). Die Bemühungen, einheitliche nationale Sprachgemeinschaften zu erschaffen, eine Einheit von Volk und Sprache zu behaupten, sind charakteristisch für das Europa des 19. und 20. Jahrhunderts – und dies eindeutig auf Kosten der nicht-nationalen Sprachen und der europäischen Sprachenvielfalt.

Eine polygenetisch begründete Korrektur zur Suche nach der Ursprache findet sich bei Wilhelm von Humboldt, der in seinem Werk *Über die Verschiedenheit des menschlichen Sprachbaus und ihren Einfluss auf die geistige Entwicklung des Menschengeschlechts* (1836) die These vertritt, dass jede Sprache eine „innere Sprachform" besitzt, in der sich die Weltsicht des sie sprechenden Volkes zum Ausdruck kommt. Nicht nur greift Humboldt damit den sprachlichen Relativismus des 20. Jahrhunderts voraus, sondern verneint auch de facto die Möglichkeit, die menschliche Sprache auf *ein* angeblich universales Einheitsmuster zurückzuführen (vgl. Eco 1994: 120-21).

Warum spielt das Pfingstwunder in der Sprachwissenschaft kaum eine Rolle?

Aus den bisherigen Betrachtungen können folgende vorläufige Schlussfolgerungen gezogen werden:

Der Topos Babylon in der Sprachwissenschaft zeigt sich nicht wertfrei: Insbesondere wurde er ideologisch dazu verwendet, Sprachenvielfalt negativ zu charakterisieren. Metaphern zu übernehmen ist also nicht unbedingt ein Qualitätsmerkmal eines wissenschaftlichen Diskurses. Skepsis und Vorsicht sind also angebracht.

Die Hypothese von dem Offenbarungscharakter der Sprache geht auf die Tradition der Mystik zurück, die auf Sprachwissenschaftler des 20. und 21. Jahrhunderts kaum eine Attraktion ausüben konnte. Als ‚Mystiker' charakterisiert zu werden scheint kein Qualitätsmerkmal und kann scharfe Kritik hervorrufen wie im Falle Walter Benjamins; dieser Fall soll im Folgenden kurz referiert werden.

Steiner (1975/2014: 68 ff) sieht in Benjamin einen späten Nachfolger Böhmes: Nachdem Steiner die „Alchimie der Sprache" bei Jacob Böhme beschrieben hat, die in den „visionären Betrachtungen" des Angelus Silesius noch „ins Extrem gesteigert" wurden, liest man den folgenden Passus:

> Im aufklärerischen Klima des 18. Jahrhunderts verblaßten solch gnostische Träume. Aber sie kehren wieder, nun als Metapher und Modell bei drei modernen Schriftstellern. (Steiner 1975/2014: 68)

Die drei modernen Schriftsteller, die Steiner anführt, sind außer Benjamin noch Franz Kafka und Jorge Luis Borges. Steiner referiert zunächst Walter Benjamins Text *Die Aufgabe des Übersetzers* vom Jahr 1923 und bezeichnet Benjamins Einstellung zur Frage der Übersetzbarkeit als „kabbalistisch" (Steiner 2014: 69). Walter Benjamin rekurriere in seinem Text auf eine Theorie „der reinen Sprache", die nicht nur als ein *tertium comparationis*, sondern als Wesen der Sprache und „Universalsprache" zu verstehen sei (Steiner 2014: 69). Eco (1994) kritisiert Benjamin mit folgendem vernichtenden Urteil:

> Wenn wir uns die kabbalistischen und mystischen Quellen von Benjamins Denken vergegenwärtigen, können wir den ziemlich nahen Schatten der heiligen Sprache erkennen, etwas, das sehr viel ähnlicher dem geheimen Geist der pfingstlichen Sprachen und der Sprache der Vögel ist als den Formeln einer apriorischen Sprache. (Eco 1994: 350)

Die pfingstlichen Sprachen und Kabbala werden von Eco hier als Quellen des Mystizismus gleichgesetzt. Es scheint, als ob eine angebliche Nähe zum Pfingstwunder an sich disqualifizierend sei.

Die Autorin dieser Zeilen hat weder in dem grundlegenden Text Benjamins zur Sprachtheorie *Über Sprache überhaupt und über die Sprache des Menschen* von 1916 noch in dem von Steiner kommentierten Text *Die Aufgabe des Übersetzers* (1923) eine einzige Textstelle gefunden, an der Benjamin Pfingsten erwähnt. Dass Pfingsten (als dezidiert christliches Fest) überhaupt bei Benjamin eine Rolle spielen könnte, wäre – ehrlich gesagt – auch gar nicht zu erwarten. Signifikant ist dagegen Ecos Gleichstellung von Kabbala, Mystizismus und Pfingsten.

Ob diese beiden oben erwähnten Urteile über Benjamin plausibel – und überhaupt sachlich korrekt – sind, ist eine andere Frage: So wie ich den recht komplexen Text Benjamins *Über Sprache überhaupt und über die Sprache des Menschen* (1916) lese, versucht Benjamin einen dritten Standpunkt einzunehmen zwischen einer rein rationalen („bürgerlichen") Zeichentheorie und einer mystischen Sprachtheorie:

> Durch das Wort ist der Mensch mit der Sprache der Dinge verbunden. Das menschliche Wort ist der Name der Dinge. Damit kann die Vorstellung nicht mehr aufkommen, die der bürgerlichen Ansicht der Sprache entspricht, daß das Wort zur Sache sich zufällig verhalte, daß es ein durch irgendwelche Konvention gesetztes Zeichen der Dinge (oder ihrer Erkenntnis) sei. Die Sprache gibt niemals *bloße* Zeichen. Mißverständlich ist aber auch die Ablehnung der bürgerlichen durch die

mystische Sprachtheorie. Nach ihr nämlich ist das Wort schlechthin das Wesen der Sache. (Benjamin 1916 / 1992: 41).

Dass Benjamin der menschlichen Sprache einen Offenbarungscharakter zuschreibt und dass der hermeneutische Rahmen seiner Sprachtheorie metaphysisch begründet ist, soll hier keineswegs geleugnet werden; die Schöpfungsberichte in der Genesis bilden seinen Interpretationsrahmen:

> Die zweite Fassung der Schöpfungsgeschichte, die vom Einblasen des Odems erzählt, berichtet zugleich, der Mensch sei aus Erde gemacht worden. (…) Es ist in dieser zweiten Schöpfungsgeschichte die Erschaffung des Menschen nicht durch das Wort geschehen: Gott sprach – und es geschah –, sondern diesem nicht aus dem Wort geschaffenen Menschen wird nun die *Gabe* der Sprache beigelegt, und er wird über die Natur erhoben. (Benjamin 1992: 38)

Benjamin bleibt in diesem alttestamentarischen Interpretationsrahmen. Jedoch ist dieser Rahmen nicht als Mystizismus in der Nachfolge von Böhme zu bezeichnen, wie Steiner es tut (siehe oben). Der Unterschied ist so zu erklären: Für Böhme trägt jedes Element der Natur in seiner Form einen Hinweis auf seine Eigenschaften. In der Form und der Figur jeder Sache sind ihre Eigenschaften und Kraft eingeschrieben; sie haben sozusagen eine Sprache. Bei Benjamin gibt Gott den Menschen die Sprache, um die Dinge zu benennen: „die reine Sprache" (Benjamin 1992: 33). Die Dinge und die Natur sind jedoch stumm, haben eine nicht-lautliche Sprache, denn die Schöpfung an sich ist ein sprachlicher Akt Gottes: das Schöpfungswort. Die „reine Sprache" wird durch den Sündenfall zerstört, indem die Schlange Eva verspricht, den Gegensatz zwischen Gut und Böse unterscheiden zu können – ein Dualismus, der im Paradies irrelevant ist, weil dort das Böse in der Schöpfung nicht vorhanden ist:

> Daß aber die Sprache des Paradieses vollkommen erkennend gewesen sei, vermag auch das Dasein des Baumes der Erkenntnis nicht zu verhehlen. Seine Äpfel sollten die Erkenntnis verleihen, was gut und böse sei. Gott aber hatte schon am siebenten Tage mit den Worten der Schöpfung erkannt. Und siehe, es war sehr gut. Die Erkenntnis, zu der die Schlange verführt, das Wissen, was gut sei und böse, ist namenlos. Es

ist im tiefsten Sinne nichtig, und dieses Wissen selbst das einzig Böse, das der paradiesische Zustand kennt." (Benjamin 1992: 44)

Die auf den Sündenfall folgende sprachliche Handlung ist, dass Gott nunmehr die Sprache verwendet, um Adam und Eva zu verurteilen:

> Die Erkenntnis der Dinge beruht im Namen, die des Guten und Bösen ist aber in dem tiefen Sinne, in dem Kierkegaard dieses Wort faßt, „Geschwätz" und erkennt nur eine Reinigung und Erhöhung, unter die denn auch der geschwätzige Mensch, der Sündige, gestellt wurde: das Gericht. (Benjamin 1992: 44)

Man könnte Steiner (siehe oben) beim Wort nehmen und den Text von Benjamin als Metapher lesen: Dann ist dieser Text eher als eine allegorische Geschichte über die Entstehung des Bösen zu verstehen – eine Metapher für die Pseudoerkenntnis, die darin besteht, die Welt dualistisch in Gut und Böse (plus und minus) aufzuteilen: Die Sprache wird durch den Sündenfall das Medium des dualistischen Denkens. Dass diese Denkweise als binäres Modell einerseits als mathematische Errungenschaft und Fortschritt gesehen werden kann – wie Eco bei Leibniz (siehe oben) – scheint zweifellos der Fall, jedoch ist andererseits, von einem ethischen oder philosophischen Standpunkt aus gesehen, ein solches dualistisches Denkmodell, das die Welt in Gut und Böse, Freund und Feind aufteilt, äußerst problematisch.

In diesem frühen sprachtheoretischen Text stellt Benjamin eine prä-babylonische Geschichte der Sprachverwirrung und Sprachverirrung dar:

> Nach dem Sündenfall, der in der Mittelbarmachung der Sprache den Grund zu ihrer Vielheit gelegt hatte, konnte es bis zur Sprachverwirrung nur noch ein Schritt sein. (Benjamin 1992: 46)

Was aber bei Benjamin gänzlich fehlt, ist eine ‚Heilsgeschichte', eine Aufhebung der Sprachverwirrung, weshalb die von Eco postulierte Nähe zum pfingstlichen Sprachwunder ein Postulat bleibt.

Dagegen bietet sich eine gedankliche Verbindung zu den performativen bzw. konstatierenden Sprechakten bei Austin (1962) an: Wenn man Benjamins Gedanke von der „reinen Sprache" in die Terminologie von Austin übersetzt, handelt es sich um sog. performative Sprechakte (*per-*

formatives): Mit einem Sprechakt wird eine entsprechende Wirklichkeit gesetzt, wie z.b. eine Taufe, ein Urteil oder eine Eheschließung: Auf die Sprachtheorie Benjamins übertragen, entsteht folgende Übereinstimmung: (1) Die Schöpfung hat ihren Ursprung im Schöpfungswort Gottes: „Es werde – Er machte (schuf) – Er nannte" (Benjamin 1992: 39); die Schöpfung ist an sich ein sprachlicher, performativer Akt. (2) Gott gibt Adam die Sprache: „diesem nicht aus dem Wort geschaffenen Menschen wird nun die *Gabe* der Sprache beigelegt" (Benjamin 1992: 38). (3) Danach vollzieht Adam die Namensgebung („Taufe") aller Tiere. (4) Nach dem Sündenfall erfolgt das „Urteil" Gottes, die Verbannung aus dem Paradies, die Benjamin als „die Magie des Urteils" bezeichnet (Benjamin 1992: 45). Charakteristisch für performative Sprechakte ist, dass man (a) nicht die Frage ‚wahr oder falsch' (oder mit Benjamin ‚gut oder böse') stellen kann und (b) dass mit der Äußerung unmittelbar eine Handlung vollzogen wird. Diese performativen Sprechakte sind in ihrer ‚reinen' Form indexikalisch auf *ego – hic – nunc* bezogen (vgl. Bühler 1934): Jemand (*ego*), mit einer bestimmten Funktion, Status oder Autorität ausgestattet, sagt etwas und damit ist die Handlung hier und jetzt vollzogen.

Die ‚abstrakte' Sprache des Sündenfalls hätte eher Ähnlichkeit mit Prädikation und konstatierenden Aussagen (nach Austin): Die konstatierenden Sprechakte unterscheiden sich von den performativen dadurch, dass (a) ihnen als Äußerung (*lokution*) zwar eine illokutionäre Kraft (*force*) und ein propositionaler Gehalt, jedoch kein unmittelbarer Handlungsvollzug (*perlokution*) zugeordnet werden können und dass (b) die Frage des Wahrheitsgehalts: ‚wahr oder falsch' (vgl. ‚gut oder böse' bei Benjamin) gestellt werden kann, obwohl nicht immer entscheidbar (Austin 1962/2000).

Es gibt Parallelen zwischen den Sprachtheorien von Austin und Benjamin. Die Unterschiede liegen vor allem im *framing* (Goffman 1974), weniger im Inhaltlichen. Bei Austin ist das *framing* säkular, bei Benjamin metaphysisch, was jedoch kein Grund sein sollte, Benjamin gleich unter Mystizismusverdacht zu stellen, um seine Sprachtheorie nicht erst zu nehmen.

Pfingsten in der heutigen Sprachwissenschaft

Das Pfingstwunder wird in der heutigen Sprachwissenschaft eher mit Begriffen wie Glossolalie (‚in Zungen reden‘, siehe Lademann-Primer in diesem Band) und Xenoglossie (die Fähigkeit einer Person, eine ihr unbekannte Sprache zu verstehen und sprechen) verbunden. Beide Begriffe werden aus linguistischer Sicht äußerst kritisch betrachtet: Glossolalie wird eher mit psychischen Störungen (eventuell sogar mit Sprachverlust) verbunden und Xenoglossie gelegentlich als lächerliches Postulat betrachtet. Interessant in diesem Zusammenhang ist eine scharfe, ironische Stellungnahme der Sprachkontaktforscherin Sarah (Sally) Thomason. In einem Internetkommentar von Februar 2004: „Stupid dead people communication tricks" beschäftigt sie sich mit einem Fall von „‘research‘ on ‚languages‘ of ‚reincarnation‘". Ihre Distanz zum Thema kommt schon in dem häufigen Gebrauch von Anführungszeichen zum Ausdruck!

Thomason bespricht eine zweifelhafte experimentelle Versuchsanordnung, deren Idee ist, dass Personen unter Hypnose nicht nur in die Kindheit, sondern zu ihren früheren Leben zurückversetzt werden. Die Voraussetzung dieser parapsychologischen Experimente ist also der Glaube an Reinkarnation. Nach Aussage des Versuchsleiters (eines Psychiaters) seien die vermutlich monolingual englischsprachigen Personen in die Lage versetzt worden, Sprachen zu verstehen, die sie in einem früheren Leben gesprochen haben sollen, und zwar Deutsch bzw. Schwedisch. Es handle sich dabei um Sprachen, zu denen sie in ihrem jetzigen Leben in nicht-hypnotischem Zustand keinen Zugang hätten. Der Versuchsleiter bezeichnet das Phänomen als „responsive xenoglossy", da die Versuchspersonen durch die Hypnose imstande seien, eine Konversation in dieser ihnen sonst fremden Sprache weiterzuführen. Thomason gibt den Experimenten den folgenden Kommentar mit auf den Weg:

> As experiments, these sessions are eyebrow-raising. Not only are the native-speaker testers believers in reincarnation, but they often repeat their questions in English when the subject doesn't respond immediately to the foreign-language question. Many of the questions are yes/no questions, and of course there's no way to know whether the answers are correct, since the questions are about the subjects' own earlier lives

and nobody else can be presumed to know any details about those lives. (Thomason 2004)

Sarah Thomasons Schlussfolgerung ist, dass der Versuchsleiter keine Ahnung von Sprache hat. Sie schließt ihren Kommentar mit der folgenden interessanten Aussage:

> All this is entertaining (except when the press takes it seriously), but it raises a few questions of potential linguistic interest. For instance: just how much can one understand of a language one doesn't know, after minimal exposure? More than you might think, it turns out. And there are real-world consequences of successful guesswork about what someone just said to you in a language you don't know (…) (Thomason 2004)

Hinzuzufügen ist noch ein wichtiger Aspekt, den Thomason nicht erwähnt, nämlich dass "succesful guesswork" wahrscheinlicher ist, wenn es sich um verwandte Sprachen handelt, wie die nord- und westgermanischen Sprachen Englisch, Deutsch und Schwedisch. Als typologisch flektierende bzw. restflektierende Sprachen weisen sie Ähnlichkeiten bezüglich Flexion und Wortbildung auf; außerdem verfügen sie lexikalisch über ein großes Reservoir an Wörtern gemeinsam germanischen Ursprungs sowie zahlreiche gemeinsame Internationalismen und Entlehnungen insbesondere in der Form von Übernahmen aus den romanischen Sprachen (Latein, Französisch und Italienisch).[1] Eine ‚Fremdsprache' ist eben nicht immer nur fremd! Zu einem gewissen Grad kann ein elementares Verstehen unter Umständen zustande kommen, besonders wenn der Rezipierende auch noch den sprachlichen und außersprachlichen Kontext als Hilfestellung verwendet; beide können in vielen Fällen das sprachliche Verstehen unterstützen. Allerdings handelt es sich dann nicht um rezeptive **Xeno**glossie, sondern um ‚**Se**miglossie', wenn es sich (wie in dem o.a. Experiment) um Sprachen handelt, die sich typologisch und lexikalisch nahestehen.[2] Ein ähnliches

---

[1]   Z.B. kommen in dem o.a. zweifelhaften Experiment die Wörter *puppet* und *Puppe* vor, die aus dem Vulgärlateinischen *puppa* entlehnt sind (vgl. Pfeifer 2000: 1060).

[2]   Es kann auch der Fall sein, dass Fremdsprachenkenntnisse in einer Sprache sich für eine andere Sprache hilfreich einsetzen lassen. Beispielsweise können Lateinkenntnisse für das Verstehen des Italienischen nützlich sein, sodass in diesem Falle auch ein elementares Verstehen möglich wäre.

Phänomen ist die sog. Semikommunikation (nach Haugen 1966), in der Personen mit eng verwandten Erstsprachen sich gegenseitig verstehen, wenn sie ihre jeweilige Erstsprachen im Gespräch verwenden (wie bei den kontinentalskandinavischen Sprachen Schwedisch, Norwegisch und Dänisch).

Ein sehr verbreitetes (und leider oft übersehenes) Phänomen war und ist rezeptive (und produktive) Mehrsprachigkeit; dies gilt auch für die Situation im östlichen Mittelmeerraum im 1. Jahrhundert vor und nach Chr. Zwar hielten die Römer schon zu der Zeit die östliche Mittelmeerküste (das heutige Syrien, Libanon und Israel) besetzt, aber Griechisch war immer noch die überregionale Verkehrssprache neben dem Aramäischen und dem Hebräischen. So gibt es aus Palmyra eine zweisprachige griechisch-aramäische Inschrift aus dem Jahr 137 vor Chr. (Ostler 2005: 247). Über die dreisprachige Situation in Jerusalem nach der römischen Besetzung schreibt Ostler:

> Aramaic remained the dominant language in Palestine, with Hebrew restricted to liturgical use, and Greek interestingly assigned a role in the more cosmopolitan aspect of Jewry, and such spin-offs as the Christians. But as the Acts of the Apostles, chapter 2, graphically recounts, every language still spoken in the Roman empire could be heard in the streets of Jerusalem in the time of the Passover festival. (Ostler 2005: 248)

Die römischen Soldaten und die Verwaltung brachten Latein mit nach Palästina; jedoch scheint der Gebrauch des Lateinischen auf zwei Domänen beschränkt gewesen zu sein, nämlich Militär und Gerichtswesen:

> Two fields where the Romans never used Greek were law and military. This was true even in Greek's heartlands in the eastern Mediterranean, where Latin otherwise made little headway. (Ostler 2005: 253)

Vielleicht kann man sehr grob die Situation so formulieren: Griechisch war im östlichen Mittelmeerraum die überregionale Verkehrssprache, in Rom selbst eine hoch geschätzte Kultursprache. Diese Sprachsituation impliziert eine verbreitete rezeptive und produktive Mehrsprachigkeit: Kenntnisse der überregionalen Verkehrssprache Griechisch scheinen im östlichen Mittelmeerraum sehr verbreitet gewesen zu sein.

Außerdem war Griechisch auch die Umgangssprache der Juden, die in Rom lebten:

> The Greek language had spread round the Roman empire to others than the educated elite. The Jewish community in Rome spoke Greek until the fourth century AD. (…) Within its origins in the Jewish tradition, the Christian faith soon began writing and recognising its own scriptures, primarily in Greek (…) Language for the early Christians seems universally to have been chosen to maximise access, without thought for the privileged status of any particular code. (Ostler 2005: 255)

Auf die betreffende Zeit und den Raum bezogen scheint Mehrsprachigkeit (in verschiedenen Kombinationen mit Griechisch als überregionaler Verkehrssprache) eher ein alltägliches Phänomen gewesen zu sein, sodass kein ‚Sprachwunder' im eigentlichen Sinne erforderlich gewesen wäre.

Zum Schluss muss festgestellt werden, dass das Pfingstwunder und die damit verknüpften Phänomene heute keine Resonanz in der Welt der Sprachwissenschaftler finden, wohl nicht so sehr weil sie als mystisch gelten, sondern weil das pfingstlichen ‚Sprachwunder' – mindestens buchstäblich interpretiert – dem heutigen sprachhistorischen Wissen, den wissenschaftlichen Ansprüchen und Differenzierungen nicht entspricht und somit keine glückliche oder instruktive Metapher hergibt.

Epilog

Ein ‚Sprachwunder' glaubte ich kurzfristig im Sommer 2001 in Stellenbosch (Südafrika) zu erleben: Ich konnte die Afrikaans sprechenden Menschen, die mir auf der Straße begegneten, ohne Mühe verstehen. Manchmal glaubte ich sogar, meine Erstsprache Sønderjysk (eine nord-west-germanische Sprache in Nordschleswig) zu hören. Aber spätestens bei der dritten Tasse Rooibostee fielen mir – und gerade bei diesem Wort – phonologische Ähnlichkeiten zwischen Afrikaans und Sønderjysk auf: Es gibt offensichtlich parallele phonologische Sonderentwicklungen, z.B. vom d bzw. [ð]) zu -i bzw. j (Niederländisch *rode* (‚rot') zu Afrikaans *rooi* [ro:i], Mittelalterdänisch *røth* zu Sønderjysk *røj* [rø:j]). Diese Entdeckung wurde für mich zum Anlass, die Frage zu stellen: Gibt es Faktoren, die zu einer parallelen Sonderentwicklung geführt haben, sodass sich beide Sprachen an ganz unterschiedlichen Orten des Planeten angenähert haben? Ich meine ja. Dazu gehören u.a.:

a. eine beschleunigte Entwicklung der inhärenten Neigung der germanischen Sprachen zu fortschreitendem Abbau der Phoneme und Vereinfachung bzw. Wegfall von Flexionsendungen und -kategorien in den beiden Sprachen,

b. geographische bzw. historische Isolierung von der Ursprungssprache (Niederländisch bzw. Mittelalterdänisch) bei

c. gleichzeitig engem, langfristigem und nachhaltigem Kontakt zu Nachbarsprachen.

Ein Zufall? Ja; aber trotzdem ein Beispiel, wie man von Sprache immer wieder überrascht werden kann.

Literatur

Anderson, Benjamin (1983/2006) *Imagined communities.* London, New York: Verso.

Austin, John L. (1962) *How to do things with words.* Oxford: Oxford University Press.

Austin, John L. (1962/2000) „Performative und konstatierende Äußerung." In: Ludger Hoffmann (Hrsg.) *Sprachwissenschaft. Ein Reader.* Berlin: De Gruyter, 132-142.

Benjamin, Walter (1916/1992) "Über die Sprache des Menschen". In: *Walter Benjamin – Sprache und Geschichte. Philosophische Essays.* Frankfurt am Main: Reclam, 30-49.

Benjamin, Walter (1923/1992) „Die Aufgabe des Übersetzers". In: *Walter Benjamin – Sprache und Geschichte. Philosophische Essays.* Frankfurt am Main: Reclam, 50-64.

Böhme, Jacob (1635/2009) *De signatura rerum.* In: *Jacob Böhme: Werke.* Frankfurt am Main. Deutscher Klassiker Verlag, 507-791.

Bühler, Karl (1934/1978) *Sprachtheorie.* Frankfurt: Ullstein.

Burke, Peter (2012) *Die europäische Renaissance.* München: C.H.Beck.

Chew, Matthew & Laubichler, Manfred (2003) Natural
    enemies – metaphor or misconception? In: *Science,* Vol.301,
    Issue 5629, 52-53.

Crystal, David (2010) *The Cambridge encyclopedia of language.*
    Cambridge etc.: Cambridge University Press.

de Saussure, Ferdinand (1915/1922) *Cours de linguistique générale.*
    Paris: Bally & Sechehaye.

Die Bibel. Einheitsübersetzung (2018): *Kommentierte Studienausgabe.*
    Stuttgarter Altes Testament, Bd. 1, hg. v. C. Dohmen, 2. Aufl.,
    Stuttgart: Verlag Katholisches Bibelwerk, 28.

Eco, Umberto (1994): *Die Suche nach der vollkommenen Sprache.*
    München: C. H. Beck.

Goffman, Erving (1974) *Frame analysis.* New York: Harper & Row.

Haugen, Einar (1966) Semicommunication: the language gap in
    Scandinavia. In: *Sociological inquiry* 36, 280-297.

Hjelmslev, Louis (1943/1966) *Omkring sprogteoriens grundlæggelse.*
    København: Akademisk Forlag.

Lakoff, George & Johnson, Mark (1980) *Metaphors we live by.*
    Chicago: University of Chicago Press.

Ostler, Nicholas (2005) *Empires of the Word.* New York: Harper
    Perennial.

Pfeifer, Wolfgang (2000) *Etymologisches Wörterbuch des Deutschen.*
    München: dtv.

Steiner, Georg (1975/2014): *Nach Babel.* Berlin: Suhrkamp.

van Ingens, Ferdinand (2009) „Jacob Böhme: Leben und Werk." In:
    In: *Jacob Böhme: Werke.* Frankfurt am Main. Deutscher
    Klassiker Verlag, 795-831.

von Humboldt, Wilhelm (1829/2010) *Über die Verschiedenheit des
    menschlichen Sprachbaues.* In: Wilhelm von Humboldt.
    Werke III. Darmstadt: WBG, 144-367.

Internetquelle:

Sally Thomason (2004): "Stupid Dead People Communication
        Tricks": In: Language Log (07.09.2020) www: itre.cis.upenn.
        edu (07.09.2020)

Franz Januschek
„Alle Menschen werden …*[1]!"
Pfingsten: Überwindung der Sprachenvielfalt?
Was dazu aus sprachtheoretischer Sicht zu sagen ist.

Die biblische Pfingstgeschichte setzt ebenso wie die Geschichte von der babylonischen Sprachverwirrung voraus, dass der Verständigung unter den Menschen die Verschiedenheit ihrer Sprachen im Wege steht. Es ist jeweils ein göttlicher Eingriff, der diese Verschiedenheit in dem einen Fall *erzeugt* (Turmbau zu Babel) und der sie in dem anderen Fall *aufhebt* (Pfingstwunder). Man kann diese Geschichten schlicht als Demonstrationen göttlicher Macht – und damit menschlicher Ohnmacht – begreifen: Das lenkt den Blick der RezipientInnen ehrfurchtsvoll zum Himmel anstatt auf die Verhältnisse, die sie handelnd beeinflussen können. Mit einer solchen Deutung ist wenig gewonnen; und mit ihr hat man sich, soweit ich weiß, auch nie begnügt. Die eigentliche Interpretation der Geschichten setzt den Fokus im Fall der babylonischen Sprachverwirrung auf die Warnung vor kollektiver Hybris: *Wir sind die Herren der Welt!* und im Fall des Pfingstwunders auf kollektive Ermutigung und Erlösungshoffnung: *Alle Menschen werden Brüder!* Das ist plausibel – und dafür muss man auch nicht besonders fromm sein. Um diese nachvollziehbare Deutung geht es mir hier jedoch nicht. Vielmehr möchte ich das rutschige Fundament der sozusagen „sprachtheoretischen" Voraussetzungen jener Geschichten herausarbeiten und die Luftschlösser abreißen, die darauf zu errichten sind.

Eine humanistische Idee und ihr Machbarkeitsproblem

Mit fremden, von weither gekommenen oder weit entfernt lebenden Menschen kann man sich meist nicht oder nur sehr schlecht verständigen: Sie sprechen *andere Sprachen*. Das ist für uns ein völlig selbstverständliches Faktum. Dabei wird vergessen, dass dies zunächst einmal eine *humanistische Idee* ist (oder war); denn logisch wäre es durchaus

---

[1] Gendersternchen

178

auch möglich gewesen, die Fremden in die gleiche Kategorie zu setzen wie etwa Affen oder andere wilde Tiere, mit denen wir uns ja ebenfalls nicht verständigen können, obwohl ihnen dies untereinander offenkundig – und zwar mit Hilfe artikulierter Laute – möglich ist. So abwegig, wie das scheinen mag, ist es nicht, denn es finden sich in unserer alltäglichen Praxis noch Reste dieses Herangehens, z. B. wenn wir einige Sprachen als minderwertig oder rückständig behandeln oder wenn wir Fremdsprachige anschreien in der spontanen Annahme, sie könnten dann unser Deutsch verstehen.[2]

Wenn man aber dieser ursprünglich durchaus humanistischen Idee folgt, dass fremde Menschen, die wir nicht verstehen, *auch* eine Sprache sprechen, dann liegt die Vermutung nahe, dass es doch irgendwann mal eine gemeinsame Sprache aller Menschen gegeben haben müsse oder gar dass man eine solche gemeinsame Sprache schaffen oder wiederherstellen könnte. Im modernen wissenschaftlichen Denken wird daraus – spätestens seit dem 19. Jahrhundert – die Überzeugung, dass man die Auseinanderentwicklung der menschlichen Sprachen empirisch beschreiben und erklären und dass man eine allen gemeinsame Sprache technisch erschaffen könne. Göttliches Wirken ist nach dieser – modernen und uns geläufigen Überzeugung – weder für die Erklärung der Fakten noch für die Verwirklichung des Erhofften erforderlich (sofern man nicht den menschlichen Geist selbst als das eigentlich Göttliche begreift).

Was den Sprachwandel und damit auch die Entstehung der sprachlichen Unterschiede betrifft, so wissen wir heute durch die sprachhistorische und -vergleichende Forschung eine ganze Menge mehr als zur Zeit der biblischen und anderer Erzählungen, auch wenn die erklärenden Theorien durchaus nicht einheitlich sind. Dies gilt allerdings in besonderem Maße für die Erklärung des Ursprungs der menschlichen Sprache überhaupt: Keine der dafür bislang entwickelten Theorien erwies sich als haltbar.[3] Und das könnte, so meine These, daran liegen, dass wir gar nicht wissen, ja gar nicht wissen können, was *Sprache* eigentlich

---

[2] Die antiken Griechen nannten alle Fremdsprachigen „Stammler" *(βαρβαροι)*; das slawische Wort für die Deutschen hat eine ebensolche Etymologie.

[3] Sprachursprungstheorien sind grundsätzlich spekulativ oder zirkulär, weil alle empirischen Belege bereits voraussetzen müssen, wie Sprache von anderen

ist. Zumindest ist jede *Definition*, also jeder präzise Begriff von *Sprache* auf sprachliche Begriffe angewiesen; mithin ist also das Definiens immer schon Teil des Definiendums: Man versucht sich am eigenen Schopf aus dem Sumpf zu ziehen (*infiniter Regress*). Wer diese Logik überschreitet – ,transzendiert' – betritt das Land des Irrationalen, die Heimat der göttlichen Eingriffe. Also doch?

Die Frage, ob es eine allen Menschen gemeinsame Sprache geben kann, ist der anderen Frage, ob sich eine solche gemeinsame Sprache (wieder-)herstellen lässt, logisch vorgeordnet: Bei einer negativen Antwort würde sich die nachgeordnete Diskussion erübrigen. Da aber die Erörterung der grundsätzlichen Frage stets von dem genannten infiniten Regress bedroht ist, kann man einen Umweg wählen und diese logische Reihenfolge zurückstellen, indem man sich erst einmal mit Teilschritten zur Herstellung gemeinsamer Sprache begnügt und ausprobiert, wie weit man dabei kommt. Einige solche Teilschritte möchte ich hier diskutieren, nämlich:

Nonverbale Kommunikation

Emojis

Zungenreden

Fremdsprachenlernen

Sprachenfresserei: Unterdrückung von Vernakularsprachen

Entwicklung universeller Sprachen für Spezialgebiete

Entwicklung künstlicher universeller Zweitsprachen

Mehrsprachigkeitsdidaktik

Nonverbale Kommunikation

Was genau und mit welcher internen Differenzierung unter *nonverbaler Kommunikation* (NVK) zu verstehen ist, dazu gibt es verschiedene Vorschläge.[4] Ich verstehe unter NVK diejenigen kommunikativen Praktiken, die ganz ohne artikulierte Wörter und deren grammatische Ordnung erfolgen können, also Mimik und Augenbewegungen, Gestik

---

Verhaltensformen abzugrenzen ist. Für die älteren Diskussionen vgl. Gessinger/v. Rahden (1989); für einen sympathischen neueren Versuch vgl. Tomasello (2014).

[4] Vgl. dazu Bührig / Sager (2005).

und Körperbewegungen. Davon abgrenzen kann man die *paraverbale Kommunikation*: die notwendig direkt mit jedem Sprechen verknüpften (sprachbegleitenden, *prosodischen*) Äußerungsbestandteile wie Intonation, Akzent, Sprechtempo- und Lautstärken-Modulation sowie Sprechpausen. NVK ist zwar genuin expressiv, also affektiv-emotional gesteuert; sie neigt aber immer auch zur Herausbildung von Gepflogenheiten, die sich zu Regeln entwickeln.[5] Typischerweise werden dann bestimmte Gesten (z.B. Kopfnicken) als weltweit verständlich empfunden, obwohl sie kulturell begrenzte Gepflogenheiten darstellen. Gebärdensprachen zählen *nicht* zur NVK, denn sie stellen Systeme konventioneller und grammatisch organisierter Zeichen dar,[6] die für Gehörlose alles das auszudrücken vermögen, was in der lautlichen Sprache der jeweiligen Sprachgemeinschaft artikuliert werden kann. Flüstern, gelegentlich als „nonvokale Kommunikation" bezeichnet, ist natürlich ebenfalls keine NVK, denn dabei werden einfach nur die paraverbalen Parameter Intonation und Lautstärke weit „heruntergefahren" – unter Beibehaltung der verbalen Äußerungsgliederung.

NVK kann sehr viel zu verstehen geben; das wird in der künstlerischen Performanz von Pantomimen besonders deutlich. Stummfilme, Ballett- oder fremdsprachliche Schauspielaufführungen sind sehr wohl zu *verstehen*: Man versteht nicht nur die praktischen Handlungen der Protagonisten, sondern auch das, was sie jeweils zu denken oder fühlen vorgeben. Dies bedenkend kann man sich fragen, ob Kommunikation nicht im Wesentlichen auch ganz ohne verbale Anteile auskommen könnte. Die Bedeutung von NVK wird dieser Überlegung zufolge unterschätzt; unsere Kultur orientiere sich viel zu sehr an schriftsprachlicher Kommunikation und unterdrücke gar in vielen Zusammenhängen die nonverbale Expressivität, indem sie diese mit Scham und Peinlichkeit verbinde (Jubel, Trauer, Wut usw. dürfen nur in der Disco, im Fuß-

---

[5] Vgl. dazu meine Erörterung der Vielfalt von Möglichkeiten von Trinksitten in Januschek (2020).

[6] Es handelt sich auch in den Gebärdensprachen um eine doppelte Gliederung: Äußerungen werden nach syntaktischen Regeln aus Bedeutung tragenden Elementen wie *Wörtern* zusammengefügt, die aber ihrerseits aus einem kleinen Inventar von Bausteinen (*Phonemen* in der Lautsprache) aufgebaut sind, welche selbst keine Bedeutung tragen, wohl aber die Unterscheidbarkeit zigtausender Wörter ermöglichen. Für eine knappe Darstellung vgl. Wildemann (2007), 47-53.

ballstadion u.ä. gezeigt werden). NVK solle stattdessen zugelassen, gefördert, gelehrt und ausgebaut werden; und das wäre dann ein Beitrag zur Wiederherstellung universeller Verständigung aller Menschen. Immer wieder tauchen dazu auch Meldungen über wissenschaftliche Ergebnisse auf, nach denen genau beziffert werden könne, welchen Prozentanteil verbale und nonverbale Kommunikation zum Verständnis beitrügen; und regelmäßig ergibt sich dabei, dass der verbale Anteil sehr gering ist.[7] (Solche Erkenntnisse sollte man allerdings nicht allzu ernst nehmen, denn es würde ja bedeuten, dass Telefongespräche ziemlich überflüssig und Liebesbriefe nichtssagend seien – ganz zu schweigen von theoretischen Büchern oder mathematischen Formeln.)

Demnach ist es zwar durchaus denkbar, die biblische Pfingstgeschichte als kollektiv geteilte Einfühlung in das nonverbal offenkundig be-geisterte und dadurch begeisternde Auftreten der Jünger Jesu zu deuten. Für eine Sprachgrenzen überwindende Verständigung mag das als viel, vielleicht auch als entscheidend gelten. Aber es reicht – auch der biblischen Überlieferung zufolge – nicht: Was das Messianische im Detail für das alltägliche Denken und Handeln implizierte, war offenbar *verbal* zu explizieren, wie die überlieferten Briefe der Apostel deutlich belegen.

Emojis

Emojis sind eine relativ neue Abart und Erweiterung der NVK. Sie repräsentieren graphisch-ikonisch bestimmte Mimiken und Gesten, und zwar mittels stark konventionalisierter Embleme (im Gegensatz zu seriellen Zeichnungen (z. B. Comics) oder Zeichentrickfilmen). Wenn man sie mit ebenfalls graphisch-ikonischen Repräsentationen bestimmter Objekte oder Ereignisse (Piktogrammen) zusammenfügt, kann man sehr differenziert Informationen und Einstellungen kommunizieren. Mir liegt das Buch eines chinesischen Künstlers vor, das – abgesehen von den Zahlen und dem Klappentext mit ISBN – ausschließlich aus Emojis und Piktogrammen besteht:

---

[7] Für ein noch recht mildes Beispiel: https://karrierebibel.de/nonverbale-kommunikation/ [20200303].

The result is a readable story without words recording 24 hours in the
day of the life of a typical urban white-collar-worker. Using an exclusively visual language, the text could be published anywhere without
translation; anyone with experience in contemporary life can read it.
(Xu Bing 2013, rückseitiger Klappentext)

Tatsächlich können wir dieses Buch meist spontan, wenn auch an manchen Stellen mit ein bisschen Mühe, verstehen; und die Frage, in welcher Sprache es verfasst wurde, kommt gar nicht erst auf. Natürlich
konnte man Comics, Graphic Novels oder Stummfilme längst schon
weitestgehend sprachunabhängig verstehen. Aber mit den Emojis ist
ein entscheidender Unterschied verbunden: Es gibt ein hochflexibel
anwendbares (wachsendes) Inventar konventioneller Zeichen, aus dem
sich spontan anscheinend unbegrenzt beliebige Äußerungen zusam-
mensetzen lassen. Dieses Inventar taugt für die Alltagskommunikation,
vorausgesetzt, man verfügt über entsprechende Eingabe-/Lesegeräte
(Smartphones). Um etwa Kontakt zu einem Polen aufzunehmen, mich
mit ihm zu einer bestimmten Zeit zu verabreden, ihm mein derzeitiges
Befinden mitzuteilen oder das Ergebnis eines Basketballspiels oder ihm
zum bestandenen Examen zu gratulieren usw., benötige ich weder Pol-
nisch-Kenntnisse noch eine gemeinsame Lingua Franca, sondern nur
das Emoji-Inventar auf meinem Smartphone. Das Problem weltweiter, Sprachgrenzen überwindender Verständigung erscheint auf diesem
nonverbalen Fundament als weitgehend gelöst.

Weitgehend – aber es reicht nicht: Je größer das Zeicheninventar
wird, desto deutlicher erkennt man die Kulturabhängigkeit der einzelnen Emojis/Piktogramme. Während ein Zeigefinger-Emoji noch weltweit verständlich sein mag, gilt das für den gereckten Daumen oder gar
den gereckten Mittelfinger schon nicht mehr und erst recht nicht für das
Piktogramm einer bekerzten Torte: 🎂. Das Emoji-Inventar müsste,
um immer mehr Differenzierungen ausdrückbar zu machen – auf lange
Sicht – den Weg von einer piktographischen (wahrnehmungsabhän-
gigen) über eine ideographische (von kulturell geprägten Begriffen ab-
hängige) zu einer logographischen (von den lautsprachlichen Formen
abhängigen) Schrift, den das chinesische Schriftsystem gegangen ist,[8]

---

[8] Chinesische Schriftzeichen stehen im Wesentlichen für silbische Morpheme,
sind aber nicht wie alphabetische Wörter aus elementaren Graphemen zusam-

nachvollziehen; ihre Verständlichkeit müsste also letzten Endes wiederum von einer jeweils gesprochenen Sprache und deren geographischer Reichweite abhängen. Erst dann würde man auch einen Text wie diesen hier mit der Hilfe eines solchen Inventars erschöpfend zu verstehen geben können.

Trotz dieser Begrenztheit bleibt festzuhalten, dass die technischen Errungenschaften (zur Zeit das Smartphone) eine erhebliche Ausweitung der NVK-Möglichkeiten mit sich gebracht haben. Die Sprachgrenzen überschreitende Kommunikation mittels Emojis ist weitaus bequemer und schneller erlernbar, als es der Erwerb und die schreibende Anwendung des (ebenfalls tendenziell Sprachgrenzen überschreitenden) ostasiatischen Schriftzeicheninventars wären.

Zungenreden

Zungenreden lässt sich vielleicht am einfachsten als ein Reden mit besonders expressiver Modulation der paraverbalen Parameter bei gleichzeitig fehlender verbaler Systematik beschreiben und dadurch von nonverbaler Kommunikation abgrenzen. Während NVK ikonisch in die graphische Zweidimensionalität übertragen werden kann (Emojis), ist das beim Zungenreden nicht möglich.[9] Willkürliches *Lallen* ist gewiss eine Form des Zungenredens; aber der Gebrauch von Wörtern oder Silben (ggf. auch aus verschiedenen Sprachen, „Kauderwelsch") ist nicht ausgeschlossen: Es fehlt lediglich deren regelhafte syntaktische Verbindung zu verständlichen Äußerungen. Und selbst wenn die Wörter regelhaft zu Sätzen kombiniert sind, tritt deren im Prinzip mögliche Bedeutung völlig hinter der Expressivität des „Singsangs" zurück.[10]

---

mengesetzt, die nur zur Bedeutungs*unterscheidung* beitragen, selbst aber keine Bedeutung haben. Das chinesische Schriftsystem ist aber sehr komplex; zur Orientierung sollte man nicht nur den einschlägigen Wikipedia-Artikel lesen, sondern auch die Diskussion dazu. (https://de.wikipedia.org/wiki/Chinesische_Schrift [2020-0303])

[9] Dafür wären ein spezielles abstraktes Notationssystem (z. B. Notenschrift) und/oder verbale Zeichen wie Grapheme erforderlich.

[10] Beispiele werden in Enninger / Van Ness (1999) ausführlich analysiert.

Ich habe selbst an Kommunikationstrainings-Übungen teilgenommen, bei denen man den PartnerInnen ausschließlich mithilfe von Lallwörtern etwas über das eigene Befinden mitteilen sollte. Solche Übungen sind gewiss sinnvoll, um die Sensibilität dafür zu verbessern, wie beim Reden „der Ton die Musik macht". Überdies kann man sich sehr gut vorstellen, dass ein wortlos artikulierter Wutausbruch oder eine wortlose Hasstirade oder Liebeserklärung sehr viel glaubwürdiger sind als sachlich intonierte Formulierungen wie „Ich bin jetzt sehr wütend" oder „Ich liebe/hasse dich sehr!"

Zungenreden und NVK können im Prinzip kombiniert werden. Man kann sich das Verhalten der Jünger Jesu bei ihrer be-geisternden Pfingst-Evangelisation recht gut als eine solche Kombination vorstellen. Allerdings scheint das Zungenreden keiner so ausgefeilten Differenzierung zugänglich zu sein wie die NVK mit den Emojis: Es würde sehr rasch in verbal regelhaftes Formulieren zurückfallen. Daher dürfte sich eine – im Prinzip durchaus mögliche – technische Kombination von Zungenreden und Emojis eher nicht entwickeln.

Zungenreden ist mit dem Musizieren verwandt, insofern sie beide der Modulation der gleichen Parameter unterliegen: hoch/tief, schnell/langsam, laut/leise, Akzent, Takt und Pausen. Der Musik ist immer schon völkerverbindende Kraft zugeschrieben worden, weil sie sprachunabhängig ein breites Spektrum an Emotionen auszudrücken vermag. Dabei vergisst man leicht, dass auch musikalische Traditionen deutlich kulturell geprägt sind und dass Trauer oder Freude, auf ostasiatische oder südafrikanische Weise musiziert, für uns (als abendländisch geprägte Menschen) nicht unbedingt spontan als solche verstanden und mitempfunden werden. Insofern ist davon auszugehen, dass auch der emotionale Gehalt des Zungenredens keineswegs so universell und direkt verständlich ist, wie wir uns spontan vorstellen mögen, wenn wir etwa „mit erhobener Stimme" oder „abgehackt" oder auch zischelnd sprechen.

Richtig bleibt, dass NVK, Emojis und Zungenreden die Reichweite von Verständigungsversuchen mehr oder weniger erheblich vergrößern können und dass es daher sinnvoll ist, sich dieser Möglichkeiten zu vergewissern. Richtig bleibt auch, dass sie die *Illusion* erzeugen, man könne mit ihrer Hilfe die Sprachenvielfalt der Welt auf recht einfache Weise überwinden. Diese Illusion könnte der Nährboden für die Entstehung der biblischen Pfingstgeschichte gewesen sein. Wenn man sie darüber hinaus normativ als göttlichen Fingerzeig deutet, wenn man also diese Illusion teilt und damit die Komplexität und Differenziertheit der vielen Sprachsysteme als unwesentlich abtut, handelt man allerdings wider die menschliche Vernunft, auch gegen die religiöse oder theologische Vernunft, die allemal auf verbale Formulierungen angewiesen sind.

Fremdsprachenlernen

Während nonverbale Kommunikation als Weg erscheinen kann, *sämtliche Sprachgrenzen* zu überwinden – wenn auch *nicht für alle Domänen* des Mein- und Mitteilbaren, z.B. nicht für komplexe Argumentationen – erscheint das Erlernen von Fremdsprachen als ein Weg, *sämtliche Domänen* verständlich zu machen – wenn auch jeweils *nur über eine Sprachgrenze* hinweg. In diesem Sinne handelt es sich aber beim Fremdsprachenlernen wie beim Setzen auf NVK um einen *Teil*schritt zur globalen Verständigung. Jeder Fremdsprachenunterricht bedeutet im Grunde, dass man für bestimmte, begrenzte einander fremdsprachige Menschengruppen eine gemeinsame Sprache schafft.

Unbestreitbar ist es eine schöne Erfahrung, wenn man sich aufgrund sprachunterrichtlicher Mühen eines Tages mit Menschen, die man sonst nie hätte verstehen können, in deren Sprache verständigen kann. Das ist eine Entgrenzungs-Erfahrung, die man vielleicht zum ersten Mal bei einem Schüleraustausch, beim Besuch im Nachbarland oder umgekehrt bei Besuchen fremdsprachiger Menschen macht. Um diese Erfahrung zu vervollkommnen, bedarf es erfahrungsgemäß fortdauernder Bemühungen, weil kein standardisiertes Unterrichtsprogramm ausreicht, um ein für allemal die fremde Sprache so zu gebrauchen und zu verstehen, wie es diejenigen tun, die mit ihr aufgewachsen sind. Andererseits ist es aber – auch durch Unterricht – durchaus möglich, dass man eine fremde Sprache umfassender und besser zu beherrschen lernt als manche oder gar viele ihrer ErstsprachlerInnen. Sinn und Nutzen des Fremdsprachenlernens stehen sicher außer Frage, und die Erörterung von Methoden gehört nicht hierher. Aber die Tatsache, dass es keine angebbaren Grenzen der Beherrschung einer zu lernenden Sprache gibt, ist hier interessant. Denn daraus folgt, dass die Angabe solcher Lern-Grenzen für *keine* Sprache möglich ist; *jede* Sprache kann von Menschen mit fremder Erstsprache bis zu einem nicht vorab zu beschreibenden, also beliebigen Perfektionsniveau erlernt werden. Das ist nicht trivial und widerspricht vielen geläufigen Vorstellungen über mehr oder weniger „schwere" Sprachen. Im je konkreten Fall hängt das erreichbare Perfektionsniveau zwar von den Lernfähigkeiten, dem Lerneifer, der investierten Zeit der jeweiligen Lernenden und einer Reihe anderer Faktoren ab; aber es gibt keine Perfektionsgrenze, von der man mit Gewissheit sagen könnte, dass einer/eine diese nicht noch überschreiten könnte. Und daraus folgt des Weiteren: Ausschließlich diese den Sprachen selbst äußerlichen Faktoren sind dafür verantwortlich, dass ein Mensch nicht beliebig viele oder gar alle existierenden Sprachen erlernen kann. Dass das *faktisch* – schon allein aus Zeitgründen – unmöglich ist, mag trivial sein; dass es aber *im Prinzip* als möglich erscheint, ist nicht trivial. Tatsächlich gibt es etwas, das dieses Prinzip materiell repräsentiert: den Google-Übersetzer, der Zug um Zug zu einer Universal-Translationsmaschine optimiert wird. Jeder Übersetzungsfehler, von dem sie erfährt, führt zu einer Verbesserung ihrer je einschlägigen Algorithmen. Diese Maschine künstlicher Intelligenz stellt die ultimative Realisierung der Idee des Fremdsprachenlernens als eines Weges zur weltweiten Überwindung der Sprachgrenzen dar.[11] Der Google-Übersetzer realisiert, wofür die biblische Pfingstgeschichte den Heiligen Geist in Anspruch nahm. Intuitiv möchte man widersprechen – aber wo liegt der Fehler in der Argumentation? Darauf wird später zurückzukommen sein.

Die dem Fremdsprachenlernen zugrunde liegende Idee kann aber auch zu einer anderen Konsequenz führen: Wir erfahren, dass es möglich ist, sich mit Briten zu verständigen, wenn wir ihre Sprache erlernt haben – je mehr, desto besser –, und folgern daraus, dass dies auch anderswo möglich sein muss, dass etwa Franzosen auch Japanisch oder Chinesen auch Xhosa lernen und sich mit den betreffenden

---

[11] Vgl. dazu den Wikipedia-Artikel zum „Google Übersetzer" [2020-0302]. Mittlerweile gibt es Versuche, gesprochene Sprache direkt (ohne schriftliche Transkription) in die fremde gesprochene Sprache (und das mit den gleichen individuellen Stimm-Merkmalen) zu übersetzen: https://arxiv.org/abs/1904.06037 [2020-0303]

Menschen sprachlich verständigen können. In der Tat ist es mit dieser Erfahrung – im Prinzip und abgesehen von allen mehr oder weniger großen praktischen Hindernissen – völlig unvereinbar, zu glauben, es gäbe menschliche Gemeinschaften, deren Sprache man *nicht* lernen könne. Und folgerichtig entsteht daraus die Überzeugung, dass es auch möglich ist, dass alle Menschen nur *eine* bestimmte Fremdsprache lernen, so dass damit globale Verständigung aller Menschen erreicht wäre. So entsteht aus dem ersten kleinen Teilschritt, dem Erlernen *einer* Fremdsprache, die Lösung des Problems, ob eine allen Menschen gemeinsamen Sprache möglich sei. Pfingsten mittels Englischunterricht weltweit? Die Entscheidung, welche Sprache dann zur globalen Fremdsprache erhoben werden sollte, wäre natürlich politisch brisant und höchst umstritten. Auch darauf ist noch zurückzukommen.

Sprachenfresserei

Die Unterdrückung für minderwertig erklärter Sprachen – von Louis-Jean Calvet (1978 (1974)) treffend als *Glottophagie* bezeichnet – ist ursprünglich unvereinbar mit der humanitären Idee, dass es sich bei den unverständlichen Redeweisen Fremder ebenfalls um *Sprachen* handelt. Sie betrifft vor allem Vernakulare, also nicht standardisierte und in der Regel nicht verschriftlichte Sprachen. Deren SprecherInnen sollen – wenn sie denn überhaupt sprechen sollen – so sprechen wie die je dominante Schicht, das dominante Volk oder die dominante Nation. Insofern handelt es sich auch hier um eine Vereinheitlichung der Sprache und eine Überwindung von Sprachgrenzen. Die drastischsten Beispiele sind im Kontext des Kolonialismus und im Sklavenhandel zu finden. Weniger eindeutig zu be- und verurteilen sind sprachliche Entwicklungen, bei denen eine dominierte Volks- oder Bevölkerungsgruppe ihre eigene Sprache allmählich zugunsten der dominanten Sprache aufgibt, ein Prozess, der sich meist über Generationen hinweg vollzieht, in dem sich typischerweise die nachfolgende Generation von der sprachlichen Anpassung Vorteile verspricht oder auch von den Eltern zu dieser Anpassung gedrängt wird. Typisch sind dafür auch Konflikte zwischen sprachlichen Anpassern und Bewahrern. Solche Konflikte gibt es z. B.

bis heute bezüglich der niederdeutschen Sprache, die schon fast vollständig von der in Norddeutschland ansässigen Bevölkerung aufgege-
ben worden ist. Nur von einer sehr abgehobenen Warte aus kann man
in diesem Fall behaupten, dass es sich um eine Unterdrückung des Niederdeutschen handele.[12]

Für die vorliegende Argumentation wichtig sind folgende Punkte:

1.   Sprachenfresserei unterscheidet sich grundsätzlich vom
Fremdsprachenlernen. Vielmehr handelt es sich um einen im Wesent-
lichen ungesteuerten *Zweitspracherwerb*. Dabei geht es nicht um den
Erwerb eines *zusätzlichen* kommunikativen Repertoires, sondern um
die Fähigkeit, *überhaupt* an der relevanten sprachlichen Praxis teil-
zunehmen; ein anscheinend nutzlos gewordenes System sprachlicher
Praktiken wird (mehr oder weniger weitgehend in den verschiedenen
Domänen der Praxis) durch ein nützliches *ersetzt*. Wenn dies in großem
Maßstab geschieht, „stirbt" die nutzlose Sprache, eine Sprachgrenze
entfällt und die kommunikative Reichweite der dominanten Sprache
vergrößert sich. Aber auch wenn durch diese Entwicklung der allgemeine kommunikative Verkehr in einer Region (z. B. Deutschland) *ein*sprachig wird, so werden eben dadurch diejenigen, die ihre Sprache dafür
aufgeben, *zwei*sprachig, solange sie in bestimmten Domänen (z. B. Ver-
wandten- und Freundeskreis, religiöse Feiern o.a.) bei ihren tradierten
sprachlichen Praktiken, etwa Dialekten, bleiben. Die entsprechenden
Prozesse sind mannigfaltig und recht gut erforscht. Hier interessiert daran nur folgende vorhersehbare und den Prozess auf den Kopf stellende
Folge:

2.   Im Konflikt zwischen Anpassern und Bewahrern können die
Bewahrer nicht akzeptieren, dass ihre sprachlichen Praktiken minderwertig, weil nutzlos seien. Vielmehr werden sie dafür den Status einer
Sprache reklamieren, die man, wenn man dies nur zuließe, ebenso gut
für alle Zwecke ausbauen könnte wie die dominante Sprache.[13] Dem

---

[12] Ausführlich zu den Hintergründen des Aufgebens von Niederdeutsch am Bei-
       spiel Schleswig-Holsteins vgl. Andresen (2020).

[13] Tatsächlich ist es unmöglich, zu beweisen, dass irgendeine Sprache *nicht* so weit
       ausgebaut werden könnte, dass man alles Meinbare in ihr ausdrücken könnte.
       Jeder solche Beweis müsste ja auch von den einsprachigen SprecherInnen der be-
       treffenden Sprache verstanden bzw. ihnen verständlich gemacht werden können.

stehen zwar politische und praktische Gründe entgegen, aber je unge-
fährdeter sich die dominante Einsprachigkeit in der Region gefestigt
hat, desto leichter fällt es, den verdrängten sprachlichen Praktiken den
Status eigenständiger Sprachen und den Bewahrern das Recht zu deren Pflege zuzugestehen. In Norddeutschland ist z. B. die jahrzehnte-
lange Stigmatisierung des Niederdeutschen inzwischen durch dessen
politisch gewollte Förderung abgelöst worden; und diese manifestiert
sich in flächendeckendem Niederdeutsch-Unterricht an den Schulen.
Extrem und konsequent wird dabei nun das Fach „Niederdeutsch" ausdrücklich als Fremdsprachenunterricht praktiziert.[14]

So führt die Sprachenfresserei über das mehr oder weniger bruta-
le Niederreißen von Sprachgrenzen schließlich zum Errichten neuer
künstlicher Sprachgrenzen.

Entwicklung universeller Sprachen für Spezialgebiete

Ein Teilschritt auf dem Weg zu sprachenunabhängiger weltweiter Verständigung ist die Etablierung globaler Spezialsprachen, wobei von
vornherein nicht angenommen wird, dass sie für sämtliche Verständi-
gungszwecke geeignet seien. Deutlich ist dies bei Fachsprachen wie
beispielsweise der Mathematik oder der Musik. Mathematiker oder
Musiker können sich weitgehend ohne ihre Muttersprachen international verständigen – allerdings eng beschränkt auf ihr jeweiliges Metier.
In der Mathematik ist man dabei auf logographische Schriftzeichen
angewiesen, in der (klassischen) Musik auf Fachtermini meist italie-
nischsprachiger Herkunft. Die meisten internationalen Fachsprachen
haben allerdings ein breites Fundament in einer jeweiligen natürli-
chen Sprache wie etwa Latein/Altgriechisch (Medizin) oder Englisch (Sport/Popmusik). Einen fachübergreifenden Anspruch erheben
Logik- oder Wissenschaftssprachen, die sich zwar auf schriftsprachige
Notationssysteme beschränken, aber damit die rationale Basis des gesamten menschlichen Denkens und menschlicher Erkenntnis ausdrücken können sollen. Übrig bliebe im Wesentlichen nur der Bereich des
Affektiv-Emotionalen, den der frühe Wittgenstein am Schluss seines

---

[14] Vgl. „Niederdeutsch-Rahmenplan"

„Tractatus logico-philosophicus" als „das Mystische" bezeichnet hatte; bei Paulus hieß es „Glaube, Liebe, Hoffnung".

Stutzig macht, dass sich von diesen präzisen logisch-wissenschaftlichen Notationssystemen keines über den engen Bereich der formalen Logik hinaus allgemein durchgesetzt hat, z.B. weder die *Characteristica universalis* von G. W. Leibniz[15] noch Wittgensteins Traktat. Niemand käme heute auf die Idee, etwa Descartes' Erkenntnistheorie in formale Logik-Notation zu übertragen (obwohl sein Axiom *cogito ergo sum* doch direkt dazu einlädt) geschweige denn Kants oder Hegels oder gar Foucaults Werke. Formale Logik gehört zwar immer noch zum Standard eines Philosophie-Grundstudiums, aber in der akademischen Praxis bemühen sich weder erkenntnistheoretische Diskussionen noch empirische Forschungen nennenswert darum, ausschließlich dasjenige zu sagen, was sich formallogisch klar sagen lässt. Das bedeutet: Alle Versuche, wenigstens für den grundlegenden Bereich von wissenschaftlicher Erkenntnis eine weltweit verständliche einheitliche Sprache zu schaffen, sind gescheitert. Und zwar nicht deshalb, weil man die formale Logik als irreführend oder falsch erkannt hätte,[16] sondern weil die Erkenntnisse, zu denen man gelangt ist, wesentlich über das mit formallogischen Mitteln Formulierbare hinauszugehen scheinen, ohne doch „mystisch" zu sein.

Daraus folgt auch, dass etwa die Ergänzung einer rein formallogischen Notation (für den kognitiven Bereich des Erkennens und Wissens) um nonverbale Kommunikation plus Emojis (für den Bereich der Affekte und Gefühle) keineswegs weltweit den Gesamtbereich menschlicher Kommunikation erschöpfen könnte.

Entwicklung künstlicher universeller Zweitsprachen

Wie oben ausgeführt, wäre es ein politischer Gewaltakt, eine bestehende „natürliche" Sprache zur weltweit gültigen und einzigen Fremdsprache zu erheben. Zum einen würden mehrere Sprachgemeinschaften heftigst

---

[15] Vgl. den einschlägigen Wikipedia-Artikel zu „Universalsprache" [2020-0303].
[16] Auch die Beweise Kurt Gödels zur Unvollständigkeit logischer Systeme waren selbst nur mit den Mitteln formaler Logik zu erbringen (vgl. Hermes (1971)).

um diesen Status konkurrieren; zum anderen wären die übrigen Sprachgemeinschaften kaum bereit, den Angehörigen der „Weltsprache" den ökonomischen Vorteil zuzubilligen, dass sie sich Zeit und Aufwand für das Fremdsprachenlernen ersparen könnten. Ein naheliegender Ausweg ist die Schaffung einer künstlichen Sprache, die von den Angehörigen aller Sprachgemeinschaften möglichst gleichermaßen leicht zu erlernen ist. Dieser Weg ist mehrfach propagiert worden; am bekanntesten ist sicherlich die Sprache Esperanto. Sie wurde im 19. Jahrhundert von Ludwik Zamenhof[17] geschaffen und sollte nach seinem Willen zur Völker*verständigung* in beiderlei Sinne beitragen, also nicht bloß zur weltweiten Verständlichkeit sprachlicher Äußerungen. Bei der Entwicklung des Esperanto stützte sich Zamenhof auf Wortschatz, lautliche Gemeinsamkeiten und grammatische Kategorisierungen der geläufigen europäischen Sprachen und baute damit ein Regelsystem, das so gut wie keine Ausnahmen enthält. Diese Sprache ist also relativ leicht zu erlernen und kann von Menschen, die mindestens zwei europäische Sprachen verschiedener Sprachfamilien kennen – also etwa Deutsch und Russisch oder Italienisch – fast spontan verstanden/gelesen werden. Obwohl dadurch die Angehörigen nicht-indoeuropäischer Sprachfamilien erheblich benachteiligt sind, hat sich die Esperantistenbewegung weltweit ausgebreitet und vernetzt und besteht bis heute – nicht zuletzt wohl wegen ihres ausdrücklich pazifistischen Anspruchs. Arika Okrent (2010, 114ff.) beschreibt das Gemeinschaftserlebnis, das entsteht, wenn man völlig fremde Menschen in völlig fremden Ländern besucht und sich – aufgrund geteilter Esperantokenntnis – problemlos in einer Sprache verständigen kann, die weder dem einen noch der anderen noch auch irgendwelchen Dritten gehört.

Aber weder Esperanto noch irgendeine andere Plansprache hat sich auch nur im entferntesten als globale Hilfs-Zweitsprache durchgesetzt. Dafür gibt es eine Reihe von Gründen, nicht zuletzt die Hybris derjenigen Sprachgemeinschaften, die ihre eigene Sprache sowieso schon für die Weltsprache (gegenwärtig: Englisch) und eine neutrale Sprache daher für überflüssig halten.

---

[17] Vgl. den einschlägigen Wikipedia-Artikel „Ludwik Lejzer Zamenhof" (https:// de.wikipedia.org/wiki/Ludwik_Lejzer_Zamenhof [2020-0302])

Zu denken gibt aber, dass einige Esperantisten diese Hilfs-Zweitsprache zu ihrer Erstsprache machen wollen und sie als solche an ihre Kinder weitergeben. Dieses Bestreben zeigt an, dass eine Sprache als solche letztlich nur bestehen kann, wenn sie *vollständig* in das Leben einer Gemeinschaft eingebettet ist. Der Status als bloße *Hilfs*sprache reicht dafür nicht hin. Das bedeutet: Selbst wenn eine Welthilfssprache wie Esperanto – etwa durch einen UNO-Beschluss – zu einer für alle Menschen verpflichtenden Zweitsprache erhoben würde, so könnte sie nur bestehen bleiben, wenn sie sich zu einer *lebendigen* Erst- oder Zweitsprache entwickelte, die damit auch räumlicher und sozialer Variation und zeitlichem Wandel unterläge, und zwar umso stärker, je unterschiedlicher sich die Lebensverhältnisse ihrer SprecherInnen gestalten. Je unterschiedlicher die Lebensverhältnisse und die mit ihnen verknüpften Erstsprachen der Menschen aus den verschiedenen Gegenden der Welt sind, desto unsicherer ist es, ob sie das Gleiche meinen, wenn sie in der Globalsprache die gleichen Worte verwenden. Die Herstellung weltweit gleicher und gleichbleibender Lebensverhältnisse aber ist nicht nur illusionär, sondern das Streben nach solchen einheitlichen und überall gleich bleibenden Verhältnissen würde die Menschheit offenkundig vernichten, denn sie lebt von der Verschiedenheit und dem Wandel.

Mehrsprachigkeitsdidaktik

Was bei der ganzen Diskussion bislang unberücksichtigt blieb, ist der *Wunsch* nach Sprachgrenzen. Er lässt sich nämlich nicht einfach als Perversion derjenigen Gruppen abtun, die ihre Ziele lieber abgeschottet verfolgen, anstatt auf die freie Verständigung unter *allen* Menschen zu bauen. Zum Beispiel sind subkulturelle sprachliche Abgrenzungsbemühungen von Jugendlichen oder Kindern etwas anders zu beurteilen als die Entwicklung von Geheimsprachen elitärer oder krimineller Gemeinschaften oder auch staatlich-politischer Organisationen (etwa Spionage). Ganz anders verhält es sich aber – und darum geht es hier – mit *Sprachenbastelei*, also dem Bedürfnis, mit den sprachlich-formalen Möglichkeiten zu spielen und Alternativen zur jeweiligen sprachlichen

Realität auszuprobieren. Offenkundig geht es dabei um die Überwindung sprachlicher Grenzen, *indem* solche Grenzen spielerisch errichtet
werden.[18]

Sprachenerfinder sind, seitdem sie sich im Internet outen und weltweit vernetzen können, zu einer vielleicht skurrilen, aber nicht mehr
bloß abfällig belächelten (wie noch zu Zeiten von J.R.R. Tolkien)
Subkultur geworden. Seit Mark Okrands *Klingonisch (tlhIngan Hol)*
(Okrand 1996) erobern sich einige von ihnen über die fiktionalen Medien weltweite Fangemeinden. Klingonisch-Fans erlernen bereitwillig
diese Sprache und versuchen sie in ihren Treffen zu gebrauchen, obwohl oder gerade weil sie für die meisten Fans extrem schwierig zu
artikulieren ist. Es gibt Sprachkurse mit Prüfungen und ein Institut, das
über die Sprache und die Bereicherung ihres Wortschatzes wacht. Und
das alles „aus Spaß" und ohne den Anspruch, irgendwann oder jemals
Welthilfssprache zu werden. Klingonisch und ähnliche fiktionale Sprachen sind US-Produkte. Sie stammen also aus einer Gesellschaft, deren
Angehörige im Grunde am allerwenigsten Bedarf am Erlernen fremder
Sprachen haben, weil sie kaum mit Leuten zu tun haben, die nicht auch
Englisch verstehen. Ausgerechnet Menschen, die doch scheinbar gar
keine Fremdsprachen brauchen, scheinen sich am ehesten für das Erfinden von Sprachen zu begeistern.

Das legt eine Umkehrung der Perspektive nahe: Nicht die Vielfalt
der verschiedenen Sprachen ist die eigentliche Verständigungsbarrie-
re, sondern deren Zerstückelung in Einzelsprachen bzw. in separate
Modi wie verbale vs. nonverbale Kommunikation. Wer die tatsächliche
sprachliche Vielfalt unter den Menschen als multiple Einfalt begreift,
dem/der erscheint zu deren Überwindung ein göttliches Pfingstwunder
erforderlich, bzw. sie versuchen diesen göttlichen Eingriff durch die
bis hierher diskutierten Maßnahmen überflüssig zu machen: natürlich
vergeblich. Die Umkehrung der Perspektive besteht aber nicht darin,
das Problem der sprachlichen Verständigung als unwesentlich zu betrachten, da es eh ja um die Inhalte gehe;[19] vielmehr geht es darum,

---

[18] Vgl. Januschek (2018), 233ff.

[19] Dergleichen meinen auch in anderen Zusammenhängen regelmäßig auch ge-
bildete Menschen, denen sprachliche Formen, Grammatiken u. ä. schon in der
Schule lästig waren.

die fremde Vielfalt als die Gesamtheit der eigenen Möglichkeiten anzuerkennen und zu nutzen. Das ist zunächst einmal abstrakt. Konkreter ist es vielleicht bei Menschen, die in vielsprachigen Umgebungen
leben (z. B. auf dem Balkan) und in ihrem Alltag von Kind auf mit
ganz heterogenen sprachlichen Praktiken umzugehen gelernt haben.
Menschen, die in dominant einsprachiger Umgebung aufwachsen (die
meisten Deutschen), bekommen vielleicht ansatzweise ein Gefühl für
die sprachliche Vielfalt, wenn sie in der Schule mehr als eine Fremdsprache lernen – trotz der impliziten Vervielfältigung sprachlicher Einfalt, die im Ziel sprachlicher Perfektionierung liegt. Notwendig sind
Methoden einer genuinen *Mehrsprachigkeitsdidaktik*.[20] Sie muss über
die wirklichen Sprachen hinaus die sprachlichen Möglichkeiten thematisieren und für sie sensibilisieren: So wie wir reden, müssen wir nicht
reden; es könnte auch ganz anders gehen – aber wenn es anders wäre,
was hätte das für Folgen? Das *Spiel* mit den sprachlichen Möglichkeiten kann auf allen sprachlichen Ebenen stattfinden: phonologisch z. B.
mit der Artikulation der r- und l-Laute (Deutsch, Französisch, Spanisch,
Englisch, Polnisch, Walisisch, Japanisch ...), morphologisch z. B. mit
Artikel und Genus (Deutsch, Skandinavisch, Türkisch ...), syntaktisch
z. B. mit Satzeinbettungen (Deutsch, Latein, Russisch ...) u.v.a.m. Ein
Mittel kann auch die Auseinandersetzung mit und das Basteln von fiktionalen Sprachen sein; denn diese sind per definitionem nie Abbild einer Wirklichkeit, sondern immer Aufweis eines alternativ Möglichen.
Auch die Auseinandersetzung mit Dialekten oder Vernakularen gehört
hierher, weil bzw. sofern es für sie keine Normen gibt, die es perfekt
zu erlernen gälte. Mehrsprachigkeitsdidaktik ersetzt keineswegs die
Fremdsprachendidaktik, aber sie ergänzt und relativiert sie und auch
die Landes- bzw. Zweitsprachdidaktik (DaZ) – wobei aber letztere auch
als *Teil* der Mehrsprachigkeitsdidaktik praktiziert werden kann.[21]

Der Gegenpol zur Mehrsprachigkeitsdidaktik ist die Universal-Translationsmaschine: Im Google-Übersetzer materialisiert sich die Leugnung
der sprachlichen Vielfalt, indem sie diese prinzipiell immer in die je eigene sprachliche Einfalt der NutzerInnen übersetzt. Aus anstrengender,

---

[20] Vgl. dazu Januschek (2016).
[21] So sieht es Julia Ricart Brede (pers. Mitteilung).

bereichernder, Möglichkeiten eröffnender Vielfalt sprachlicher und er-fahrungsgesättigter Praktiken wird die Armut eines lästigen und auto-matisch zu reduzierenden Formenwirrwarrs. Kein Pfingstwunder!

Wie immer man die biblische Pfingstgeschichte – und ebenso die babylonische Sprachverwirrung – auslegt oder deutet: Sobald man die Verschiedenheit der Sprachen nur als Unglück und deren Aufhebung nur als Glück erkennt, scheitert man in der Theorie, verfehlt die Chancen gemeinsamer Praxis oder landet gar schließlich in Irrationalität und blinder Gottesfurcht.

Literatur

Andresen, Helga (2020): Die Flüchtlinge schnackten ja kein Platt … Zum Sprachwechsel von Niederdeutsch zu Hochdeutsch in Schleswig – Holstein nach dem 2. Weltkrieg: Gesellschaftliche Veränderungen, Soziolinguistik und Schule. In: Andresen, H./ Fredsted, E./ Januschek, F. (Hg.): Regionale Sprachenvielfalt: Standardisierung – Didaktisierung – Ästhetisierung. Hildesheim, S. 109-127.

Bührig, Kristin / Sager, Sven (Hg.) (2005): Nonverbale Kommunikation im Gespräch (= Osnabrücker Beiträge zur Sprachtheorie 70)

Calvet, Jouis-Jean (1974): Die Sprachenfresser. Ein Versuch über Linguistik und Kolonialismus. Berlin (frz. 1974).

Enninger, Werner /Van Ness, Silke (1999): Zungenreden, Einsprachen, Aussprachen, Trance-Predigten. Eine ethnographische Skizze. In: Cölfen, Hermann (Hg.): Sprache in religiösen Kontexten (= Osnabrücker Beiträge zur Sprachtheorie 58), S. 151-184.

Hermes, Hans (1971[2]): Aufzählbarkeit, Entscheidbarkeit, Berechenbarkeit. Berlin/Heidelberg/New York.

Gessinger,Joachim / v.Rahden, Wolfert (Hg.) (1989): Theorien vom Ursprung der Sprache, 2 Bde., Berlin/New York.

Januschek, Franz (2016): Vorschläge zu linguistisch-sprachspielerisch basierter Mehrsprachigkeitsdidaktik. In: Januschek, F. (Hg.): Transkulturelle Perspektiven auf mehrsprachige Regionen. Fès und Flensburg im Dialog. Hildesheim, 213-229.

Januschek, Franz (2018): Über SpracheSpielen. Einübung in die Kunst des Erwägens von Alternativen. Duisburg.

Januschek, Franz (2020): Reden, Murmeln, Singen, Schweigen: Selbstverständlichkeiten und fiktive Möglichkeiten beim Essen und Trinken. In: Ricart Brede, J. / Tahiri, N. (Hg.): Essen und Trinken. Multidisziplinäre Perspektiven auf menschliches Alltagshandeln in unterschiedlichen Kulturen. Hamburg, S. 143-163.

Niederdeutsch Rahmenplan für die Sekundarstufen I und II Mecklenburg-Vorpommern: https://www.bildung-mv. de/export/sites/bildungsserver/downloads/unterricht/ rahmenplaene_allgemeinbildende_schulen/niederdeutsch/ rp_niederdeutsch-sekundarstufen-I-II.pdf [191203]

Okrand, Marc (1996): Das offizielle Wörterbuch. Klingonisch/ Deutsch. Deutsch/Klingonisch. Königswinter.

Okrent, Arika (2010): In the land of invented languages. A celebration of linguistic creativity, madness, and genius. New York.

Tomasello, Michael (2014): Eine Naturgeschichte des menschlichen Denkens. Aus dem Amerikanischen von Jürgen Schröder. Berlin.

Wildemann, Anja (2007): Gebärden-Sprache-Spiel. Zum Zusammenhang von Gebärdensprache und Spiel gehörloser Vorschulkinder. In: Andresen, H. / Januschek, F. (Hg.): SpracheSpielen. Freiburg, S. 45-70.

Wittgenstein, Ludwig (1973): Tractatus logico-philosophicus – Logisch-philosophische Abhandlung. Frankfurt/M. (erstmals 1921).

Xu Bing (2013): Book from the Ground: from point to point. Cambridge/ Mass.

Bruce Martin
Talking through Computers

People have always been able to communicate with speakers of other languages, with help. A translator or interpreter can provide a good channel of communication, but a skilled translator can be difficult to find, as well as a significant expense in time and money. Can computers make cross-linguistic communication easier, faster and cheaper? In some cases, it certainly looks like it, but everyone has also run into situations where computer translations can be puzzling and awkward. So, what are the problems that cause this, and how is computer translation done, anyway?

The evolution of Machine Translation (MT)

The earliest attempts at using computers to translate texts was to automate the use of bilingual dictionaries. If you replace each word of the source text with the equivalent in the target language, that is at least a step toward translation. This immediately brought out two of the major hurdles for MT. First, word-for-word matches between two languages often do not exist. One word in one language, for example, may best be translated as an entire phrase in another. Second, the syntax usually differs in the two languages. Depending on how similar the two languages are in syntax, the word-for-word translation could be either awkward and puzzling, for closely related languages, or just incomprehensible for languages with very different syntax and word order. In response to these two problems, the simplest response was an attempt to provide reordering rules for each specific pair of languages that could address the problem of different syntax, and creating modules to find matches between words and phrases in the source and target text and *align* them to produce more accurate translations. A more sophisticated approach was to attempt to parse the source text into syntactic structures or even logical representations, then use the resulting representations to create translations based on the syntax of the target language. The problem with parser-based translation was that natural language understanding was still in its infancy, so no parsing system could support a machine translation system. Whether using reordering rules or more sophisticated parsers, such a system would break down for inputs where no reordering rules applied or where the parser failed to provide a structure, and would either fail altogether or have to drop back to word-for-word translations. In other words, such systems were *brittle*, in that they broke down easily. They also became increasingly complex and difficult to maintain.

The next approach was to rely more directly on aligned texts. Basically, a large corpus of bi-texts, or texts in two languages, was processed to create a corpus of multi-word fragments and connecting text with their translations. Many government organizations require the publishing of bureaucratic texts in multiple languages, such as both English and French in Quebec or in multiple languages in the EU. Wikipedia has articles on the same keywords in multiple languages. Using such sources, large databases of fragments with their translations could be amassed, and then the translation process becomes one of looking up words and word sequences in the database and then trying to fill in the connecting text based on the database as well. Again, the connecting text proved the most challenging, since it basically represents the syntax of the two languages, with all of the problems already noted. Another problem that arose with this approach was polysemy – a word or phrase in one language could have several different meanings, even different syntactic categories, and could therefore have multiple different possible translations. For example, *book* in English can be a noun meaning "bound reading material" or a verb meaning "make a reservation". A further challenge that became clear with this approach was that it worked for some pairs of languages such as English and French with large amounts of bi-texts available, but not so much for other pairs, such as Swahili and Urdu, for example. This approach was the first to divide the task into two major phases, as continues to the present state of the art. The first phase is a learning phase, automatically collecting and processing the database from available bi-texts. The second is the decoding phase, doing the actual translation.

The next step was adding statistics to the process. Still acquiring large databases of translated word sequences, probabilities were calculated for the correctness of translations for each word sequence. This provided a way to select from among multiple possible translations, although the most probable translation was not always the correct one. The learning phase of the process became more focused on automatic processing of data and less on the use of scarce dictionaries and grammars to create the basis of a database that could then be used to produce usable translations.

It was clear that syntax could not be ignored in translation. In early systems, any sequence of words that had a translation in the database was used, no matter what syntactic category it was, or even if it was a constituent at all. Better parsers existed, which would output structures marked with noun phrases, verb phrases, subclauses and so on, so these could be used to select translations for actual constituents of the sentence matched from top to bottom of the parse tree, so that syntactic analysis contributed to the choices in the translation process. This was still a source of brittleness in the system, but it definitely improved the translations.

The next major phase in the evolution of MT was the introduction of deep learning. Neural networks, or networks of large numbers of simple nodes that could each accept multiple inputs and produce various outputs, have existed for decades, but they have become a revolution in the field of artificial intelligence when combined with the huge amounts of data that have become available with the advent of the World Wide Web, and when organized in increasingly complicated and more powerful ways. The basic process of "programming" a neural network system proceeds in two phases – the same two phases we have already seen. The training phase feeds a large number of different inputs with their correct outputs into the system, adjusting the internal parameters of all of the nodes so that each input produces the desired output. To use a common example, a system to recognize handwritten numbers would have a training set consisting of images of handwritten digits, each paired with the correctly recognized digit, so many inputs corresponding to the many pixels of the input image would be fed in and the node parameters would be adjusted to produce the correct one of ten possible outputs, from '0' to '9'. This is repeated with as many different labeled images as possible. After the training is complete, if the input is a new image of a handwritten digit that has not been seen, and if the training phase was successful, the correct digit should be output.

Two major architectures for neural networks are Convolutional Neural Networks (CNN's) (Zhou, CNNs, Part 1: An Introduction to Convolutional Neural Networks) and Recurrent Neural Networks (RNN's) (Zhou, An Introduction to Recurrent Neural Networks for Beginners). In a CNN, there are many layers of nodes, so that the output of one layer is the input to the next one, with some sort of filtering process applied in between to modify the output in some way before passing it on to the next layer. Finally, the fully connected layer of nodes at the end produces the desired output. The advantage of this is that each layer can learn a different aspect of the overall problem such as morpheme, word, phrase, and sentence level syntax and semantics and combine them to produce the output. An RNN is similar, but also has a feedback mechanism so that, for example, the next most likely morpheme, word or phrase would be predicted based on the first inputs, as in the autocorrect feature of a smartphone keyboard.

All of these deep learning systems, given enough good-quality training data, can learn the requisite lexical, morphological, syntactic and semantic rules to produce better output. They can also incorporate separate modules for the two major tasks of the MT process – decoding the source text and encoding the result as the translation. So the main challenges lie in obtaining the training data for both the decoding and for the encoding, in decoding the source language into some sort of representation, which could be internal to a deep learning system or a selected representation such as a tree structure or a common "pivot language" or just a sequence of words and phrases, and in encoding the result into the target language.

Aligning texts

One of the earliest challenges in obtaining the aligned texts for the training of a system lies in morphological variation, such as inflectional and other suffixes, infixes or prefixes. For example, the English word *pack* has many variants such as *packs*, *packed*, *packing*, *unpacking*, *repacking, prepacked*, etc. Originally, a very simple module called a *stemmer* proceeded by removing letters from the beginning or end of a word until a match is found in the lexicon. This would identify the word *pack* in all of the examples just listed, but it cannot find *buy* in *bought*, and it may identify *port* as a stem for *supported*. Some kind of morphological analysis is clearly needed. Many morphological components have been created to manage this. For example, in WordNet (Princeton University), which is a very large lexical resource for English, a morphological component named Morphy is included that removes a list of English affixes and consults a list of exception files to try to identify the base form that is listed in WordNet. The alternative to morphological analysis is incorporating a separate listing for each morphological variant, which is actually feasible when incorporated into a CNN or RNN.

The next obvious problem with alignment comes from the fact that a single word in one language can best be translated as a whole phrase in another. In one of the early IBM systems, only word-to-phrase correspondences were accounted for, due to processing limitations, noting that the system in aligning the English "The poor don't have any money." with the French "Les pauvres sont démunis." could not correctly align *don't have any money* with *sont démunis*. (Poibeau Chapter 10). The search for correspondences must include phrase-to-phrase correspondences. With increases in modern processing power and the use of deep learning, this problem has mostly been overcome.

Another problem with aligning texts is word order variations in the two languages. Some languages have a canonical subject-object-verb order, some have subject-verb-object, and some have one order in main clauses and another in subordinate clauses. Some follow a noun with a modifying adjective and some always precede the noun with the adjective. Some languages can allow multiple orders, with or without differences in meaning. All of this creates problems for any system that tries to automatically align texts. Statistical systems with word order probabilities are an improvement on systems that attempt to handle all of the word order variants in code, but, again, deep learning approaches allow these systems to be automatically learned from suitable input data. This does bring up the question of input limitations. Clearly, anything less than a whole sentence will miss alignments due to word order variations. This can be a problem when sentences are very long. It can also be the case that one sentence in the source language can best be translated as two or three sentences in the target language, or several sentences in the source as just one in the target. This would indicate a better result with RNN's than with CNN's for at least some of the modules of an MT system, because of the incorporation in RNN's of feedback from prior words and sentences.

Discontinuous dependencies also create obstacles for alignment. Two words that are actually part of the same translational unit may be widely separated in either the source or the target language. For example, in English, *First, **cut** all of the vegetables and chicken **up** into half-inch pieces*, "cut up" would be translated in many languages as one verb, but there are six words between them in the sentence. Also, agreement markers such as subject-verb agreement can be widely separated in a sentence. This is another reason that longer inputs will result in better results. In a recent Machine Translation conference that provided training data for a competition in translating specific language pairs, "For the language pairs en↔cs, en↔de and en→zh, we provided the translators with paragraph-split texts, instead of sentence-split texts. We did this in order to provide the translators with greater freedom and, hopefully, to improve the quality of the translation" (Barrault 3). Note that the conference organizers hoped that the expansion of the inputs from sentences to paragraphs would improve the quality of the translation.

Similarly, verb valencies can differ widely in different languages. In one, a verb may have three different objects, while in another, the translated verb may be intransitive, with the "objects" included in other phrases. Prepositions can govern certain inflectional cases, which can cause problems with the translation of the noun phrases. All of these are difficult to encode in a rule-based system, and difficult to assess in a deep-learning system, due to the highly idiosyncratic nature of these relationships and the resulting sparseness of available training data including them.

Finally, idioms and metaphor can present great difficulties for text alignments. Literal translations of idioms such as *bite the bullet* or *scrape the bottom of the barrel* into other languages can be puzzling or comical. Metaphors can influence the selection of appropriate word senses, because they do not refer directly to the domain of discourse, and so can't help to establish a disambiguating context for a word. For example, the use of a metaphor of water flowing in a financial discourse could incorrectly favor the wrong sense of *bank* as the edge of a river over the sense of financial institution.

Ambiguity and vagueness

One of the greatest problems in the decoding phase is the problem of polysemy, as with the example of *bank* just mentioned. An apocryphal story has it that an early MT system was tested by translating *The spirit is willing, but the flesh is weak* from English into Russian, then translating the Russian back into English, resulting in *The whiskey is strong, but the meat is rotten*. While this is probably not an actual example, it does illustrate how the incorrect choice of a word sense as alcoholic spirit for *spirit* can derail a translation badly. A better example is from Google Translate, which uses English as a "pivot language", translating from the source into English, then from English into the target. "'Cette fille est jolie' strangely enough transforms into 'Questa ragazza è abbastanza' ('this girl is quite')" (Poibeau Chapter 11). The use of English as a pivot language just serves to amplify any mistakes in selection of a word sense. In this case, the English word *pretty* has two senses, *beautiful* and *somewhat*, unlike the French *jolie*, allowing the incorrect English sense to be translated into Italian as *abbastanza*. In general, systems tend to select the most common use as it co-occurs with the other words in the sentence or paragraph, which serve as a disambiguating context.

Actual ambiguity is not the only problem for translation. Simple vagueness, or lack of specification, can cause problems as well. For example, in German, which has grammatical gender, we often see conjuncts such as *Lehrer und Lehrerinnen*, which would be translated in English as just *teachers*. Translating these as a phrase will work for German-to-English, but English-to-German will often include only the masculine noun. Many language pairs have differences in the ability to underspecify along various dimensions, leading to deficient translations in one direction or the other.

Word choice is always important in writing, and the encoding phase is a kind of writing. There are several kinds of bad word choice. A word can have the wrong connotations, as in the use of *lady* rather than *woman* in *That lady has a question for you*, which implies that the questioner doesn't need to be taken quite so seriously. A word can be from an inappropriate register, as in the use of *top dog* instead of *CEO* in *The top dog ordered that change*. The use of metonymy can cause mis-translations as well, as in *That bar is a hangout for Greeks*, where *Greeks* is used to refer to fraternity and sorority members. Obviously, the tendency would be to translate *Greeks* as Greek nationals. With a large enough high-quality training set, a deep learning system could learn better word choices, but the choice is often between size and quality, and quality is difficult to control.

Low-resource languages and language pairs

The source and target languages for an MT system are one of the biggest determiners of the quality of the translation. Language pairs like English and French are advantaged with huge amounts of bi-texts available, but also have truly tremendous amounts of monolingual text available on the World Wide Web. On the other hand, language pairs like Inuktitut and English or Tamil and English offer relatively much less in the way of either bi-texts or monolingual texts. Inuktitut is an Inuit language of Canada, and Tamil is spoken by over 60 million people in India and Sri Lanka. When you contemplate a pair like Inuktitut and Tamil, the text training resources dwindle to very little. In the recent EMNLP conference competitions, Inuktitut-English and Tamil-English test sets were added as part of the competition, although Inuktitut-Tamil and the like were not included (Barrault). This indicates that the state of the art is not quite up to such a language pair, and also indicates the most common way of coping with such sparsely represented languages, which is to use a pivot language like English, although the earlier example of the poor translation of the French *Cette fille est jolie* into Italian via English demonstrates the main problem with the pivot language approach. Another problem is the unfortunate reinforcement of the dominance of languages like English in the world. A different approach from pivot languages is to decode the source text into some system of semantic units, also produced via machine learning. These semantic representations can then be input to an encoding system to produce the target language translation. There are also work-arounds for the lack of sufficient bi-texts for training input. Basically, if the translations of a minimally-trained MT system for a sparsely represented language pair can be evaluated, the good translations can be fed back into the system for better training (Abdulmumin, Galadanci and Sinan).

GPT-2 and GPT-3 and Bias

On the other side of the sparse representation coin, we have English, which offers a really tremendous amount of text for training a system. What if a really large CNN is trained on all of the monolingual English data that is available? The result is the GPT (Generative Pre-trained Transformer) system from OpenAI. GPT-2 has been freely available for use as an encoder. For example, given the prompt "After the Tower of Babel, people of the world were no longer able to understand each other.", it produced this fragment of an "article" before it timed out.

> The above-mentioned locations were erased, and again the slaves took up residence in the North. Though roughly two centuries after the Tower of Babel, other areas of Russia became the site of the trans-oceanic trade route and subsequent the North-Western Oligarchic Empire. In addition, the cities were reborn as the Walled City. The people who lived there relocated into Transylvania, and later even into Macedonia, France and England, until the Roman Empire moved in to suppress those in the region and removed many Slavic clans from the region. (So the people of Russia could never be completely certain what is going on within its boundaries, or what is really happening inside it!)

> All of these areas were stripped of its inhabitants and turned into locked-up cemeteries and ghosts. Only a handful of inhabitants (or their remains) survived; only the inhabitants of the North were left alive. It is believed that at least 200,000 people died within the (Pragnakalp Techlabs).

GPT-3 can produce even more believable output. It was released relatively recently at the end of 2020, and has created something of a sensation with its better outputs (Metz) (Brown). It can produce output that seems to have been written by actual human writers. Given a prompt, or several examples, it can give you a paragraph on that subject or translate some text into another language or even write a computer program that does what the prompt requests. It can be really impressive. There is a problem with it, though. It learned from the World Wide Web how to write texts. In a way, this is like a child learning how to speak and write. For best results, parents send their children to schools, and monitor the company that their children keep to avoid bad influences. Feeding texts from the World Wide Web to GPT-3, on the other hand, is like sending a child into a succession of bars and cabarets to learn how to speak and write. The results are not surprising. "GPT-3 is far from flawless. It often spews biased and toxic language" (Metz).

Bias in Artificial Intelligence is a well-known problem. Any system will learn from whatever input it is given. Again, for a human child, parents will not only restrict the sources of input, but will also help their children to evaluate what they hear and not to accept bad information. This is not generally a part of machine learning systems, so any bias in the input is internalized into the system. There have been many academic conferences about how to deal with the problem of bias in artificial intelligence, but it is not among the "solved" problems in MT.

So where does MT stand now?

Great strides have been made in Machine Translation, but more for dominant languages and more for administrative and informative applications, not really for any kind of literature. Literary translation is not really being addressed yet. Many of these noted challenges for MT – metaphor, idioms, polysemy, vagueness, connotations, registers, formality, metonymy, semantic analysis and others – all serve to prevent really nuanced translations by computers. At this point, it is hard to tell if we will ever have such quality in machine translations. And if we do, translations may still incorporate biases and inappropriate language due to the coarse nature of content on the Web, which provides the training data.

These systems can be used right now to get a rough idea of the meaning of texts in other languages, though, and to generate similar texts in other languages. Everyone has read those multilingual instructions that accompany electrical products and seen what inadequate translations have been generated in many of the languages. These will presumably continue to improve. Also, machine translations can be used by human translators to speed their work. Speech translation systems are already being developed that allow the user to transparently conduct a telephone conversation between speakers of two languages, although, again, only for specific purposes and in specific pairs of languages. So we can use computers to understand each other better, but language barriers are still plentiful even with their help.

Works Cited

Abdulmumin, Idris, et al. "Iterative Self-Learning for Enhanced Back-Translation in Low Resource Neural Machine Translation." 14 November 2020. *https://arxiv.org/pdf/2011.07403.* Document. accessed 3 Jan. 2021.

Barrault, Loïc, et. al. "Findings of the 2020 Conference on Machine Translation (WMT20)." *EMNLP 2020 Fifth Conference on Machine Translation Proceedings of the Conference.* Online: Association for Computational Linguistics, 2020. 1-43. *https://www.aclweb.org/anthology/2020.emnlp-main.0.pdf.* PDF. accessed 3 Jan. 2021.

Brown, Tom, et. al. "Language Models are Few-Shot Learners." 28 May 2020. *arXiv:2005.14165 [cs.CL].* Document. https://arxiv.org/abs/2005.14165v4. accessed 3 Jan. 2021.

Metz, Cade. "Meet GPT-3. It Has Learned to Code (and Blog and Argue)." *The New York Times,* 24 Nov. 2020.

Poibeau, Thierry. *Machine Translation.* Cambridge, Massachusetts: MIT Press, 2017.

Pragnakalp Techlabs. *GPT-2 Text Generation. https://demos. pragnakalp.com/gpt2-text-generation.* Web page. accessed 3 Jan. 2021.

Princeton University. *About WordNet. https://wordnet.princeton.edu.* Web page. accessed 3 Jan. 2021

Zhou, Victor. *An Introduction to Recurrent Neural Networks for Beginners. https://victorzhou.com/blog/intro-to-rnns/.* Web page. accessed 3 Jan. 2021.

CNNs, Part 1: An Introduction to Convolutional Neural Networks. https://victorzhou.com/blog/intro-to-cnns-part-1/. Web page. accessed 3 Jan. 2021.

Die Autoren und Autorinnen

PD Dr. Jörn Bockmann, aufgewachsen in Mittelholstein, Studium der Deutschen Philologie und Philosophie in Kiel, Hamburg und München. Magister Artium 1989. Nach Zivildienst und Verlagsvolontariat 1992-1998 Promotion zum Dr. phil. an der Ludwig-Maximilians-Universität München mit einer Arbeit zur Neidhart-Tradition (veröffentlicht 2001); redaktionelle Tätigkeiten bis 2001. 2002-2011 wiss. Mitarbeiter an den Universitäten Kiel und Würzburg; 2012 Habilitation mit einer Arbeit zur Teufelsfigur in der niederdeutschen Literatur des Mittelalters; 2013-2015 Vertretungsprofessor in Göttingen; seit 2016 wiss. Mitarbeiter an der Europa-Universität Flensburg, zuständig für den Bereich Germanistische Mediävistik. Forschungsschwerpunkte: Niederdeutsche Literatur des späten Mittelalters, Diabologie und Dämonologie, geistliche Spiele, Neidhart-Tradition.

Ausgewählte Veröffentlichungen:
Göttinger Liebesbriefe [Edition]. Hg. zusammen mit Nathanael Busch. In: allmächtig und unfassbar. Geld in der Literatur des Mittelalters. Hg. von Nathanael Busch und Robert Fajen. Stuttgart: Hirzel 2021 (Relectiones 9) [erscheint demnächst], S. 325-343.

Ambivalenzen des geistlichen Spiels. Revisionen von Texten und Methoden. Hg. zusammen mit Regina Toepfer. Göttingen 2018 (Historische Semantik 29).

Turpiloquium. Kommunikation mit Teufeln und Dämonen in Mittelalter und Früher Neuzeit. Hg. zusammen mit Julia Gold. Würzburg (Würzburger Beiträge zur Deutschen Philologie 41).

Vision und Exempel. Gattungskontext und Sinnvermittlung von Visionsexempeln im ‚Großen Seelentrost'. In: Jahrbuch des Vereins für niederdeutsche Sprachforschung 137 (2014), S. 7-28.

Braunmüller, Bettina ist seit 2017 Museumsleiterin des Industriemuseums Geschichtswerkstatt Herrenwyk in Lübeck. Sie hat an der Christian-Albrechts-Universität Kiel Ur- und Frühgeschichte, Europäische Ethnologie und Nordische Philologie studiert und mit einem Magister abgeschlossen; danach folgte 2013 die Promotion im Fach Ur- und Frühgeschichte im Bereich wikingerzeitlicher Ritualistik. Vor ihrer Anstellung in Lübeck war sie erst als Volontärin, dann als wissenschaftliche Mitarbeiterin bei den Bayerischen Staatsgemäldesammlungen an der Archäologischen Staatssammlung München tätig.

Publikationen:

Braunmüller 2016: B. Braunmüller, Der Julenisse – vom Hausgeist zum Kommerz in Dänemarks Weihnachtszeit, In: B. Schmelz (Hrsg.), Weihnachten in der Welt, Mitteilungen aus dem Museum für Völkerkunde Hamburg, Neue Folge Band 49/2016, 54-71.

Braunmüller 2018: B. Braunmüller, 81. Warnung in sechs Sprachen, In: Die Lübecker Museen, Archiv der Hansestadt Lübeck, Bibliothek der Hansestadt Lübeck, Bereich Archäologie und Denkmalpflege der Hansestadt Lübeck, Europäisches Hansemuseum Lübeck (Hrsg.), 875 Jahre – Lübeck erzählt uns was. Das Buch zur Ausstellung, 363-366.

Braunmüller 2019: B. Braunmüller/I. Braunmüller, Das Osterlamm – oder: Wieso Gott kein Vegetarier ist. Eine archäologisch-kulturwissenschaftliche Analyse, In: M. Pohlmeyer/Chr. Stolz (Hrsg.), Ostern – Ursprünge und Bräuche, Flensburger Studien zu Literatur und Theologie Bd. 15, 95-108.

Elin Fredsted: 2000-2019 Professorin für dänische Sprachwissenschaft an der Europa-Universität Flensburg. Mitbegründer und erste Direktorin des Zentrums für kleine und Regionale Sprachen (2014-2018). Erhielt 2017 den Forschungspreis der Europa-Universität Flensburg. Neuste Veröffentlichung: Sprachwissenschaft von einer Grenzregion aus betrachtet. In: Helga Andresen, Elin Fredsted, Franz Januschek: *Regionale Sprachenvielfalt: Standardisierung – Didaktisierung – Ästhetisierung.* Hildesheim 2020

Dr. Lars Frühsorge (*1979) ist Leiter der Lübecker Völkerkundesammlung. Er studierte Mesoamerikanistik, Geschichte sowie Lateinamerikastudien und promovierte mit Auszeichnung an der Universität Hamburg, Dort und in Heidelberg war er als Dozent tätig, ferner als freier Autor u.a. für den Spiegel-Verlag. 2010 kam er an das MARKK in Hamburg und wechselte 2012 nach Lübeck. Er bereiste 60 Länder, unternahm längere Feldforschungen in Guatemala und Kanada und hat diverse Artikel, Bücher und Sammelbände zu Fragen der Archäologie, Geschichte und Ethnologie veröffentlicht. Seine Interessen umfassen Erinnerungskulturen und Religionen, die Geschichte des Reisens und Kolonialismus.

Publikationen:
2020
Nordwärts-Südwärts: Begegnungen zwischen dem Polarkreis und Lübeck. Begleitband zur Ausstellung im Museumsquartier St. Annen. Lübeck.

2019
Reise-Erinnerungen: Begleitband zur Ausstellung im Museum Preetz. Norderstedt.

2018
Der Tod hat viele Gesichter: Geriatrische und ethnographische Betrachtungen des Todes in fremden Kulturen. Norderstedt (mit Wenke Frühsorge).

Janice Jake is chair of the English Department at Midlands Technical College in Columbia, SC. Her research interests lie in language contact, especially codeswitching and extending the principles of the Matrix Language Frame Model (Myers-Scotton, *Duelling Languages,* 1993) and the 4-M Model of morpheme classification (Jake and Myers-Scotton, "The 4-M model: Different routes in production for different morphemes," Adamou and Matras, eds., 2020) to other contact phenomena, such as language acquisition (Jake, "Constructing Interlanguage," *Linguistics,* 1998), pidgin and creole linguistics, and the intersection of socio- and psycholinguistics in contact phenomena.

Franz Januschek: Sprachwissenschaftler (Lehre und Forschung seit 1976 an diversen Universitäten, v.a. Oldenburg und Flensburg, sowie div. außeruniversitäre Praxis) mit Arbeitsschwerpunkten in Sprachtheorie, Sprachbewusstheit und politischen Diskursen. Mitherausgeber der OBST (Osnabrücker Beiträge zur Sprachtheorie). Wichtigste Veröffentlichungen: „Sprache als Objekt. ‚Sprechhandlungen' in Werbung, Kunst und Linguistik" (1976), „Arbeit an Sprache. Konzept für die Empirie einer politischen Sprachwissenschaft" (1986), „Über SpracheSpielen. Einübung in die Kunst des Erwägens von Alternativen" (2018).

Dr. Gabriele Lademann-Priemer, Jg. 1945, Theologin und Religionswissenschaftlerin, Gemeindepastorin von 1975-1992, 1992 – 2011 Sekten- und Weltanschauungsbeauftragte der Nordelbischen ev.-luth. Kirche. Spezialgebiete Afrika und Übersee. Veröffentlichungen u.a.: Warum faszinieren Sekten? (1998), Benin – Wiege des Voodoo (2011), div. Artikel zu hybriden afrikanischen Religionsformen und zum Sel. Peter To Rot von Papua-Neuguinea.

Bruce Martin is Program Director of Computer Technology at Midlands Technical College in Columbia, SC. His primary research interests lie in the intersection of computer science and linguistics; his Ph.D. dissertation explores the analysis of ambiguity in expressions and their interpretation. In his work, he examines the limits of neural networks in artificial intelligence. Dr. Martin is also involved in developing standards in computer science education for secondary schools in the state of South Carolina.

Marcello Neri ist Professor für Ethik und Politische Anthropologie an der pädagogischen Fachhochschule „G. Toniolo" von Modena und Mitglied des Exzellenzclusters „Recht und Pluralismus" an der Jura Fakultät der Universität Mailand-Bicocca. Seine letzte Veröffentlichung: Fuori di sé. La Chiesa nello spazio pubblico, EDB, Bologna 2020.

Markus Pohlmeyer: u.a. Theologe, Dichter und Essayist, lehrt an der Europa-Universität Flensburg.

Prof. Dr. Bernd Schmelz, Museum am Rothenbaum und Universität Hamburg. Studium der Alt-Amerikanistik, Ethnologie, Psychologie und Vor- und Frühgeschichte an den Universitäten Bonn und Marburg. 1993 bis 2018 Leiter der Europa-Abteilung am Museum für Völkerkunde Hamburg. Seit Juli 2018 Kurator für Europa und Sibirien im Museum am Rothenbaum. Seit 2005 Professor für Lateinamerikastudien an der Universität Hamburg. Forschungsschwerpunkte: Ethnografie des Alltags, Ethnohistorie, Museologie.

Bernd Schmelz, Weihnachten – Familientraditionen in Raum und Zeit. Von Gemünden a. Main (Landkreis Main Spessart) nach Buxtehude (Landkreis Stade). (Working Papers, 26). Hamburg 2019.

Bernd Schmelz, Ein Schachbrett aus Glasperlen eines deutschen Kriegsgefangenen in Russland im Ersten Weltkrieg, 1918/1919 (Working Papers, 27). Hamburg 2020.

Bernd Schmelz, Urlaub: Ethnografie des Ausbruchs aus dem Alltag (Working Papers, 31). Hamburg 2021.

Prof. Dr. Christian Stolz (Jahrgang 1977) ist habilitierter Physischer Geograph, Geomorphologe und Geoarchäologe. Er studierte Geographie, Botanik und Publizistik in Mainz und ist außerplanmäßiger Professor und Akademischer Rat an der Europa-Universität Flensburg und Lehrbeauftragter an der Universität Rostock. Seit Mai 2015 ist er Sprecher des Deutschen Arbeitskreises für Geoarchäologie und u.a. Autor eines Lehrbuchs zur Exkursionsdidaktik (UTB) sowie Herausgeber des ersten deutschen Lehrbuchs zur Geoarchäologie (Springer-Spektrum). In weiteren Veröffentlichungen befasst er sich mit Klimageschichte und Erdoberflächenprozessen in Europa und Zentralasien.

Neuere Veröffentlichungen (Auswahl):

Stolz, C., I.A. Pidek, M. Suchora & A. Fülling (2020): Lake and inland dunes as interconnected Systems: The story of lake Tresssee and an adjacent dune field (Schleswig-Holstein, North Germany). The Holocene 2020 (online first).

Flensburger Studien zu Literatur und Theologie

Band 1
Markus Pohlmeyer: Science Fiction – Filmisch-literarisches Exil des Göttlichen, Br., 140 Seiten, 19,50 €, ISBN 978-3-86815-587-7, 2., durchgesehene Auflage, Igel Verlag, Hamburg 2014.

Band 2
Markus Pohlmeyer: Cult(ur)mix. Religiöse Phänomene in Comics und TV-Serien, Br., 100 Seiten, 19,50 €, ISBN 978-3-86815-702-4, Igel Verlag, Hamburg 2015.

Band 3
Marcello Neri / Markus Pohlmeyer (Hg.): Zwischen Welten verstrickt. Gedanken zu Europa, Religion und Literatur, Br., 144 Seiten, 19,50 € ISBN 978-3-86815-703-1, Igel Verlag, Hamburg 2015.

Band 4
Markus Pohlmeyer (Hg.): Kierkegaard – eine Schlüsselfigur der europäischen Moderne, Br., 244 Seiten, 34,90 €, ISBN 978-3-86815-704-8, Igel Verlag, Hamburg 2015.

Band 5
Markus Pohlmeyer: Als ich zu den Sternen ging. Gedichte, Br., 108 Seiten, 19,50 €, ISBN 978-3-86815-708-6, Igel Verlag, Hamburg 2016.

Band 6
Markus Pohlmeyer: Zwischen Welten verstrickt II. Essays zu (pop)kulturellen Phänomenen, Br., 104 Seiten, 19,50 €, ISBN 978-3-86815-709-3, Igel Verlag, Hamburg 2016.

Band 7
Markus Pohlmeyer (Hg.): Cult(ur)mix II. Fragment – Unschärfe – Labyrinth: auf dem Weg zu einer popkulturellen Anthropologie, Br., 164 Seiten, 19,50 €, ISBN 978-3-86815-711-6, Igel Verlag, Hamburg 2016.

Band 8
Markus Pohlmeyer (Hg.): Töchter der Sonne. Eine Inka-Kantate. Gedichte. Mit einem Kompositionsbericht von A. N. Tarkmann und alt-amerikanistischen Erläuterungen von B. Schmelz, Br., 88 Seiten, 16,90 €, ISBN 978-3-86815-712-3, 2., überarbeitete Auflage 2017, Igel Verlag, Hamburg 2017.

Band 9
Elin Fredsted / Markus Pohlmeyer (Hg.): Zwischen Welten verstrickt III. Filmanalysen: Zwischen Heimat und Science Fiction, Mit Beiträgen von J. Jake und A. Jöckel, Br., 96 Seiten, 19,50 €, ISBN 978-3-86815-723-9, Igel Verlag, Hamburg 2017.

Band 10
Markus Pohlmeyer: Zwischen Welten verstrickt IV. Weltraum, Wildwest und allerlei wunderliche Wege, Br., 108 Seiten, 19,50 €, ISBN 978-3-86815-724-6, Igel Verlag, Hamburg 2017.

Band 11
Markus Pohlmeyer / Bernd Schmelz (Hg.): Weihnachten. Von der globalisierten Postmoderne in die Antike – (un)gewohnte Zugänge, Br., 140 Seiten, 19,50 €, ISBN 978-3-86815-725-3, Igel Verlag, Hamburg 2017.

Band 12
Markus Pohlmeyer: Als ich zu den Sternen ging. Zweiter Teil. Gedichte Br., 112 Seiten, 19,50 €, ISBN 978-3-86815-728-4, Igel Verlag, Hamburg 2018.

Band 13
Markus Pohlmeyer: Dinosaurier, kosmische Träumer und Minihelden. Zwischen Welten verstrickt V, Br., 108 Seiten, 19,50 €, ISBN 978-3-86815-731-4, Igel Verlag, Hamburg 2018.

Band 14
Benny Grey Schuster: Das Osterlachen. Darstellung der Kulturgeschichte und Theologie des Osterlachens sowie ein Essay über die kulturelle, kirchliche und theologische Verwandlung des Lachens. Aus dem Dänischen übersetzt von Eberhard Harbsmeier, Br., 428 Seiten, 44,00 €, ISBN 978-3-86815-731-4, Igel Verlag, Hamburg 2019.

Band 15
Markus Pohlmeyer / Christian Stolz (Hg.): Ostern – Ursprünge und Bräuche, Br., 136 Seiten, 22,00 €, ISBN 978-3-86815-734-5, Igel Verlag, Hamburg 2019.

Band 16
Elin Fredsted / Markus Pohlmeyer (Hg.): Heimat: kulturwissenschaftliche, regionalgeschichtliche und ästhetische Zugänge, Br., 144 Seiten, 22,00 €, ISBN 978-3-86815-735-2, Igel Verlag, Hamburg 2019.

Band 17

Franz Januschek / Markus Pohlmeyer (Hg.): Zeitreise. Transzendenz im Science Fiction-Format, Br., 144 Seiten, 22,00 €, ISBN 978-3-86815-735-2, Igel Verlag, Hamburg 2019.

Band 18

Markus Pohlmeyer: Schöpfungen: Science Fiction, Comic, Western. Von Platon bis Cixin Liu. Zwischen Welten verstrickt VI, Br., 124 Seiten, 19,50 €, ISBN 978-3-86815-739-0, Igel Verlag, Hamburg 2019.

Band 19

Janice L. Jake / Markus Pohlmeyer: Sprache im Film / Language in Film. Ein Phänomen, leicht zu übersehen / A Phenomenon easy to neglect, Br., 144 Seiten, 22,00 €, ISBN 978-3-86815-741-3, Igel Verlag, Hamburg 2020.

Band 20

Beate Noack: Der Ursprung Europas in der griechischen Antike. Religionen und Naturwissenschaften, Br., 84 Seiten, 19,50 €, ISBN 978-3-948958-00-8, Igel Verlag, Hamburg 2020.

Band 21

Markus Pohlmeyer: Transitiones – Antike. Poesie. Science Fiction. Zwischen Welten verstrickt VII, Br., 104 Seiten, 19,50 €, ISBN 978-3-948958-01-5, Igel Verlag, Hamburg 2020.

Band 22

Markus Pohlmeyer: Als ich zu den Sternen ging. Dritter Teil. Die Corona-Zyklen I-VI. Gedichte, Br., 140 Seiten, 19,50 €, ISBN 978-3-948958-02-2, Igel Verlag, Hamburg 2021.